Le Petit Commerce français

DU MÊME AUTEUR

Cartells et Trusts. *Troisième édition revue, mise au courant et augmentée.* Lecoffre, 1909. 1 vol. in-12.
La 1re édition de cet ouvrage a obtenu une médaille d'or à l'Exposition internationale de Saint-Louis (1904).

Histoire des Corporations de Métiers, *depuis leurs origines jusqu'à leur suppression en 1791,* suivie d'une *Étude sur l'évolution de l'idée corporative de 1791 à nos jours et sur le mouvement syndical contemporain.* — Ouvrage couronné par l'Académie française. — Deuxième édition revue, mise au courant et augmentée. — Alcan, 1909. 1 fort vol. in-8.

Le Compagnonnage. Son histoire, ses coutumes, ses règlements et ses rites. — Ouvrage couronné par l'Académie française. — A. Colin, 1901. — 1 vol. in-18.

La Crise de l'apprentissage et l'enseignement professionnel.— Lyon, Chronique sociale de France et Paris, Roustan, 1908; broch. in-8.

Le Travail de nuit des adolescents dans l'industrie française. — (Rapport présenté au Congrès de l'Association internationale pour la Protection légale des travailleurs, Genève, 1906). — Alcan, 1906; broch. in-8.

ÉCONOMIE
SOCIALE

Et. Martin Saint-Léon

Conservateur de la Bibliothèque du Musée social

Le Petit Commerce français

Sa lutte pour la Vie

PARIS

LIBRAIRIE VICTOR LECOFFRE

J. GABALDA & Cie

RUE BONAPARTE, 90

—

1911

AVANT-PROPOS

Il nous paraît nécessaire d'expliquer le titre principal que nous avons donné à cette étude. Chacun des trois mots de ce titre : *Le Petit Commerce français,* doit être défini et délimité afin de prévenir tout malentendu :

1° En intitulant cet ouvrage : *Le Petit Commerce,* nous avons entendu exclure de notre étude *La Petite industrie,* à laquelle M. Victor BRANTS a déjà consacré dans cette même collection un livre très justement estimé. Cette exclusion s'applique sans difficulté à tous les petits métiers du bâtiment et du fer : maçons, charpentiers, couvreurs, plombiers, serruriers, forgerons, maréchaux ferrants, etc.

Mais les frontières entre la petite industrie et le petit commerce sont parfois indécises. Ainsi la plupart des professions de l'alimentation (boulangers, pâtissiers, bouchers, charcutiers, etc.) sont à la fois des *industries* parce qu'il y a transformation ou préparation de la matière première et des *commerces* parce qu'il y a exposition et mise en vente des produits façonnés. Le maître artisan doit être aussi un commerçant avisé ; à côté de son atelier se trouve son magasin, sa boutique. D'autres corporations sont aussi à demi industrielles et à demi commerciales : tailleurs, chapeliers, modistes, etc. Nous avons cru devoir comprendre dans notre travail ces métiers mixtes.

2° Notre titre ne vise que le *petit* commerce. Est-ce à dire que nous ne porterons notre attention que sur le commerce en échoppe du savetier, du charbonnier-marchand de vin, etc., comme aussi sur les gagne-petits de la rue : colporteurs, vitriers ambulants, rétameurs ? Évidemment non. L'usage a rendu parfaitement claire la signification de ce terme « le *Petit Commerce* ». Chacun sait que par ces mots on entend communément le commerce local et spécialiste de détail, et c'est dans ce sens qu'il est parlé couramment de la lutte du petit commerce et des grands magasins. Ce commerce local et spécialiste de détail ne comprend pas du reste que de petits établissements ; il groupe encore autour de lui des établissements de moyenne et même parfois d'une grande importance *relative*. Peu importe : le chiffre d'affaires d'une maison spécialiste même importante, est bien peu de chose comparé à celui d'un Louvre ou d'un Bon Marché, des Nouvelles Galeries ou de Paris-France, de l'une de ces colossales sociétés capitalistes qui par la multiplicité des branches de commerce qu'elles entreprennent ou par la multiplicité de leurs succursales, constituent une menace permanente pour le commerce local et spécialiste fondé surtout sur le travail et l'effort personnel de l'exploitant.

Bien que le commerce spécialiste soit l'unique objet de cet ouvrage, il est manifeste que nous ne pouvons nous dispenser de porter nos regards également sur ses ennemis : les grands magasins, les maisons de vente à crédit et avec primes, les maisons à succursales, les coopératives. Nous ne le ferons toutefois que dans la stricte mesure où la connaissance des méthodes commerciales de ces concurrents du petit commerce est nécessaire à la clarté et à la précision de notre exposition.

3° Enfin notre livre n'a pour objet que le petit commerce *français*. La France nous offre un champ d'observation suffisamment vaste pour concentrer et retenir toute notre attention. Nous ne renoncerons pas cependant à citer à l'occasion l'exemple des pays étrangers, et nous ne nous ferons pas faute par exemple de recourir aux excellents travaux de nos voisins les Belges qui sont passés maîtres dans cet ordre d'études pratiques[1].

Le plan et les divisions de ce volume étaient en quelque sorte commandés par la nature du sujet. Après un rapide historique de l'évolution commerciale devaient suivre un exposé de la situation actuelle du petit commerce, puis une revue des questions intéressant le commerce spécialiste de détail et des méthodes et procédés mis en œuvre pour sa défense. Ces méthodes et procédés nous ont paru pouvoir être groupés sous deux rubriques générales, selon qu'ils avaient pour objet *l'appel à l'État* ou l'exercice de *l'initiative libre*.

Mais la préparation et la documentation d'un ouvrage tel que celui-ci n'étaient pas sans présenter de sérieuses difficultés. Nous nous proposions d'entreprendre un travail d'assemblage, de

---

1. Sur les éminents services rendus au petit commerce de tous pays par l'*Institut international pour l'étude du problème des classes moyennes* (Bruxelles) et par ses éminents collaborateurs, MM. STEVENS et Hector LAMBRECHTS, voir *infra*, ch. IV.

coordination et de synthèse d'éléments très nombreux, très variés, très disparates. Une telle œuvre dont il eût été fort aisé d'extraire un gros volume, mais que nous avons préféré écrire à la française sous une forme volontairement très condensée, n'était possible que comme la résultante d'une longue et délicate enquête personnelle poursuivie auprès des intéressés : commerçants-détaillants, associations, syndicats, etc.

Nous avons donc opéré de la manière suivante :

Pour nous mettre en état de traiter des revendications du petit commerce dans l'ordre législatif (chapitres v et vi : *l'Appel à l'État*), nous avons puisé dans la précieuse collection du *Bulletin de la Confédération des Groupes commerciaux et industriels*, de la *Revendication*, l'organe de l'ancienne Ligue syndicale du travail, de l'industrie, du commerce et de l'agriculture (devenue récemment la *Ligue syndicale et Union fédérative du commerce et de l'industrie*), du *Bulletin de l'Association de défense des classes moyennes* (président : M. Maurice Colrat; secrétaire général : M. Quantin), des *Affiches tourangelles*, l'excellent journal de M. Destréguil, etc. Nous avons suivi personnellement depuis six ans la plupart des grands congrès de commerçants et compulsé les comptes rendus des congrès antérieurs.

Nous nous acquittons ici d'un devoir en adressant nos remerciements à M. Christophe, le vieux et vaillant champion des campagnes en faveur du petit commerce, à MM. Robiquet, Boutmy, et de Paloméra, présidents successifs de la Confédération des Groupes commerciaux; à M. Bellamy, vice-président, ancien secrétaire de la même

Confédération ; à MM. Marcoux et Gabriel Garreau, président-adjoint et secrétaire de la Ligue syndicale ; à M. Mauss, de la Fédération des détaillants. Nous avons pu, grâce à ces sûrs conseillers, retracer l'historique du mouvement pour la revision de la législation sur les patentes, pour la réglementation des déballages et l'interdiction des liquidations fictives, etc.

Cette première partie de notre travail était relativement facile. Beaucoup plus complexe était une autre tâche qui nous incombait également. Il nous fallait éclaircir la situation créée au commerce spécialiste par la concurrence des maisons à succursales et des grands magasins, rechercher et signaler les organisations de défense économique : écoles ou cours professionnels, associations d'achat en commun des matières premières ou marchandises, ententes sur les prix, offices de renseignements sur la solvabilité des clients, caisses de crédit, sociétés mutuelles pour la vente à crédit (Unions économiques, etc.). Ici une enquête toute spéciale s'imposait, mais elle ne pouvait être poursuivie de la même manière dans les départements et à Paris.

Pour les départements nous avons dû, on le conçoit, nous borner le plus souvent à l'envoi de questionnaires adressés aux représentants qualifiés du commerce local. Les questions posées et les réponses reçues ont trait en général à l'ensemble du petit commerce de chaque région, abstraction faite des catégories professionnelles.

Nous sommes ici plus spécialement les obligés de MM. Arnaud-Cat, président de la Société des commerçants magasiniers (Marseille); Clouzot, président de la Chambre syndicale du commerce et de l'industrie (Niort) ; Constant, président de l'Association des commerçants de la Haute-Loire (Le Puy) ; Gourlin, président de la Société du commerce et de l'industrie (La Rochelle) ; Infortuné, président de l'Union du commerce et de l'Industrie (Saint-Germain-en-Laye) ; Leborgne, président de l'Union économique du Havre ; Lecoq, président de l'Union du commerce et de l'industrie (Rennes) ; Mience, président du Syndicat général de la boulangerie (Lille) ; Mure, président de la Ligue syndicale (Rouen) ; Nicolas, président de l'Association régionale de Vaucluse ; Patriarche, président de l'Union commerciale et industrielle (Dijon) ; Poueymidanet, président de l'Union indépendante des spécialistes et commerçants (Lyon) ; Thierry, président du Syndicat des commerçants (Thouars) ; Valladaud, président de l'Association générale des commerçants (Saint-Etienne) ; Wicart, président de l'Union commerciale de Roubaix, et plus encore de MM. de Paloméra et Garreau qui nous ont mis en relations avec ces correspondants et introduit auprès d'eux.

Pour Paris, nous avons tenté de faire mieux, et nous avons poursuivi une enquête *par professions*.

Nous avons tenu à voir personnellement des représentants autorisés de plus de quarante professions commerciales différentes, à recueillir leurs observations, leurs impressions, à les interroger sur la situation actuelle de leur corporation, sur les progrès ou l'arrêt de la concentration, sur les conditions du travail (salaire, durée de la journée de travail, repos hebdomadaire), sur les institutions économiques d'achat en commun, d'enseignement professionnel ou de crédit, etc.

Parmi les informateurs[1] dont le concours nous a été le plus précieux nous citerons :

MM. Ajam (chapeliers), Bernauer (grainetiers), Badel (brocanteurs), Boucoiran (Union intersyndicale des coiffeurs), Duffau (pharmaciens), Dussarger (charbonniers), Duru (merciers), Fontaine (marchands de fruits et primeurs), Fauré Le Page (armes et munitions), Girardin, président de la Chambre syndicale des débitants de vin de la Seine et Grizard, président de la Fédération nationale du commerce en détail des boissons, Gaudouin, président de la Parisienne (restaurateurs), Genest (bouchers), Harpillard (marchands de volailles et gibier), Jumin et Labbée (charcutiers), Lesort (articles religieux), Magnier (horlogers), Mazand et Marmion (épiciers), Pommé (fourreurs), Rey (libraires détaillants), Robaglia (pâtissiers), Rouqueyrol (secrétaire général du Comité de l'alimentation), Raguet (crémiers), Sauvage (fleuristes), Thomas (fabricants de corsets), Verny (hôteliers).

MM. Coudreau et Lucius du *Journal des industries du cuir*.

Il nous faudrait citer trop de noms pour reconnaître seulement ici notre dette envers tous ceux qui nous ont aidé de leurs conseils et de leur savoir professionnel. Nous nous bornerons donc à adresser, à tous les témoins de notre enquête, à tous ceux dont la collaboration occasionnelle nous a permis

---

1. Presque tous présidents, vice-présidents ou secrétaires de chambres syndicales dont il nous a paru inutile de reproduire ici les titres officiels que l'on trouvera cités au cours du volume (notamment dans le chapitre ii).

d'écrire ce volume, de dresser cet inventaire, l'expression de notre très sincère gratitude. Ils ne regretteront pas l'assistance qu'ils nous ont donnée si, comme nous osons l'espérer, cet ouvrage peut, dans une mesure quelconque, servir la cause si juste et si intéressante du petit commerce indépendant, contribuer à lui inspirer courage, l'inciter à de nouveaux efforts, lui conquérir des sympathies, lui permettre enfin de poursuivre avec décision, avec persévérance, mais aussi avec confiance, l'éternelle *lutte pour la vie.*

LE
PETIT COMMERCE FRANÇAIS

CHAPITRE PREMIER

LE COMMERCE D'AUTREFOIS ET LE COMMERCE D'AUJOURD'HUI.

Le commerce avant la Révolution. — La révolution industrielle et commerciale au xixe siècle. — La crise du petit commerce.

Une étude sur le *Petit Commerce français* serait nécessairement incomplète et infidèle si elle ne rendait compte de la grande révolution industrielle et commerciale survenue au cours du xixe siècle, si elle n'indiquait les causes qui ont déterminé cette révolution, si elle ne retraçait l'historique des idées et des faits qui ont transformé le régime de la production et des échanges en même temps que la société tout entière. Admettre d'emblée comme suffisante une explication courante, attribuer, par exemple, l'incroyable fortune des grands magasins à leur système de vente à prix fixe et réduit, aux facilités et aux choix qu'ils offrent à leur clientèle, c'est reculer et non supprimer la difficulté. Pourquoi ces méthodes commerciales qui, après tout, n'étaient pas nouvelles[1], n'ont-elles pas été appliquées en

---

1. Les Six Corps des marchands se plaignaient déjà, en 1786, du tort que leur faisaient les ventes à prix fixes en usage dans certains magasins. « Le public séduit par un prix fixe qu'il n'ose contredire et qu'on lui offre comme la valeur réelle de l'objet en vente se déter-

grand et n'ont-elles donné de si extraordinaires résultats qu'à partir de 1850 seulement? C'est là tout le problème.

Avant d'entreprendre de le résoudre, il n'est pas inutile, croyons-nous, de rappeler ce qu'était le petit commerce d'autrefois. Il sera plus aisé ensuite de montrer comment et par suite de quelles circonstances le commerce a évolué de nos jours vers un type d'organisation nouvelle.

Dans l'ancienne France, l'industrie et le commerce étaient loin d'être dissociés comme de nos jours. Seule la grande industrie d'alors (qui eu égard à son importance ne correspond guère qu'à notre moyenne industrie contemporaine) était nettement séparée du négoce. Sa sphère d'action était du reste doublement limitée en raison de la nature de l'objet fabriqué comme en raison de la zone de vente, ou, comme dirait un juriste : *ratione materiæ* et *ratione loci*.

En raison de la nature de l'objet fabriqué, tout d'abord. — La grande industrie ou les fabriques et manufactures qui s'identifiaient avec elle, ne gouvernaient alors que la fabrication soit de marchandises de luxe (soieries, rubans, velours, tapisseries, dentelles, glaces, etc.), soit de marchandises ou de produits mi-ouvrés destinés à subir, par les soins du maître artisan de métier ou de l'acheteur lui-même, une transformation dernière avant d'être consommés ou mis en usage : étoffes de laine, de coton, de toile, cuir, fer, etc.

En ce qui touche leur zone de vente, leurs débouchés — fabriques et manufactures ne sont pas moins limitées dans leur extension. Les moyens de communication sont lents, difficiles et onéreux; les péages

<hr>

mine sans aucune connaissance pour un magasin dans lequel il regarde son incapacité comme à l'abri de toute surprise. A la faveur de ce prix fixe on évacue des marchandises défectueuses. » *Observations des six corps des Marchands.* Archives Nat. KK., 1343, p. 102. Voir notre *Histoire des Corporations de Métiers,* 2ᵉ édition, p. 599.

et les douanes intérieures dressent des barrières entre les diverses provinces. Les conditions mêmes de la production favorisent la petite industrie locale. L'outillage est, en effet, encore des plus rudimentaires et coûte peu. Les éléments prépondérants dans l'établissement du prix de revient sont : 1° *le salaire* qui pèse aussi lourdement sur les grands établissements que sur les petits ; on ne paie pas moins cher un ouvrier parce que l'on emploie un nombreux personnel ; — 2° *la matière première,* qu'en raison de la cherté et de la longueur des transports, l'industriel est grandement intéressé à se procurer sur place ou dans le voisinage.

Aussi chaque province a-t-elle ses établissements industriels. Le minerai de fer est fondu à cette époque au charbon de bois ; partout où se rencontre une forêt ou de simples bois se sont établis des hauts fourneaux, des forges, des clouteries : « dans les parties boisées de la Normandie (Breteuil, Bonneville, Condé-sur-Noireau, Ferrière) ; dans le Maine et l'Anjou (Douillet, Chailland, Aron) ; en Beauce (Fréteval), plus au nord et au nord-est, en Flandre et dans l'Artois (Hardinghem, Jeumont) ; en Champagne, dans les Trois Evêchés et la Lorraine, une soixantaine de forges, dont le fer était renommé (Sedan, Bouillon, Boncourt, Hayange, Rambervillers) ; en Alsace ; à l'est et au sud-est, en Bourgogne, dans le Nivernais (Imphy), le Berri (Châtellerault), la Franche-Comté (Baume-les-Dames, Ornans, Poligny), dans le Lyonnais et le Forez (Firminy, Saint-Julien) ; en Dauphiné dont les fers doux étaient estimés ; au sud, dans la région des Pyrénées, comté de Foix, Roussillon, Béarn (Escavannes, Dax) ; en Corse ; au sud-ouest, dans le Périgord et en Limousin. Il y avait des forges en Bretagne où cette industrie n'existe plus, à Paimpont où se fabriquait le meilleur fer de la province, à Chateaubriand etc. » [1]. La même dissémination existe

____

1. **Levasseur,** *Histoire des classes ouvrières et de l'industrie en France*

pour les industries textiles, fabriques de draps[1], de toiles, de cotonnades, de soieries, pour la dentelle, la bonneterie, la corderie, les cuirs et peaux. Comparée à ce qu'elle est devenue de nos jours, l'activité industrielle sous Louis XV est évidemment très médiocre; mais elle se rencontre partout. Il n'est pas de province, pas de région et presque pas de ville qui ne participe au mouvement.

Mais, ainsi qu'il a été dit, la grande industrie d'alors ne détient qu'une part et non la plus importante de la production. La moyenne et la petite industrie sont représentées par les *métiers* : or, les gens de métier sont à la fois des artisans et des marchands. Le menuisier fait lui-même les portes, les fenêtres, les châssis, les pupitres qu'il vend; le tabletier-peignier vend des peignes d'ivoire, d'écaille, de buis, des tables, des jeux de tric trac, de dames, d'échecs façonnés de sa propre main. Le gantier-parfumeur débite les gants qu'il doit faire « de bon cuir, sans aucuns bouts de doigt, ni effondrures, avec bonne doublure neuve et loyale et avec fourchette bien cousue ». Il n'est guère qu'un seul corps d'état où le maître marchand n'ait ni à fabriquer, ni à faire subir aux objets aucune manipulation : c'est celui des merciers qui tire assez sottement vanité de ce que ses membres ne travaillent point et ne font pas ouvrage de leurs mains[2]. Au-dessus du com-

---

avant 1789, 2ᵉ édition (1901), p. 674. Tout le chapitre vi du livre VII, intitulé *Géographie industrielle de la France en 1789*, est à lire.

1. Au xviiiᵉ siècle il existe des fabriques de draps : au Nord, à Amiens (5.000 métiers), à Valenciennes, à Boulogne, à St-Omer; en Normandie, à Cherbourg, Valognes, Évreux, Caen, Rouen, Elbeuf, Darnetal; en Champagne, à Troyes, Reims, Sedan, Châlons; dans le Midi, à Montpellier, Clermont de Lodève, etc.; dans les Cévennes, près du Puy-en-Velay, etc. etc. Voir GERMAIN MARTIN, *Histoire de la grande industrie sous Louis XV*, Fontemoing, 1901, IIᵉ partie, ch. i. Voir aussi dans A. DES CILLEULS, *Histoire de la grande industrie en France aux XVIIᵉ et XVIIIᵉ siècles*, Giard, 1898, p. 38-49, le chapitre sur la production des fabriques et manufactures au xviiiᵉ siècle.

2. *Dictionnaire universel du Commerce de* SAVARY, 1761, t. III, vᵒ Mercier. — Les merciers vendent toutes sortes de marchandises : étoffes d'or, d'argent, soie, serges de Florence, draps rayés et estamés de

merce des métiers on rencontrait des négociants en gros vendant en *balle et sous cordes*. En droit, le commerce de gros avait toujours été libre en France. En fait les marchands en gros étaient fréquemment inquiétés par les corporations [1]. La concurrence entre gens de métiers est doublement restreinte : tout d'abord par les règlements corporatifs qui ont fini par rendre très difficile sauf pour les fils et gendres de maîtres l'accès du métier (élévation des droits de maîtrise, apprentissage et compagnonnage préalables, chefs-d'œuvre et frais de réception) et qui règlementent sévèrement le choix des matières premières à mettre en œuvre, le mode de fabrication des objets. Il n'est pas possible de faire de la camelote et d'abaisser par suite ses prix de vente.

Les mêmes circonstances naturelles qui, on l'a vu, favorisent l'industrie locale, empêchent du reste, en règle générale, aussi bien le maître artisan que le client de s'approvisionner au loin, l'un de matières premières, l'autre de produits ouvrés. Se fournir sur place est une nécessité économique.

A ces privilèges d'origine législative ou naturelle, une seule brèche : les *foires et marchés*. A certaines de ces foires comme celles de Beaucaire, de Champagne, de Dijon, de Besançon, de Lyon, de Paris (Saint-Germain et Saint-Laurent), les marchands affluent de

---

Milan, camelots, burails etc.; toiles de toutes sortes, cordes, cordages, ficelles, castors à faire des chapeaux, chapeaux, bas de chausses, fourrures, pelleteries, gants, tapisseries, couvertures, toutes sortes de joailleries, quincailleries, etc.

1. Voir notre *Histoire des corporations de métiers*, 2e édition, p. 531. — M. Decharme a publié sous ce titre : *Le Comptoir d'un marchand au XVIIIe siècle*, Paris, 1910, une très intéressante étude sur la vie d'un négociant en gros de Honfleur, armateur et marchand de morues. C'est une belle figure que celle de ce Charles Lion, commerçant avisé, mais homme de cœur, bon chrétien et bon Français, auquel la défaite de Tourville à La Hougue (1692) causait « un chagrin mortel » et qui, à la nouvelle de la prise par les Anglais de deux de ses navires rapportant du Canada une précieuse cargaison, écrivait sur son livre-journal (1690) : « Je suis consolé de ma perte; mais je suis bien en peine des maîtres et matelots, mes pauvres gens... »

toutes les parties de la France et de l'étranger[1]. On y vend un peu de tout : des étoffes de laine, de coton, de soie, de toile, des dentelles, des tapis, des broderies, des boutons, des pelleteries, de la poterie d'étain ou de faïence, de la vaisselle d'argent ou de cuivre, des cierges, des instruments de musique, des armes (épées, arquebuses), des éperons, des parchemins, des chapeaux, des bijoux, des marchandises de la Chine, des vins d'Espagne, des oranges de Portugal, des confitures et, naturellement, aussi du pain d'épice[2].

Mais si les foires et marchés apportent quelque tempérament occasionnel à l'exercice du monopole des gens de métiers, le monopole n'en subsiste pas moins en principe. A part les marchés hebdomadaires ou bi-hebdomadaires dont le caractère est presque exclusivement agricole, ces assises commerciales ne se tiennent qu'à de rares intervalles et si grande qu'y soit l'affluence des visiteurs, encore bien plus nombreux sont ceux que l'éloignement, la difficulté des communications et les exigences du labeur quotidien empêchent de s'y rendre.

Tel est le régime des échanges lorsque la Révolution éclate. La loi du 2 mars 1791 supprime les jurandes et maîtrises. C'est l'avènement de l'ère de liberté rêvée par Turgot et les économistes. Si vraiment les règlements corporatifs ont été la seule entrave à l'essor de l'industrie, c'est en 1791 que doit s'ouvrir l'ère des grandes transformations économiques.

Il n'en est rien cependant. Sous le Directoire, sous le Consulat, l'Empire, et même, à considérer la situation dans son ensemble, sous la Restauration, l'industrie

1. Aux foires de Troyes, il existe une maison des Allemands ; des halles et des hôtels des marchands de Montpellier, Barcelone, Valence, Lérida, Rouen, Montauban, d'Auvergne, de Bourgogne, de Picardie, de Genève. A Provins, les Lombards ont une maison spéciale. A Lagny, l'un des quartiers de la ville porte le nom de *vicus Angliæ*. HUVELIN, *Des marchés et des foires*, Paris, 1897, p. 505.

2. *Ibid.*, p. 503-504, d'après une estampe reproduisant les divers pavillons de la foire Saint-Germain-des-Prés, au XVIIᵉ siècle.

et le commerce ne paraissent pas avoir changé. C'est qu'en effet, parmi les causes qui s'opposaient à l'élargissement des marchés de la production et des échanges, celles-là seules ont disparu qui procédaient d'une législation surannée et tracassière. Les mœurs, les coutumes, le genre de vie des Français de 1810 ou même de 1820 ne diffèrent guère de ceux des Français du temps de Louis XV. Un Rip van Winkle français qui se serait endórmi en 1774, année de la mort de Louis XV et qui se serait réveillé en 1815 eût retrouvé à peu près inaltérée l'économie générale de la vie sociale. Sans doute la monarchie est devenue constitutionnelle ; les Parlements, les ordres privilégiés, les maîtrises ont disparu ; mais les villes et les campagnes n'ont guère changé d'aspect. Le charpentier, le serrurier, le forgeron travaillent encore le bois et le fer avec les mêmes outils : scie, varlope, rabot, lime et marteau. L'aubergiste loge toujours à pied et à cheval ; on voyage en diligence ou par le *coche d'eau.* Il suffit de relire dans la *Comédie humaine* de Balzac, les descriptions de la vie provinciale ou parisienne entre 1791 et 1830 pour y trouver fixée avec un relief saisissant l'image de la société d'alors.

Ce que furent par exemple les magasins de nouveautés au début du xixe siècle les *Diables boiteux* et les *Deux Magots*, il est facile de s'en rendre compte par la description du *Petit Matelot*, ce magasin où César Birotteau rencontre sous le Consulat sa future femme, Constance Pillerault. « C'est, écrit Balzac en *1838*, le premier de ces établissements qui, depuis, se sont établis dans Paris avec plus ou moins d'enseignes peintes, banderoles flottantes, montres pleines de châles en balançoires, cravates arrangées en châteaux de cartes et mille autres séductions : *prix fixes*, affiches, illusions et effets d'optique. Le bas prix de tous les objets dits *nouveautés* qui se trouvaient au *Petit Matelot* lui donna une vogue inouïe dans l'endroit de Paris le moins favorable au commerce. » C'était la toute petite enfance du Grand Magasin.

Birotteau lui-même est un gros personnage pour l'époque (1817). Adjoint au maire de son arrondissement, juge au tribunal de commerce, chevalier de la Légion d'honneur, il est le premier parfumeur de Paris, fabricant et inventeur de produits nouveaux, la *pâte carminative* et l'*eau des prélats;* cependant il ne doit guère réaliser en moyenne un chiffre d'affaires supérieur à 3 ou 4.000 francs par jour, soit en chiffres ronds un million à 1.200.000 francs par an; car une recette de 6.000 francs en un jour nous est présentée comme un succès extraordinaire [1]. Or bien que très honorable en soi, un tel chiffre d'affaires correspondrait aujourd'hui à peine à l'activité d'une maison de parfumerie de second ordre. Même lorsqu'ils sont au sommet de la fortune, lorsque leurs magasins et leur habitation personnelle occupent une maison entière (luxe que le bon marché des loyers rendait alors infiniment moins dispendieux qu'à présent), M. et Mme Birotteau continuent à prendre leurs repas avec leurs employés [2]. C'est toujours le même

---

1. « En temps ordinaire, Mme César aurait été contente, elle que les succès du détail rendaient joyeuse. *Par extraordinaire*, la recette de la journée se montait à 6.000 francs. On était venu payer quelques mémoires arriérés. »

2. « Durant le dîner Raguet, le garçon de confiance, gardait le magasin ; mais au dessert les commis redescendaient au magasin et laissaient César, sa femme et sa fille achever leur dîner au coin du feu. Cette habitude venait des Ragon chez qui les anciens us et coutumes du commerce toujours en vigueur maintenaient entre eux et les commis l'énorme distance qui jadis existait entre les maîtres et les apprentis. » Les commis sortaient au dessert, soit! mais ils avaient dîné à la table des maîtres et ce trait seul est bien caractéristique. — César devenu riche développe à sa femme tout un plan grandiose pour l'extension de leur magasin et aussi pour l'augmentation de leur bien-être. Or plus d'un détail de ce plan fait sourire. La femme de cet adjoint d'un maire de Paris, juge consulaire, n'a eu jusqu'alors à son service personnel qu'une cuisinière, et a siégé au comptoir. « La demoiselle de comptoir que tu prendras, notre premier commis et la femme de chambre (*oui, Madame, vous en aurez une !*) logeront au second. » Le ménage aura désormais un appartement indépendant.

régime patriarcal à discipline sévère, mais exempt de toute morgue de classe qui présidait avant la Révolution aux rapports des anciens maîtres et de leurs commis.

Ce n'est pas seulement en France, c'est dans tous les grands pays européens et particulièrement en Allemagne que l'ancien commerce était ainsi constitué.

« Les traits caractéristiques du vieux commerce, écrit Werner Sombart, étaient encore restés (vers 1850) conformes à la tradition observée dans le milieu des métiers. Là prédomine le petit commerce, là se perpétuent des relations patriarcales entre maîtres et commis, tout comme chez les anciens maîtres artisans. Toute la pensée de celui qui exerce ce commerce est orientée vers cette idée essentielle : le commerce est une profession créée en vue de nourrir bien et convenablement son homme (le commerçant) ; tout comme la fabrication des bottes èt des chapeaux le commerce doit être un gagne-pain ; il doit assurer sa subsistance à un homme d'une capacité et de condition sociale moyennes. Conséquence : le marchand reste assis dans sa boutique et attend que les clients viennent à lui. Effectivement ces clients prennent, en vertu d'une habitude traditionnelle, le chemin qui conduit de leur maison à la boutique de leur fournisseur[1]. »

Cette constitution séculaire du commerce s'était conservée en France sans altération notable jusqu'en 1848. A la veille même de la chute de la monarchie de juillet, c'est encore le petit commerce à clientèle

Jusqu'alors il logeait à l'entresol dans un étroit local (deux pièces et un cabinet) d'où un escalier en colimaçon débouchait dans l'arrière-boutique. — Cette manière de vivre qui actuellement ne se retrouve plus que chez les petits marchands était alors celle des premiers commerçants de Paris.

1. *Die Entwickelungstendenzen im modernen Kleinhandel*, rapport au Congrès du Verein fur Sozialpolitik tenu à Breslau en septembre 1899 (*Schriften des V. für Sozialpolitik*, tome LXXXVIII, 1900, p. 144).

personnelle et locale qui domine le marché des échanges: mais son règne est bien près de finir. La révolution économique, déjà victorieuse dans la sphère de l'industrie, va exercer également son influence sur l'organisation commerciale et la transformer radicalement.

Cette révolution fut, on le sait, beaucoup plus tardive en France qu'en Angleterre. Tandis que dans ce dernier pays le machinisme s'était déjà emparé de la fabrication dès 1800 [1], la France, à peine sortie de la période de crise intérieure et de guerres qui dura de 1789 à 1815, demeurait au point de vue industriel fort en retard. On ne comptait encore, en 1815, qu'une quinzaine de machines à vapeur. Ce nombre s'éleva :

       en 1820......... à 65 ;
       en 1830......... à 615, avec 10.000 chevaux-vapeur;
       en 1848......... à 4853, avec 62.000 chevaux-vapeur.

Cette statistique est instructive; elle permet de délimiter avec précision la période de la pénétration du machinisme en France. C'est surtout de 1830 à 1848 que commença à s'exercer avec intensité l'action jusqu'alors à peine sensible de ces grandes découvertes grâce auxquelles les forces naturelles étaient enfin captées, dirigées, mises en œuvre par la science. Sans doute, en 1848, l'évolution est loin d'être achevée ; elle se poursuivra sans se ralentir sous la seconde République, le second Empire et le régime actuel. Mais enfin, en 1848, le triomphe de la machine est déjà assuré. Une à une les petites forges disparaissent ruinées par les colossales usines dotées d'un puissant outillage et que la proximité d'un bassin houiller

---

1. Un auteur norvégien, Svendenstjerna, écrivait en 1800 que les machines à vapeur étaient, en Angleterre, plus nombreuses que les moulins à eau et à vent dans son pays : MANTOUX, *La Révolution industrielle en Angleterre au XVIIIe siècle*, p. 343.

avantage au point de rendre à leurs modestes rivales la concurrence impossible. De même les grandes filatures et les grands tissages mécaniques tuent les petits établissements textiles.

C'est qu'en effet, par suite de la généralisation des procédés mécaniques les conditions économiques de la production sont totalement renversées. Autrefois, on le sait, l'outillage comptait à peu près pour rien dans l'œuvre de production dont le travail humain au contraire était le facteur essentiel, qu'il s'agît d'un travail de force comme celui du manœuvre ou d'un travail qui exige du savoir-faire, de l'intelligence et du goût comme celui de l'artisan. Désormais au contraire la personnalité de l'ouvrier s'efface devant le rôle prépondérant de la machine. C'est la machine qui exécute seule les besognes de force; c'est elle qui, automatiquement, perce, scie, découpe le bois, martèle le fer, étire, peigne, file, tisse la laine, façonne les objets les plus divers, réduisant l'homme, que supplée souvent désormais la femme ou l'enfant, à une tâche de simple surveillance. La machine coûte cher; son prix d'achat impose une lourde charge à l'industriel; mais aussi elle peut produire beaucoup; elle doit produire beaucoup, car c'est une loi de la technique industrielle que les frais généraux, au delà d'un certain chiffre, cessent de croître en raison directe de l'accroissement de la fabrication. Plus une usine fabrique et plus ses frais généraux si lourds au début se répartissent sur un grand nombre d'articles et s'allègent; plus, par conséquent, il est possible de vendre bon marché. La situation économique nouvelle n'est donc pas seulement favorable à la production en grand, elle l'*impose*.

Deux obstacles seulement eussent pu retarder la victoire de la grande industrie concentrée : la difficulté et la cherté des transports; le manque de capitaux.

La difficulté et la cherté des transports. — En effet il ne suffit pas de fabriquer de grandes quantités de marchandises ; il faut les vendre et pour cela rechercher de nouveaux débouchés, atteindre la clientèle lointaine. — Mais cette extension des marchés n'est possible qu'avec des moyens de communication rapides et d'un prix modéré. Or, en vertu de cette loi de solidarité des inventions scientifiques confirmée par tant d'exemples, le problème des transports était résolu au moment mêment où sa solution devenait une nécessité économique. Stephenson construisait la première locomotive ; Seguin inventait la chaudière tubulaire ; Jouffroy lançait le premier bateau à vapeur. C'est en 1827 que la locomotive à chaudière tubulaire apparaît en France sur la voie ferrée de Lyon à Saint-Étienne. Or, en 1848, la longueur des chemins de fer exploités était de 1.931 kilomètres et sur 4.010 autres kilomètres les lignes étaient en construction.

Le manque de capitaux. — De puissants capitaux étaient également indispensables à la grande industrie nouvelle ; ces capitaux, la société à responsabilité limitée les lui donnera. Aux xviie et xviiie siècles les sociétés par actions sont rares ; ce sont, pour la plupart, des compagnies coloniales à charte ou des Banques d'État [1]. Aussi bien l'étroitesse des marchés, la médiocrité des opérations ne sont guère compatibles avec un appel au crédit public. Adam Smith n'admet la création d'une compagnie par actions que pour les affaires pouvant être réduites à une routine ou à une méthode uniforme : banques, assurances contre l'incendie ou contre les risques maritimes, creusement de canaux, distribution d'eau (*Richesse*

---

1. Sur l'histoire des sociétés à responsabilité limitée, consulter l'étude de Schmoller, *Die geschichtliche Entwickelung des Unternehmens*, surtout le chap. xiii, Die Handelsgesellschaften des 17-18 Jahrhunderts *Jahrbuch für Gesetzgebung, Verwaltung und Volkwirschaft*, 1898, p. 359-391 et 959-1018), et aussi Levasseur, *Histoire du commerce de la France*, 1911, t. I, livre VI, ch. vi.

des Nations, livre V, ch. 1). Il faut, du reste, un privilège royal pour fonder une société à responsabilité limitée. Une ordonnance fut nécessaire pour autoriser, en 1717, la création de la Banque de Law.

La Révolution fut ouvertement hostile aux sociétés de commerce. La loi du 26 germinal an II supprima les compagnies par actions et défendit d'en créer de nouvelles sous quelque prétexte que ce fût; cette loi ne fut abrogée que le 30 brumaire an IV.

Le Code de commerce de 1807 légalisa définitivement la société en commandite. Si l'autorisation de l'Empereur demeure nécessaire pour créer une société anonyme (art. 37), la société en commandite peut se constituer librement; cette forme de société s'adapte bien aux exigences d'une industrie naissante; elle laisse au fondateur-directeur toute l'autorité et une responsabilité entière. Le commanditaire, lui, n'exerce qu'un droit de contrôle, mais aussi il limite son risque à sa mise; l'épargne est ainsi mise en confiance et orientée vers les placements industriels. En 1816, sept valeurs seulement sont cotées à la Bourse de Paris; en 1836 on comptait 258 valeurs cotées dont 204 à revenu variable. En 1838 une véritable fièvre s'empare du public; on lance des sociétés nouvelles d'asphalte, de bitume, de mines d'or. Mercadet et Robert Macaire dévalisent M. Gogo. Qu'importe! l'élan est donné. Pour la construction des chemins de fer, pour la création des grandes usines, pour l'exploitation des mines du Nord et du Centre, pour le creusement du canal de Suez, pour l'embellissement de Paris et de nos grandes villes, pour l'édification de théâtres, d'hôtels somptueux, pour la formation des compagnies d'assurances à primes fixes et des banques, l'argent ne fera jamais défaut.

Industriellement et financièrement, la révolution économique est triomphante en 1852, à l'aube du Second Empire. — Au contraire la révolution commerciale est encore à venir. Logiquement, fatalement du reste, elle ne pouvait que suivre de près les transformations survenues dans le régime de la production, des transports et du crédit. Le grand magasin était impossible, tant que la grande usine et la grande fabrique obligées de fabriquer par grandes quantités, obligées par suite de rechercher de vastes débouchés rapides et immédiats, ne s'étaient pas constituées ; tant que les moyens de transports lents et coûteux rendaient pratiquement impossible l'expédition à de grandes distances des marchandises de débit courant et assuraient un avantage permanent au commerce local.

Mais voici la grande industrie qui abaisse les prix de vente et qui, stimulée par la concurrence, intensifie, accélère toujours sa fabrication, déjà prête à consentir d'énormes rabais aux clients importants et fidèles qui l'aideront à écouler ses stocks ; voici les chemins de fer qui abaissent considérablement le prix des transports des marchandises, tant de la fabrique au lieu de vente que du lieu de vente au domicile du client lointain habitant la province ou l'étranger. Voici bientôt encore (1860) les traités de commerce qui abaissent les barrières douanières, qui ouvrent la route de nos marchés aux produits de l'étranger (aux cotonnades et à la coutellerie anglaises, aux jouets allemands, etc.). Il n'est donc pas surprenant qu'à cette même date surgissent les grands magasins dans nos cités élargies, agrandies, où la concentration industrielle et les chemins de fer font affluer les immigrants. Le succès colossal de ces grands magasins a été très explicable, très naturel. Ce succès a-t-il été aussi profitable à la société tout entière ? sera-t-il éternel ? ce sont là de tout autres questions qui seront examinées par la suite.

Quoi qu'il en soit, les premiers *grands magasins* datent du commencement du Second Empire. Leur histoire est trop connue pour qu'il soit nécessaire de la retracer ici en détail. Nous rappellerons seulement les faits essentiels qui jalonnent pour ainsi dire la voie triomphale suivie par ces conquérants du commerce.

C'est en 1853 qu'Aristide Boucicaut, alors employé au Petit Saint-Thomas (un bon magasin de quartier), s'associe avec M. Vidau, propriétaire du magasin à l'enseigne du *Bon Marché*, au coin de la rue du Bac et de la rue de Sèvres. Boucicaut avait quarante-trois ans. Le Bon Marché était alors, en 1853, sinon comme on l'a dit, une toute petite boutique, du moins un établissement tout à fait médiocre, ne réalisant qu'un chiffre d'affaires de 450.000 francs par an. En 1863, lors de la retraite de M. Vidau, ce chiffre était déjà de 7 millions. Il s'élevait successivement à 21.000.000 en 1869, à 67.000.000 en 1877, à 150.000.000 en 1893. Il est exactement au 31 juillet 1910, de 227.493.305 fr. 45.

Le Louvre est fondé en 1855, par Hériot et Chauchard. Son chiffre d'affaires passe de 40 millions en 1875, à 147.000.000 environ en 1910.

Le Printemps, fondé en 1865, par M. Jaluzot, a réalisé pendant l'exercice 1910 (30 juillet), un bénéfice de 5.105.703 fr. 25. Le chiffre d'affaires qui s'est relevé de 50.000.000 depuis 1905, grâce à l'activité de M. Laguionie, est d'environ 93.000.000.

La Société des Galeries Lafayette, créée en 1899, par MM. Bader et Kahn, accuse pour l'exercice 1909-1910 un solde bénéficiaire de 4.830.831 fr. 54 (rapport de MM. Léon Bloch et Gimpel à l'assemblée générale du 19 novembre 1910).

. La Samaritaine, fondée en 1869, par M. Cognacq, avait en 1874 un mouvement d'affaires de 840.000 fr.; en 1909 le chiffre de ses ventes s'est élevé à 110.000.000.

La Belle Jardinière a réalisé en 1909 un chiffre d'affaires de 29.879.896 francs pour les ventes à Paris et de 12.705.195 francs pour ses succursales en province.

Les procédés qui expliquent la vogue des Grands Magasins sont bien connus; rappelons-les brièvement.

Au point de vue de l'achat, c'est la commande directe au fabricant; les marchandises commandées sont nettement spécifiées et le prix d'achat est calculé avec la dernière rigueur, de manière à ne laisser au fournisseur que le bénéfice le plus minime; l'offre n'est acceptable qu'en raison de l'importance de la fourniture.

Au point de vue du débit, c'est la vente à prix fixe et à bénéfice réduit (majoration moyenne de 35 à 40 % par rapport au prix d'achat, laissant un bénéfice net de 6 à 7 %); c'est l'autonomie des rayons dont le chef a toute latitude pour acheter, dans la limite du crédit à lui ouvert mensuellement, le prix de vente (*la marque*) étant fixé soit par lui-même, soit, comme au Bon Marché, par une commission d'administrateurs; c'est l'attribution aux commis vendeurs d'un intérêt sur la vente (*guelte*); c'est la faculté pour l'acheteur de rendre la marchandise non démarquée, ni usagée; c'est l'exposition de saison où sont liquidés les soldes et où est offert presque à prix coûtant l'article réclame; c'est l'art suprême dans l'aménagement des étalages, dans la combinaison des effets de lumière et de couleur, dans la fascination exercée sur la visiteuse par la profusion des étoffes, par l'enchantement des mille et un objets qui miroitent et scintillent, provoquant la coquette, éblouissant même la femme sérieuse par l'évocation d'une sorte de poésie de pacotille; c'est l'adjonction à l'établissement d'innombrables rayons où la clientèle trouve tout ce qui peut lui être nécessaire, utile ou simplement agréable. A côté de la mercerie, des lainages noirs ou de couleur, de la draperie et flanelle, des indiennes, des doublures, du blanc de coton, des rideaux blancs, des toiles, du linge de table et de toilette, des mouchoirs, de la ganterie, de la bonneterie pour dames, pour enfants et pour hommes,

des chemises pour hommes et garçonnets, des cravates et foulards, des soieries noires et de couleur,
de la lingerie fine et des corsets, des layettes, des
trousseaux, des jupes et jupons, des peignoirs et
matinées, des modes, des costumes pour dames (deux
rayons : le costume tailleur et le costume couturière,
le *flou*), des confections pour dames, des jaquettes
et imperméables pour dames, des vêtements pour
jeunes filles et fillettes, des vêtements pour hommes et
garçonnets (deux rayons), voici venir les rubans, les
fleurs et plumes, la chapellerie, la passementerie, les
laines et tapisseries, la bijouterie et l'article de Paris,
les services de table, l'horlogerie, les jouets, les ruches,
crêpes et voilettes, les parapluies, les fourrures, les
bronzes et articles d'éclairage, les chinoiseries et japo-
naiseries, la parfumerie, la brosserie, les éventails, les
articles de ménage, les articles de voyage et de van-
nerie, la sellerie et les couvertures, les tapis, la literie,
l'ébénisterie[1].

1. A Londres, la maison de Whiteley (dit de son vivant le Fournisseur
universel : *the Universal Provider*) est constituée au capital de 180.000
livres sterling. Ses magasins d'exposition et de vente, Westbourne
Road et Queen's Road, couvrent une superficie de 13.450 mètres carrés;
les dépendances, dépôts, réserves, ateliers de blanchissage et d'entre-
tien occupent 36.420 mètres carrés dans West Kensington. Whiteley
vend dans les 70 rayons de ses magasins, non pas seulement tous les articles débités au Louvre ou au Bon Marché, mais quantité d'autres : pianos, persiennes, tapisseries, etc. Il a organisé les services suivants : coif-
fure et coupe de cheveux, manucure, pédicure, pharmacie, banque de
dépôt et vente de titres, assurances vie et incendie, agence de location et de vente de propriétés, entreprise de repas et banquets à
forfait, décoration d'édifices publics ou d'appartements pour fêtes; location de salles de bal ou de concerts; délivrance de billets de chemins de fer pour voyages circulaires; installations électriques, d'appareils à gaz, de distribution d'eau; délivrance de billets de théâtre;
construction de monuments funéraires, fourniture de couronnes, etc.
etc. Certains plaisants aiment à dire que Whiteley se charge de fournir
des danseurs pour soirées mondaines et que si par une indisposition
malencontreuse, un fiancé est retenu à la chambre au jour fixé pour le
mariage, Whiteley procure sur demande un marié de rechange. Sur les
grands magasins allemands voir J. Hirsch, *Das Warenhaus in Westdeutsch-
land*, Leipzig, 1910; et K. Lux, *Studien über die Entwickelung der
Warenhauser in Deutschland*, Iéna, 1910.

Un autre ennemi du petit commerce, la société coopérative de consommation, est apparu vers la fin du Second Empire, mais n'est vraiment devenu dangereux qu'à partir de 1885, date du premier congrès de la Coopération. Ces sociétés étaient alors au nombre de 1.005 ; on en compte actuellement (d'après l'*Almanach de la Coopération* pour 1911) 2.176 groupant ensemble 742.049 membres et réalisant un chiffre d'affaires de 236.591.685 francs. C'est surtout dans les milieux ouvriers que cette propagande coopérative a réussi. « Si l'on divise, écrit M. Gide, le chiffre des ventes par le nombre des sociétaires, on trouve comme quotient 319 francs, ce qui ne représente même pas 1 franc d'achat par jour. C'est un chiffre instructif, car il sert à mesurer le degré de ferveur coopérative d'un pays. Encore ce chiffre est-il supérieur à la réalité, car il comprend les ventes faites aux non-sociétaires, au public ; il faudrait donc le réduire de 5 ou 10 %. » Cette tiédeur qui trahit le peu de confiance de la plupart des « coopérateurs » dans les sociétés dont ils sont les adhérents s'explique peut-être par certaines aventures retentissantes et par les médiocres résultats obtenus par la coopération lorsqu'elle a tenté d'élargir le cercle de ses opérations en vendant autre chose que du pain, du vin et certaines denrées d'épicerie.

D'autres concurrents plus redoutables sont les roulottiers, les magasins à succursales et les maisons de vente à crédit. Nous reviendrons sur ce sujet (*infra*, ch. ii).

Quelles ont été, pour le petit commerce, les conséquences de l'entrée en ligne de ces nombreux rivaux ? Interrogeons à cet égard la statistique dont les données ne doivent être consultées qu'avec une extrême prudence, mais ne doivent cependant pas être récusées *a priori*.

Etudions tout d'abord la statistique des patentes. Les patentables, on le sait, sont répartis entre les tableaux A, B, C, D. On admet en général que le tableau A correspond au moyen et au petit commerce, le tableau

B au haut commerce. Supposons un instant cette assertion tout à fait exacte, et recherchons quelles variations
ont pu survenir de 1859 à 1909 dans les chiffres expri-
mant la force numérique de ces catégories commerciales et la valeur locative des immeubles imposés
pour chacune d'elles.

ANNÉES.	TABLEAU A		TABLEAU B	
	Nombre des patentés.	Somme des valeurs loca-tives imposées au droit pro-portionnel.	Nombre des patentés.	Somme des valeurs loca-tives imposées au droit pro-portionnel.
1859..	1.188.918	354.848.155	11.513	21.471.766
1870..	1.222.591	552.892.525	14.610	32.819.107
1880..	1.353.987	680.413.139	16.239	41.428.767
1890..	1.411.396	819.154.606	17.182	48.895.250
1900..	1.480.868	894.854.719	18.879	53.966.694
1905..	1.521.067	926.934.403	19.624	59.916.002
1908..	1.466.547	924.326.655	44.459	93.131.113
1909 [1].	1.471.686	938.952.412	45.326	95.868.077

De ces chiffres, il est permis de déduire les conclusions ci-après :

1° Le nombre des patentés du tableau A n'a pas
diminué, au contraire, *de 1858 à 1905*, dernière année
pour laquelle les chiffres soient comparables, la loi
du 19 avril 1905 ayant modifié notablement l'assiette
de l'impôt et fait passer du tableau A au tableau B un
nombre important de contribuables (marchands d'alcools en gros ou demi-gros, marchands de vin ven-

1. *Bulletin de statistique et de législation du Ministère des finances*,
septembre 1910, p. 312.

dant par pièces ou par paniers, etc.). Mais tandis que l'effectif de ces patentés n'augmentait de 1859 à 1905 que dans la proportion de 4 à 5, celui des patentés du tableau B croissait beaucoup plus vite, **dans la proportion de 60 à 100.**

2° La somme des valeurs locatives des contribuables du tableau A a augmenté dans la proportion de 40 à 100 ; celle des contribuables du tableau B dans la proportion de 35 à 100. Il ne s'ensuit du reste aucunement que le chiffre d'affaires des grands établissements n'ait crû que dans cette même proportion, le loyer étant une charge beaucoup plus onéreuse pour les petits commerçants que pour les grands.

Si l'on étudie en détail la *Statistique des patentes par professions et par catégories de cotes* publiée par le Ministère des Finances pour la dernière fois en 1904, pour la période 1885 à 1891, on est amené aux observations suivantes :

Il convient d'éliminer dans le tableau A la 1re classe, marchands en gros ; la 2e, marchands en demi-gros ; et même la 3e (certains commerces de gros et de demi-gros et quelques commerces de détail particulièrement importants : libraires-éditeurs, joailliers, bijoutiers, grands tailleurs ayant des assortiments d'étoffes).

Si l'on considère les 4e, 5e et 6e classes qui embrassent presque tout le commerce de détail et les professions d'ouvriers et d'artisans ayant un caractère commercial, on enregistre les chiffres ci-après :

	QUATRIÈME CLASSE		CINQUIÈME CLASSE		SIXIÈME CLASSE	
	En 1885	En 1891	En 1885	En 1891	En 1885	En 1891
Droits fixes...	177.379	175.511	271.102	278.086	485.798	488.743
Valeurs locatives.......	155.034.804	163.912.762	159.498.399	171.101.664	197.054.422	205.854.017

Le nombre des patentables a légèrement fléchi dans la 4ᵉ classe ; il a augmenté faiblement dans les 5ᵉ et 6ᵉ. Dans les trois classes, il y a augmentation de la valeur des loyers [1].

Les 7ᵉ et 8ᵉ classes sont composées de petits artisans qui travaillent à façon et aussi :

	SEPTIÈME CLASSE		HUITIÈME CLASSE	
	1885	1891	1885	1891
Droits fixes..	215.546	226.819	26.230	31.109
Valeurs locatives.......	62.492.458	66.182.592	11.055.688	12.468.887

Ces statistiques établissent tout au moins un fait : la permanence d'une classe moyenne [2]. Mais quelle est la

1. Cette augmentation est un fait universel. Ainsi pour les pâtissiers en détail, la somme des loyers imposés au droit proportionnel s'élève de 4.209.763 (1885) à 4.961.898 (1891) ; pour les quincailliers, de 5.720.160 (1885), à 5.907.144 (1891) ; pour les bouchers, de 12.770.343 à 14.672.340.

2. Cette constatation est fortifiée par la très intéressante enquête poursuivie à Toulouse par M. Camille Sabatier (*L'Evolution de l'Industrie*, brochure, à la *Solidarité sociale*, 1909). M. Sabatier a passé en revue toutes les professions commerciales et industrielles de Toulouse, et a constaté que presque dans toutes les corporations (sauf dans les brasseries, les fabriques de parapluies et de casquettes), le nombre des établissements avait augmenté. On comptait en 1909, 200 boulangers contre 120 en 1899, 300 coiffeurs contre 180 en 1893, 37 maîtres charpentiers contre 25 en 1899, 80 patrons serruriers contre 60 en 1899, 68 entrepreneurs de maçonnerie contre 57 dix ans auparavant. Le nombre des patrons imprimeurs s'accroît chaque année. L'auteur induit de ces observations la confirmation de sa doctrine du morcellisme ou division de la propriété sous toutes ses formes. Nous croyons, nous aussi, cette division désirable, car l'extrême concentration, comme le dit si bien M. Henri Joly, nous ferait perdre « les qualités natives de notre race, l'esprit d'invention, d'initiative et d'indépendance. Or il ne suffit pas de perdre une qualité pour en acquérir une autre toute différente, et nous sommes peu sûrs de voir notre caractère national transformé par l'esprit

condition économique de cette classe? Est-elle réduite à végéter? La multiplication des établissements est-elle un indice de relèvement économique ou n'aboutit-elle qu'à l'augmentation de la concurrence?

Les recensements professionnels permettent d'éclaircir un peu mieux la situation.

D'après le *Recensement général effectué le 4 mars 1906* (dernier recensement connu), on comptait en 1906 : 277.697 établissements commerciaux, ayant au moins un salarié[1]

                contre...................... 250.790 en 1901,
                et........................... 249.615 en 1896.

Le personnel salarié (employés de commerce, commis, etc.) comprenait :

                salariés.................... 785.837 en 1906,
                contre...................... 763.225 en 1901,
                et.......................... 657.457 en 1896.

La moyenne du nombre des employés par établissement qui s'était élevée de 2,6 (1896) à 3 (1901), est retombée à 2,8 en 1906.

Ces statistiques sembleraient accuser un léger arrêt dans la concentration si vraiment il était possible de déduire à ce point de vue un enseignement soit de l'augmentation du nombre des établissements, soit d'un fléchissement de la moyenne du nombre des employés par établissement.

Mais ce sont là des éléments d'appréciations extrêmement incertains et fragiles. L'augmentation du

d'union, de discipline et de patience » (*Journal des Débats* du 8 octobre 1909).

1. L'établissement étant un groupe de deux ou plusieurs personnes travaillant en commun, un individu travaillant seul ne compte pas comme établissement, mais deux associés ou bien le mari et sa femme travaillant ensemble, sans aide, constituent un établissement n'occupant aucun salarié. *Résultats statistiques du recensement de la population effectué en 1906*, Paris, 1910, p. 117. — Le nombre des établissements commerciaux n'occupant aucun salarié est de 114.053, *ibid.*, p. 187, t. I

nombre des établissements ou du nombre des employés ne nous apprend rien relativement à l'importance respective des grands et des petits établissements. Le Louvre et le Bon Marché ne figurent que pour une unité dans ce tableau. A combien de milliers d'unités correspond cependant l'une ou l'autre de ces puissantes sociétés! — Souvent, du reste, la multiplication des établissements, loin d'être un signe de prospérité pour le petit commerce, indique son appauvrissement, le développement des transactions et des profits étant loin d'être proportionnel à l'augmentation du nombre des entreprises. La table est servie pour dix convives; dix autres convives inattendus surviennent. La part de chacun devra être diminuée de moitié.

D'autre part, si le nombre moyen des employés par établissement est moindre en 1906 qu'en 1901, cette réduction pourrait avoir été la conséquence non d'une sorte de déconcentration, d'un commencement de décongestion des entreprises commerciales, mais uniquement de la croissance du nombre des établissements ou du perfectionnement des procédés d'exploitation. Les grands magasins occuperaient toujours autant d'employés, mais la masse des salariés se répartissant fictivement sous la plume du statisticien entre un plus grand nombre d'établissements, la moyenne s'abaisserait.

Mais voici deux tableaux d'un intérêt plus évident :

  LE PETIT COMMERCE FRANÇAIS.

NOMBRE DES EMPLOYÉS DANS LES ÉTABLISSEMENTS DE CHAQUE CATÉGORIE.

ÉTABLISSEMENTS	COMMERCE		
	1906	1901	1896
De 1 à 5 salariés..	427.115	383.795	365.627
De 6 à 10	90.535	89.069	80.960
De 1 à 10	517.650	472.864	446.587
De plus de 10	268.187	290.361	210.870
Ensemble....	785.837	763.225	657.457

RÉPARTITION DU PERSONNEL EMPLOYÉ ENTRE LES ÉTABLISSEMENTS DE CHAQUE CATÉGORIE.

ÉTABLISSEMENTS	1906	1901	1896
De 1 à 5 salariés..	54,4	50,3	55,6
De 6 à 10........	11,5	11,7	12,3
De plus de 10	34,1	38,0	32,1
	100,0	100,0	100,0

A la différence de celles dont il a été précédemment question cette statistique paraît comporter un enseignement. Elle nous fait connaître en effet la répartition des employés entre les grands, les moyens et les petits établissements. Or si le nombre des employés d'un établissement n'est pas un indice absolument certain et infaillible de son importance comparée à celle d'un autre établissement (certaines méthodes, certains procédés pouvant déterminer une réduction du personnel sans impliquer la baisse du chiffre d'affaires, et encore un grand magasin étant en mesure, grâce à la concentration, d'occuper moins d'employés qu'une collectivité de petits ou de moyens magasins qui atteignent ensemble, au même chiffre d'opérations) à tout bien considérer, on est amené à admettre que, d'une manière générale, on peut assez exactement mesurer le degré d'activité et de prospérité d'un établissement au nombre des salariés qu'il occupe. Un commerçant ne s'amuse généralement pas à engager plus de commis qu'il n'en peut employer utilement et profitablement ; il ne peut guère non plus se dispenser d'augmenter son personnel si ses affaires prennent de l'extension, ni le réduire au cas contraire.

Ceci admis, les statistiques ci-dessus reproduites paraissent comporter les conclusions suivantes :

1° De 1896 à 1901, les petits établissements (de 1 à 5 employés) ont augmenté leur personnel salarié dans une proportion sensiblement moindre que les grands établissements (plus de 10 employés). La proportion du personnel salarié des premiers par rapport à l'ensemble est en effet tombée de 55,6 à 50,3. La part des seconds s'est élevée de 32,1 à 38,0.

2° De 1896 à 1901 les petits établissements se sont un peu relevés. Ils occupent en effet actuellement 54,4 % du personnel total salarié du commerce, tandis que les grands établissements ne représentent plus que 34,1, le nombre des employés étant même dans cette dernière catégorie en baisse absolue : 268.187 contre 290.361 [1].

---

1. On peut objecter avec KAUTSKY (*Le Marxisme et son critique Bernstein*), trad. Feray (p. 125-126), que la statistique compte les succursales des grands établissements comme des exploitations séparées et aussi qu'un certain nombre de petits commerçants sont sous la dépendance de gros capitalistes ; des débitants de vins ou de bière sont par exemple commandités par des négociants de vins en gros ou des bras-

Assurément il serait téméraire, pour ne pas dire ridicule, de conclure de ces indications très générales et qui ne peuvent tenir lieu d'un état des affaires traitées, des recettes et dépenses, — à une crise des grands établissements. Leur puissance demeure hier comme aujourd'hui menaçante, l'accroissement des ventes et des bénéfices de plusieurs d'entre eux est considérable. Il semble néanmoins au total, qu'un certain ralentissement se soit récemment produit dans le processus de la concentration, que, temporairement au moins, le petit commerce mieux organisé qu'autrefois grâce à ses syndicats, à ses associations, à ses unions économiques, bénéficiant d'une certaine protection législative, ait cessé de battre en retraite[1]. Ces constatations sont de bon augure. Elles tendent à démontrer la vérité

seurs. Il ne faudrait cependant pas exagérer la portée de cette observation reproduite par VANDERVELDE (*Le collectivisme et l'évolution industrielle*, 1906, p. 55). En effet 1° les sucursales ne sont comptées comme des établissements isolés dans notre récensement français que si elles sont situées dans des communes différentes ; 2° les succursales situées dans des communes différentes étaient déjà comptées dans les précédents Recensements comme des établissements distincts. Leur déduction si elle était opérée pour chacun des recensements de 1896, 1901, 1906 pourrait donc bien modifier quelque peu les chiffres absolus, mais n'influerait que peu ou point sur les chiffres proportionnels. 3° Parmi les succursales, le plus grand nombre occupent plus de cinq employés. D'autres succursales créées dans les petites localités pour la vente d'articles d'épicerie sont exploitées par un gérant qui travaille seul ou avec sa famille. Le personnel salarié des succursales occupant de un à cinq employés est relativement peu nombreux. 4° S'il est exact qu'un certain nombre de commerçants sont commandités par des négociants, on ne saurait toutefois en conclure que leur liberté soit supprimée et qu'ils soient assimilables à des commis.

1. La même statistique aboutit pour l'industrie et l'agriculture à des constatations assez semblables. Pour l'industrie, la proportion du personnel salarié des petits établissements (1 à 5 ouvriers) était tombée de 27,7 % en 1896 à 24,6 % en 1901 ; cette proportion s'est maintenue exactement la même en 1906 : soit 24,6 %. La proportion du personnel des établissements comptant plus de 10 salariés s'était laité levée de 64,5 % en 1896 à 68,7 % en 1901 ; elle n'est plus, en 1906, que de 68,2 %. Pour l'agriculture, la concentration cesse de progresser. La statistique évalue en 1906 à 84,1 % le personnel des petites exploitations (1 à 5 salariés) au lieu de 80,2 % en 1901. Il est à remarquer que dans sa polémique avec Bernstein, Kautsky défenseur de la pure doctrine socialiste s'appuie surtout sur des statistiques analogues à

d'une opinion souvent recueillie par nous au cours de notre enquête auprès des commerçants-détaillants les plus qualifiés. « La pire époque est passée. Le mal que nous ont fait les grands magasins a été considérable; mais à présent la part du feu est faite. La clientèle qui malgré tout nous est restée fidèle ne nous abandonnera pas facilement[1]. » — Nous croyons en effet que si les commerçants spécialistes de détail, moyens ou petits, savent faire preuve de sang-froid, de discipline, d'ingéniosité et de persévérance, il y a encore pour eux une belle partie à jouer contre les accapareurs. Que les petits commerçants y prennent garde toutefois; maintenir ses positions ne suffit pas : il faut avancer, il faut reconquérir au moins une partie du terrain perdu. Dans la guerre commerciale comme dans toute guerre, qui se condamne à la défensive perd ses meilleures chances de victoire.

celles que nous venons de citer (répartition du personnel salarié entre les établissements occupant plus ou moins d'ouvriers ou d'employés) pour soutenir la constance de la loi de concentration (*op. cit.*, p. 119). Actuellement, en France, les statistiques donnent tort aux prédictions marxistes.

1. Il va de soi qu'il a pu en être autrement dans quelques branches spéciales du commerce. Notre observation est d'ordre général; elle sera sans doute contestée par plusieurs des intéressés qui souffrent encore vivement de la concurrence des grands magasins. Cet état d'esprit est bien connu et trop facile à comprendre. Mais étudier, c'est réfléchir et c'est comparer; nous persistons donc dans notre appréciation.

CHAPITRE II

LE PETIT COMMERCE SPÉCIALISTE. — SES CONCURRENTS.
SA SITUATION ÉCONOMIQUE.

I. Les concurrents du petit commerce spécialiste. — Grands Magasins de Paris *(renvoi)*. — Grands Magasins de province, maisons à succursales, roulottiers, coopératives. — II. Enquête sur la situation économique et sur l'organisation professionnelle des diverses branches du commerce de détail à Paris.

I. — LES CONCURRENTS DU PETIT COMMERCE SPÉCIALISTE

Avant d'étudier la situation économique du petit commerce de détail, nous passerons en revue les puissants établissements qui lui ont déclaré la guerre.

Les grands magasins parisiens.

Nous ne citons ici que pour mémoire ces établissements dont nous avons déjà exposé les méthodes et qui ont été souvent étudiés et décrits. M. d'Avenel a chanté leur gloire[1]; M. du Maroussem, dans ses belles enquêtes critiques[2], a montré que pour être riches et puissantes, ces sociétés financières n'étaient pas nécessairement bienfaisantes. Le public appréciera.

1. *Le Mécanisme de la Vie moderne*, Colin, t. I, ch. ı et ııı.
2. *La question ouvrière*, ııı. *Le jouet parisien*, ch. vıı. *Grands Magasins. Grands ateliers*, Rousseau, 1894.

Grands magasins de province et maisons à succursales multiples.

Mais les sept ou huit magasins parisiens ne sont pas les seuls à porter préjudice au commerce spécialiste. En province surtout, malgré la publicité par catalogues et les expéditions de colis postaux, ces colossales entreprises ont beaucoup moins nui au commerce local que les grands magasins locaux, le plus souvent succursales de grands établissements exploités par des sociétés anonymes.

La plus puissante de ces sociétés est celle des *Nouvelles Galeries Réunies*, créée en 1880 par M. Napoléon Demogé auquel a succédé M. Canlorbe. Son capital social s'est élevé de 1.500.000 francs en 1884, à 39.000.000 en 1906, plus une dette obligataire de 16.940.000 francs. Tout le monde connaît ces grands bazars dits Galeries, vastes constructions en fer et en verre où l'on vend un peu de tout et que l'on rencontre dans toutes les villes un peu importantes : Reims, Bordeaux, Avignon, Carpentras, Valence, Rouen, Montpellier, Châteauroux, St-Étienne, Pau, Dax, Beauvais, Besançon, Nevers, Grenoble, Belfort, Chalon-sur-Saône, etc.

Le système commercial des Nouvelles Galeries est très ingénieux. Chaque succursale est provisoirement considérée comme une simple cliente à laquelle le siège central livre toutes les fournitures dont elle a besoin, en prélevant une commission de 2 % en moyenne. La succursale doit réaliser un bénéfice net de 16 à 20 %. Au delà de 16 % le directeur est intéressé dans les ventes. Il est clair que finalement, bénéfices et pertes des succursales se reportent au compte de la société-mère; mais cette individualisation des comptes permet de mieux apprécier à chaque instant la situation de chaque filiale.

2.

La société poursuit encore d'autres opérations ; elle a conclu des ententes avec un grand nombre de bazars qui lui ont concédé le monopole de leurs fournitures et dont souvent elle contrôle la comptabilité. Les commissions perçues sur ces fournitures sont une nouvelle source de bénéfices. Les bazars clients, s'ils ne sont pas absorbés, gravitent comme des satellites dans l'orbe de la société qui les approvisionne.

Les bénéfices d'exploitation se sont élevés en 1900-1901 à 4.689.488 francs ; en 1909-1910 à 8.745.000 francs.

Les dividendes sur chaque action ont été de 50 francs de 1900 à 1905 ; puis de 52 fr. 50 ; enfin (1910) de 55 francs. L'action est cotée 1.463 francs [1].

Les *Nouvelles Galeries* qui avaient à compter avec la concurrence de *Paris-France* (voir *infra*, ch. xi) ont négocié avec cette société rivale. A défaut d'une fusion possible, une entente avec partage des zones de vente est certaine.

Une nouvelle société, *Paris-Galeries*, est en voie de formation. Afin d'éviter les immobilisations un peu aléatoires qui ont été reprochées aux *Nouvelles Galeries*, Paris-Galeries se bornera à louer pour vingt-cinq ans (avec faculté de résiliation après trois ans si l'affaire s'annonce mal) des locaux où elle ouvrira des bazars. Une option a permis à *Paris-Galeries* d'acheter la maison de commission Noiriel, maison dont 1.500 à 2.000 bazars sont les clients. La société opérera avec ces bazars conformément aux méthodes des Nouvelles Galeries.

Indépendamment de ces succursales, il existe quantité de grands magasins locaux.

« A Lille, nous écrit M. Mience, président du Syndicat général de la boulangerie française, se sont installées des Galeries, vastes capharnaüms où l'on vend de tout : elles ont ajouté à leurs articles : l'épicerie et tous les comestibles, sauf la viande fraîche.

1. *Financial News* (de Paris), n° du 7 février 1911.

« Vous me demandez si le moyen et le petit commerce ont à souffrir dans la région lyonnaise de la concurrence des grands magasins parisiens ou locaux, des bazars, des maisons à succursales? Sur toute la ligne, oui. Les succursales vont sur place drainer l'argent local, écouler leur stock sans rien acheter dans le pays, car elles ne peuvent que vendre, les achats étant faits par la maison-mère. » (Lettre de M. Poueymidanet, président de l'Union des spécialistes et commerçants de Lyon.)

A Saint-Étienne, outre les Nouvelles Galeries, on rencontre le Casino de Saint-Étienne : 330 succursales; l'Alimentation stéphanoise : 300 succursales dans la Loire, la Haute-Loire, la Haute-Vienne (réponse de M. Valladaud, président de l'Association générale des commerçants de la Loire).

« Il y a à Dijon deux grands bazars : les Galeries Dijonnaises, et la Ménagère plus important, plus luxueusement installé au centre de la ville. succursale de la Société des Grands Bazars. On y vend de tout, sauf pourtant de l'alimentation. Ces deux maisons qui causent un tort considérable au commerce local font plus de 2 millions d'affaires. » (Lettre de M. Patriarche, président de l'Union commerciale de la Côte-d'Or.)

A la Rochelle, il existe deux grands magasins faisant un beau chiffre d'affaires : l'un vend au comptant, l'autre à crédit.

Notre correspondant de Thouars (Deux-Sèvres), M. Thierry, nous signale la concurrence faite aux spécialistes par la succursale de la maison Vannier de Poitiers (tissus, nouveautés, confections pour hommes et pour dames), et par celle des Docks de l'Ouest (épicerie, vins, liqueurs, mercerie, chaussures). A Elbeuf (Seine-Inférieure), les Nouvelles Galeries ouvertes en 1904 ont dû doubler la surface de leurs magasins (lettre de M. Lefèvre, de la Ligue commerciale d'Elbeuf).

Une opinion très personnelle et assez différente des

précédentes nous est exprimée par M. Clouzot, *président de la Chambre syndicale du commerce et de l'industrie de Niort.* Ce correspondant se plaint des coopératives, des syndicats agricoles qui vendent des vêtements et des bouteilles, enfin des maisons de vente à crédit genre Dufayel, Classes Laborieuses ou Paris-France. Mais il ajoute : « *Le spécialiste se plaint moins des bazars. Il prétend avec quelque raison, que ces grands magasins attirent la foule dans les villes, excitent le public à acheter et, comme les marchandises y sont aussi chères qu'ailleurs eu égard à leur qualité, l'acheteur revient tôt ou tard au spécialiste, après avoir pris l'habitude de dépenser plus qu'autrefois.* »

Il y a une part de vérité dans cette observation. Les étalages des grands magasins stimulent réellement le désir d'achat et déterminent un mouvement d'affaires dont le spécialiste a sa part. N'oublions pas cependant qu'en province surtout où le public est infiniment plus circonspect, moins sujet aux entraînements, le grand bazar détourne à son profit une fraction notable de la clientèle des spécialistes. Au total l'ouverture des grands bazars peut en effet profiter à un certain nombre de détaillants voisins, surtout s'ils sont bien achalandés ; elle nuit à l'ensemble du commerce.

En tout cas cet avantage compensatoire n'existe certainement pas en ce qui concerne les établissements dont il nous reste à parler : les succursales des magasins de l'alimentation, et les roulottiers.

Les magasins à succursales sont nombreux dans les métiers de l'alimentation. Le système en usage à la maison Potin (représentants exclusifs dépositaires des *produits Félix Potin,* avec obligation de se fournir exclusivement au siège central) est universellement connu ; il est inutile de l'exposer à nouveau. Mais on est moins renseigné sur les combinaisons adoptées par quantité d'entreprises d'épicerie. Il convient d'indiquer l'économie de ce système qui est né à Reims et a donné lieu en cette ville à la création de diverses organisations constituées sur le même plan : Docks réunis, Etablissements économiques, Établissements Goulet-Turpin.

Un épicier rémois voyant sa clientèle s'effriter eut une idée géniale ; il imagina la combinaison suivante :

Il entreprit un voyage d'exploration à travers bourgs et villages. Partout où il jugea pouvoir créer un mouvement d'affaires, il loua une boutique vacante puis rechercha un gérant ; — peu importait que celui-ci connût ou non le métier, pourvu qu'il fournît un cautionnement. — Un inventaire des marchandises confiées à ce gérant était fait ; en fin d'année, il devait rendre argent ou marchandises, son cautionnement répondant de sa dette éventuelle.

Commercialement cette combinaison met l'organisateur à l'abri de tout risque. Si la succursale prospère, il y a bénéfice ; si elle échoue, les marchandises ou leur équivalent en argent se retrouvent ; les dépenses d'installation sont très légères : la location d'une boutique de village coûte peu et le gérant est payé par une commission sur les ventes. Son intérêt personnel l'engage à se démener pour se créer une clientèle.

Ce système s'est bientôt généralisé ; il est appliqué dans des villes nombreuses par des sociétés dites *Familistères* ou *Maisons bleues* ; il fonctionne surtout dans l'Est, mais aussi à Meaux, à Lyon, à Saint-Etienne, à Nantes, à Tours ; il est pratiqué, à Paris, notamment par plusieurs sociétés de vente de vin à emporter, par exemple par la *Compagnie des Établissements économiques et la Vigneronne réunis,* fondée en 1890 par MM. Lœvi et Jauriat. La *Vigneronne* vend du vin et depuis 1903 du pain, de la charcuterie, de la pâtisserie. Cette société, comme toutes celles du même genre, prétend par la suppression de l'intermédiaire, réduire le prix de vente au profit du consommateur.

Un système de primes favorise la vente. Ainsi tout achat à la Vigneronne donne lieu à la délivrance d'un ticket. Avec 5 tickets vin (à 0 fr. 50 le litre) on a droit à une assiette plate faïence blanche ; avec 15 tickets à un saladier ; avec 50 à une soupière. Un catalogue des primes permet le choix entre les objets les plus divers : services à liqueur, à café, lampes, carpettes, tissus, articles de lingerie, literie, fourrures, etc.

Le petit commerce se plaint vivement de ces établissements. A plusieurs d'entre eux il reproche d'exploiter les gérants placés à la tête des succursales. Un certain coulage, une certaine déperdition de matière est presque inévitable dans l'épicerie ; le gérant inexpérimenté, ancien gendarme ou ex-domestique ne sait pas se prémunir contre cette perte dont il porte la responsabilité. D'autre part c'est, dit-on, le cautionnement du gérant qui fait les fonds nécessaires à l'ouverture d'une succursale[1]. Aussi les *Unions commerciales* réclament-elles une loi rendant obligatoire le dépôt dans les caisses publiques du cautionnement du gérant.

« Notre commerce a terriblement à souffrir du fait d'abord des grands magasins qui par le colis postal nous inondent de leurs marchandises. Mais cette souffrance n'était rien auprès de celles que lui ont imposées les magasins à succursales « Alimentation Stéphanoise », « Casino de Saint-Etienne », « Etablissements

---

1. Les sociétés mises en cause protestent contre ces incriminations que nous reproduisons sous réserves. En tout cas ces griefs ont été à mainte reprise publiquement exposés. Par exemple au 5ᵉ *Congrès de la Coopération Socialiste*, Nantes, avril 1905, plusieurs sociétés ont été prises à partie et accusées de manœuvres dolosives. « Dans l'Est le développement des Familistères n'est que la combinaison d'épiciers droguistes qui pour écouler leur stock montent des boutiques dans chaque localité, y mettent un gérant avec cautionnement pour parer aux pertes. Ces maisons se servent de trucs, d'attrape-nigauds en sacrifiant quelques articles pour attraper la ménagère ; cela permet de passer avec d'énormes bénéfices les alcools source d'empoisonnement du prolétariat. » (Compte rendu, p. 75.)

économiques » qui étendent aujourd'hui leur réseau sur tout le pays. On peut estimer à 200 le nombre des succursales dans le département de la Haute-Loire. A mon avis le véritable fléau déchaîné contre le petit commerce, c'est le magasin à succursales multiples. Après avoir débuté par l'épicerie, le magasin succursale est devenu bazar, marchand de chaussures, mercier, vannier, charcutier, marchand de vin; depuis quelques mois il est boulanger; sous peu il sera tout. »

Cette déposition vraiment saisissante est de M. Constant, président de l'*Association des commerçants et industriels de la Haute-Loire.*

Dans la région du Sud-Ouest on signale les diverses sociétés de vente de produits alimentaires : la Société d'Epargne, succursales à Toulouse, Montauban, Albi, Cahors, etc. et la société la Ruche dont le siège est à Agen et qui étend ses opérations sur le Lot-et-Garonne et les départements limitrophes. Une entente existe, paraît-il, entre ces deux sociétés.

Nous retrouvons à Avignon nos vieilles connaissances : Nouvelles Galeries et Paris-France. A Marseille le commerce local se plaint des Nouvelles Galeries, des Armes de France, des maisons de vente à crédit : Paris-Marseille et le Bon-Génie.

A Rennes, toujours Paris-France et les Nouvelles Galeries, la maison Dewachter (confections).

Au Havre, la lutte est menée vivement contre les maisons à succursales multiples par l'Union des Commerçants et la Ligue commerciale et industrielle. Un journal local, la *Lutte commerciale,* a ouvert contre les magasins d'accaparement une active campagne d'affiches et d'images [1].

---

1. Sur l'une de ces affiches, la loi des patentes, représentée par un gros arbre. supporte une sorte de tour percée de meurtrières d'où les roulottiers, bazardiers, etc., tirent à mitraille sur les petits commerçants Ces derniers cherchent à renverser l'arbre en tirant sur un gros câble (la revision des patentes) qu'ils ont enroulé autour du tronc. Une autre image représente un grand bazar avec cette enseigne : « Grands

A Auxerre, signalons les Docks français (de Chalon), les Économiques troyennes, les Ruches troyennes; à Tours, le Grand Bazar. Cette revue pourrait être indéfiniment allongée.

Les Roulottiers.

Ici le tort causé au commerce local est patent et sans aucune atténuation.

La principale entreprise à classer sous cette dénomination est la société dite des *Planteurs de Caïffa*. Cette maison, fondée en 1890 par M. Cahen, a été récemment transformée en une société anonyme anglaise : *The Anglo Continental Supply Co, Limited*. Le *Financial News*, édition de Paris, mentionnait (n° du 19 novembre 1910) la mise en souscription par cette société de 136.000 actions de préférence de 5 livres sterling chacune, donnant un intérêt cumulatif de 8 %. Le conseil de direction se composait avec M. Cahen, de diverses personnalités anglaises : Lord Arthur Cecil, Sir William Garsten, M. Fred. Scotter.

Les bénéfices réalisés en France par cette société britannique se montaient pour l'exercice en cours à 4.261.471 fr. 20.

L'historique des *Planteurs de Caïffa* est une nouvelle illustration de l'habileté commerciale et de la ténacité qui ont rendu célèbre la race à laquelle se rattache par son origine M. Cahen.

Le fondateur de Caïffa a débuté, il y a une vingtaine d'années, en vendant du café au fond d'une cour; il a joint plus tard à son approvisionnement d'autres pro-

Magasins du Miroir aux alouettes. Tout pour rien ! 500 succursales. Nombreuses primes aux gogos. » Les clientes se pressent en foule pour entrer. La légende est mordante : « Les voyez-vous ces alouettes se précipiter vers le Grand Magasin accapareur ? Des commerçantes même y vont. Pauvres alouettes qui courez à la ruine ! Vous êtes de mauvaises mères qui préparez l'esclavage futur de vos enfants par ces sociétés capitalistes. » Cette affiche a été apposée dans toute la région havraise.

duits : tapioca, savon, chocolat, articles de bazar. Mais la trouvaille de M. Cahen a été d'inaugurer le commerce ambulant avec distribution de primes. Comme l'épicier de Reims dont nous avons parlé, M. Cahen jette son dévolu sur une région. Il y établit un dépôt central d'où sortent chaque matin un certain nombre de voitures à bras ou attelées d'un cheval, chargées de café et de diverses marchandises. Les employés de Caïffa battent les villages et la campagne, offrant à la clientèle un café de qualité normale ; chaque acheteur reçoit un ticket échangeable contre un objet-prime : lingerie, ou couverts, ou suspension, ou parapluie. Le premier achat conclu, le client est amorcé ; il ne veut pas perdre son droit à la prime ; pour cela il lui faut acquérir de nouveaux tickets, faire de nouveaux achats. L'objet-prime délivré n'est le plus souvent que la partie d'un tout que l'on convoite : il faut bien compléter la douzaine de serviettes ou le service de table. Plus tard, l'habitude est prise ; le fameux planteur de Palestine compte un fidèle de plus.

C'est du commerce ! dira-t-on. En effet. Aussi bien nous n'entendons pas faire ici le procès des roulottiers. Seulement, qui dit *commerce* dit aussi *concurrence :* les commerçants français spécialistes et sédentaires ont donc intérêt à s'organiser pour se défendre contre des établissements étrangers qui incontestablement, bien que légalement, leur causent un grave préjudice. Les *Planteurs de Caïffa* ont, nous dit-on, 3.000 voitures en circulation. Une maison analogue, la maison Debray (250 succursales), en a 1.000.

Une autre catégorie de roulottiers pratique la vente au déballage à cri public. Nous retrouverons ces industriels lorsque nous traiterons de la loi qui a réglementé ce genre de vente.

Les réponses de nos correspondants de province attestent le dommage causé au commerce local par les roulottiers.

Dans les Deux-Sèvres opèrent : le Planteur de Caïffa (dépôt régional à Saumur) et une maison de Bressuire. Ils vendent 75 articles [1].

A Lille, les roulottiers sont légion, surtout pour le café.

Au Puy, on voit opérer « Caïffa » et l'un de ses émules : le « Zanzibar ».

A Dijon et dans la région avoisinante, on estime à 100 le nombre des voitures du Caïffa.

A Rouen, nous écrit M. Mure, président de la *Ligue syndicale rouennaise pour la défense des intérêts du commerce et de l'industrie*, les roulottiers avec primes genre Caïffa ont à peu près tué le commerce des cafés en demi-gros autrefois prospère à Rouen.

Il en est ainsi à peu près partout.

Les Coopératives.

Nous avons déjà, dans un précédent chapitre, reproduit les statistiques résumant les progrès des coopératives ouvrières, progrès accomplis au détriment du commerce local. Toutefois la coopérative n'a pas réussi également partout.

Dans le Nord, ces sociétés ont pris un développement vraiment extraordinaire et ont, nous écrit M. Mience, « décimé la boulangerie locale à Lille, à Roubaix, à Tourcoing, à Anzin, à Denain. — A Lille, 50 boulangeries se sont fermées depuis quelques années. A Roubaix, il y avait 150 boulangers il y a vingt ans ; il n'en reste plus que 50 ».

A Lyon, les coopératives de consommation sont nombreuses, surtout pour l'alimentation et le chauf-

---

1. Voici quelques prix au 1/2 kilo : café brûlé 1 fr. 40, chocolat 0 fr. 75 à 0 fr. 90, thé (125 gr.) 1 fr. 25, chicorée 0 fr. 50, haricots 0 fr. 40. Ils vendent aussi des confitures, du cacao, de la moutarde, de l'huile, de l'eau de Cologne, etc.

fage. Au Puy, la coopérative ouvrière l'*Union des travailleurs* est prospère. A Dijon, le Syndicat agricole et viticole a boutique ouverte et vend de tout aux syndiqués ; il réalise pour un demi-million d'affaires.

Nous venons d'essayer de donner au lecteur une idée générale des progrès de la concentration commerciale depuis une trentaine d'années, ainsi que des modes si variés et si ingénieux de pénétration et de propagande auxquels ont eu recours les grands établissements.

Quelle est, à l'heure actuelle, la situation économique du commerce de détail spécialiste assailli par tant d'ennemis à la fois ?

Telle est la question qu'il nous reste à étudier, profession par profession, à l'aide des renseignements recueillis au cours de notre enquête.

II. — ENQUÊTE SUR LA SITUATION ÉCONOMIQUE ET SUR L'ORGANISATION DU COMMERCE DE DÉTAIL SPÉCIALISTE A PARIS.

Nous passerons successivement en revue les diverses professions.

ALIMENTATION

Boulangers.

Situation économique. — La liberté du commerce de la boulangerie (1863) a eu pour conséquence la multiplication du nombre de ces établissements au delà des besoins de la consommation. Jusqu'en 1863, le syndicat avait un caractère officiel. A cette date, il fit place à deux associations qui fusionnèrent le 31 décembre 1885 pour former le syndicat de la Boulangerie de Paris, 7, quai d'Anjou, lequel groupe la plus grande partie des boulangers parisiens.

Le syndicat a créé entre autres œuvres : un laboratoire d'analyses permettant au boulanger de se rendre compte de la qualité de sa farine, de son rendement en poids et en qualité ; des fours sont affectés à des expériences professionnelles et d'autres fours mis à la disposition des boulangers qu'un accident empêche de cuire chez eux.

Il a créé encore des offices de renseignement pour les offres et demandes de travail, des cours professionnels gratuits, une caisse de secours qui assiste les anciens maîtres ou garçons boulangers indigents ou leurs veuves. Le syndicat a distribué en 1909, en pensions et en secours, 5.441 francs.

Le commerce spécialiste subit la concurrence des coopératives : l'*Egalitaire,* la *Bellevilloise.* Cette concurrence toutefois n'a pas notablement progressé. — De même, les grandes boulangeries à pétrin mécanique n'ont pas supplanté, comme on l'avait prédit, les petites boulangeries où subsiste le travail manuel.

Personnel. — Le salaire des ouvriers boulangers à Paris est en moyenne pour le pain ordinaire : brigadier ; 10 francs par jour (pour six fournées) ; — aide : 9 fr. 60.

Pour les ouvriers dits viennois, faisant les croissants, le pain de gruau, le pain allemand : ouvrier travaillant seul : 10 francs, par jour plus 0 fr. 40 de pain et 0 fr. 40 de vin ; — ouvriers travaillant à deux : brigadier : 10 francs, plus pain 0 fr. 40, vin 0 fr. 20 ; aide : par jour, 8 à 9 francs ; second aide, 5 à 6 francs, plus les mêmes indemnités.

Les patrons boulangers sont hostiles à la suppression du travail de nuit. La profession, d'après eux, est moins pénible à exercer la nuit que le jour ; si la fabrication commençait obligatoirement à 5 heures du matin, la première fournée ne pourrait être cuite avant 8 h. 1/2, etc. [1].

Pâtissiers.

Situation économique. — La situation de la pâtisserie n'est pas satisfaisante. Le chiffre d'affaires des pâtissiers a diminué de 35 à 40 % depuis vingt ans, par suite de la concurrence des boulangeries-pâtisseries et des épiceries qui vendent des gâteaux secs. C'est dire que le pâtissier spécialiste verrait sans trop de déplaisir aboutir la proposition de loi Godart sur l'interdiction du travail de nuit dans les boulangeries, car les fours ne fonctionnant que le jour devraient être réservés pour le pain ; or les gâteaux se font actuellement de jour. Cette réforme restituerait 10 à 12 millions d'affaires aux pâtissiers spécialistes.

La période annuelle de chômage est de deux mois : août et septembre.

Syndicat. — Le syndicat des pâtissiers de Paris, Seine et Seine-et-Oise, 16, rue Hérold, est l'une des associations de commerçants les plus actives. Sous son impulsion se sont créées deux sociétés, la Glacerie parisienne (pour la fabrication des glaces, sorbets, rafraîchissements) et la Confiserie chocolaterie. (Voir *infra*, ch. VIII.)

Il publie un journal : *le Pâtissier français*. Il distribue des récompenses aux employés, ouvriers, demoiselles de magasin ayant travaillé cinq ans dans la même maison, ainsi qu'aux apprentis zélés (livrets de caisse d'épargne). Il a organisé un service de vérification des lettres de voitures ; un service de vérification

---

1. Voir le rapport à la Chambre de Commerce de Paris par M. Sauvage (*Suppl. à la Boulangerie f*ˢᵉ, n° du 4 décembre 1909). Dans le sens de l'interdiction du travail de nuit, voir la proposition de loi de M. Justin Godart, Chambre, Doc. session ordʳᵉ 1909, p. 181 et M. Bouteloup, *Le travail de nuit dans la boulangerie*, Paris, Larose, 1909.

des feuilles de contributions ; un laboratoire d'analyses chimiques ; un service de consultations gratuites.

Personnel employé. — L'apprentissage commence à treize ou quatorze ans et dure deux ans. L'enfant est logé, nourri, habillé, mais ne gagne d'abord que ses pourboires.

Après un an, il gagne 10 à 15 francs par mois en moyenne ;

à seize ans, 40 à 45 francs (toujours logé, nourri).

A vingt et un ans l'ouvrier gagne 150 francs par mois (logé, nourri) ; le chef pâtissier, cuisinier, gagne 250 à 300 francs par mois, exceptionnellement 4 à 500 francs.

S'inspirant de la loi de 1905 sur les fraudes, M. Robaglia, président du syndicat, souhaiterait voir créer deux catégories de patentables pâtissiers, on distinguerait la pâtisserie fine n'employant que du vrai beurre et des œufs et la pâtisserie ordinaire qui pourrait user de margarine, mais le client du moins serait prévenu.

Confiseurs.

Dans cette corporation, aucune tendance à la concentration ne se manifeste. Les grandes maisons augmentent leurs chiffres d'affaires, mais les petites subsistent. La fabrication des bonbons par des procédés mécaniques se généralise.

Il faut distinguer : 1° les grands confiseurs du centre de Paris qui fabriquent les produits mis en vente dans leurs magasins ; 2° les fabricants qui vendent peu au détail et ont pour clients les détaillants ; 3° le détaillant, petit confiseur ou épicier. L'épicier est un actif concurrent du petit confiseur spécialiste. Il achète la matière première : pain de chocolat ou praliné, et la transforme en bonbons ; il fait l'intérieur, mais non la couverture (*enrobage*).

Un seul syndicat de fabricants. Ni achat en commun, ni bureau de placement, ni cours professionnels.

Personnel. — Un bon ouvrier confiseur sachant faire tous les bonbons, gagne 10 à 12 francs par jour; un manœuvre qui sait seulement « couler des fondants », 5 à 6 francs. Les vendeuses reçoivent 4 à 5 francs par jour; elles sont rarement logées et nourries. On engage des vendeuses supplémentaires un mois par an (décembre à janvier).

La confiserie française est recherchée; aussi elle exporte à l'étranger, surtout dans l'Amérique du Sud. Elle souffre, par contre, de la concurrence des fabricants de chocolat suisses.

Épiciers.

Situation économique. — Il faut que le petit épicier détaillant ait la vie dure, car aucun petit commerçant peut-être n'est plus environné d'ennemis, et cependant, malgré tout, tant bien que mal, il vivote.

Son ennemi le moins dangereux c'est la coopérative, qui, en ce qui concerne l'épicerie, est loin d'avoir eu le même succès que pour la boulangerie. La mésaventure de la *Moissonneuse* n'a pas été oubliée, et bien des familles ouvrières se méfient des « économies » que leur promettent les coopérateurs sur le café et sur le vin.

Un ennemi bien autrement redoutable c'est la grande épicerie : Félix Potin, Damoy, Couté ou Luce. Ces épiceries vendent avec un bénéfice très modique. Sur 100 millions d'affaires par an, l'épicerie Potin réaliserait, dit-on, un bénéfice brut de 12 à 14 % et net de seulement 2 %. Quarante maisons à Paris dépassent 1 million d'affaires. Les grandes épiceries gagnent peu sur les denrées coloniales; aussi ajoutent-elles à leur commerce toutes sortes de branches : charcuterie, vins, comestibles, etc.

L'épicier détaillant se plaint encore davantage des maisons *à succursales et à primes :* la Vigneronne (vins), Hauser et Rothschild (vins et lait), Familistères. Il existe 2 à 300 boutiques de ce genre à Paris. Le gérant de la succursale n'étant pas regardé comme un employé, la boutique ne ferme pas le dimanche.

Le petit épicier détaillant est très souvent sous la dépendance du négociant de vins en gros qui est bailleur de fonds. Un détaillant qui achète un fonds 50.000 francs, empruntera par exemple au négociant les 25.000 francs qu'il doit verser comptant, et se libérera du surplus en billets (intérêt 6 % avec la commission). Mais devenu le débiteur du négociant, le détaillant est obligé de se fournir chez lui ; il subit sa loi.

Crédit. — Aussi un grand bienfait pour le détaillant serait la création d'une banque de crédit mutuel. Cette banque avancerait à l'acheteur du fonds de commerce une somme égale à la moitié du prix d'achat. Il la rembourserait en quinze ans, par des traites annuelles à 5 % d'intérêt, plus 6 % pour amortissement. La banque aurait pour garantie un nantissement sur le fonds ; il serait nécessaire que l'acheteur eût versé comptant une partie au moins du prix. Peut-être pourrait-on ensuite créer sous les auspices du syndicat un office d'achat en commun [1].

Syndicats. — *Le syndicat de l'Epicerie française* est fort riche ; il possède, 32, rue du Renard, un hôtel qui a coûté 650.000 francs. Il a 125.000 francs en dépôt à la Banque. Son bureau gratuit place 10.000 employés par an.

Il existe un autre syndicat dit de l'*Epicerie en détail*, 12, rue Saint-Bon. Il groupe surtout les petits détaillants.

Bouchers.

Organisation du trafic. — Le trafic général de la boucherie est organisé comme il suit : les commission-

---

1. En ce qui concerne la *Sadla*, cette grande société d'achats en commun, voir *infra*, ch. VIII.

naires en bestiaux amènent à la Villette, bœufs, veaux et moutons qui, vendus aux *chevillards*, sont abattus par ceux-ci et revendus aux bouchers détaillants. Un boucher achète par exemple un demi-bœuf, un veau, un mouton.

A l'abattoir, chaque chevillard a sa spécialité (bœutier, veautier ou moutonnier) et sa case pour abattre. Les bêtes sont exposées dans un échaudoir où les bouchers vont les voir.

Le boucher qui a acheté la bête entière ou une moitié de bœuf la débite ou la fait débiter ; travail délicat. Un chef d'étal maladroit mécontente à la fois sa cliente qui reçoit un mauvais morceau et son patron, car la pièce où il a taillé est abîmée ; il y a aussi des pertes. Le premier jour de l'abatage, un bœuf perd 9 kilos par évaporation.

La cliente (cuisinière ou ménagère) est devenue difficile ; elle entend choisir et exige souvent qu'on entame pour elle une pièce entière.

Concurrents. — Le détaillant doit compter avec la concurrence de certaines grandes épiceries où la viande est vendue à poids net et à prix fixe ; la cliente ici n'est pas admise à choisir ni à marchander ; on lui apporte le morceau du sous-sol ; il faut le prendre de confiance. Avec ses 32 employés, le rayon de boucherie de l'épicerie Potin, boulevard Malesherbes, réalise, paraît-il, un chiffre d'affaires de 5.000 francs par jour, ce qui correspond à l'activité de 10 boucheries ordinaires faisant chacune 500 francs d'affaires par jour et occupant 60 employés.

Les Halles sont un vrai marché de réassortiment où l'on vend toute débitée la viande dont les bouchers n'ont pas le placement, et aussi la viande abattue venue de province (51 millions de kilos en 1908). Là se fournissent les bouillons et quelques régiments.

Les grandes boucheries spécialistes n'ont pas causé un tort considérable aux moyennes et aux petites.

3.

Le partage de la clientèle s'opère naturellement en raison des quartiers et de la nature de la clientèle.

Personnel. — Il a augmenté depuis vingt ans, car la clientèle se fait de plus en plus porter la viande à domicile.

L'apprenti de treize ans gagne de suite, logé, nourri, 3 à 4 francs par semaine ; après deux mois, 5 à 6 francs ; après un an, 40 francs par mois, plus les petits pourboires. Il est défendu de faire travailler aux abattoirs un enfant de moins de seize ans. — L'enfant trop souvent envoyé en courses ou employé à nettoyer la boutique apprend mal le métier. A vingt ans, un garçon boucher gagne 14 à 15 francs par semaine, 20 à 30 francs s'il est habile. A 25 ans, libéré du service militaire, il gagnera de 30 à 40 francs par semaine, logé et nourri. Il y a peu de chômage dans cette profession. Le repos hebdomadaire est donné · en général du dimanche midi au lundi midi avec repos compensateur d'une après-midi par semaine. La journée de travail commence à 5 heures du matin et finit, selon les maisons, à 7, 8 et même 9 heures du soir. L'unification conventionnelle de la durée du travail avec fermeture à 7 heures est projetée.

Le bureau syndical gratuit a placé 14.000 employés en 1909.

Institutions professionnelles. — L'achat en commun du bétail n'a jamais pu être organisé, vu la difficulté à donner à chaque maison les morceaux lui convenant, vu surtout l'opposition énergique des chevillards. Mais le syndicat a créé un *Fondoir spécial pour la vente des suifs*, société anonyme au capital de 1.200.000 francs. Toutes les actions sont souscrites par des bouchers. Les bénéfices sont ristournés partie aux actionnaires, partie en proportion des livraisons.

La plupart des bouchers sont assurés contre les accidents du travail à la société d'assurances mutuelles : l'Alimentation, 24, rue de Richelieu.

Crédit. — Les bouchers paient tous les huit jours le montant de leurs achats d'animaux à la caisse dite « Régie intéressée du marché aux bestiaux ». Les chevillards, eux, règlent au comptant au commissionnaire en bestiaux.

La clientèle bourgeoise règle tantôt au mois, tantôt à la semaine. Les clients riches règlent souvent à l'année.

Une question qui préoccupe tous les Parisiens est celle du renchérissement du prix de la viande. Cette cherté s'explique surtout par la diminution du cheptel français : le nombre des moutons par exemple a diminué de 32 millions à 18 millions. La demande a fortement augmenté ; la classe ouvrière consomme beaucoup plus de viande qu'autrefois. Enfin, le droit de douane arrête en partie l'importation.

Syndicat. — Le syndicat général de la Boucherie française, président M. Seurin, 11, rue du Roule, groupe environ 110 syndicats organisés dans toutes les villes de France. Le syndicat de Paris publie un journal hebdomadaire et un Annuaire.

Charcutiers.

Le syndicat de la Charcuterie de Paris et du département de la Seine a son siège social, 10, rue Bachaumont, dans un bel hôtel qui est sa propriété. Sur 906 charcutiers parisiens, 655 sont syndiqués (*Annuaire de 1910*, p. 515). — Grâce à son syndicat et à son actif président, M. Jumin, la charcuterie parisienne est l'une des professions les mieux organisées de la capitale.

Organisation du trafic et institutions économiques. — Les porcs sont amenés à la Villette où ils sont abattus et vendus. On nomme *gargots* les marchands en gros qui achètent 100, 200, 300 porcs à la fois, les débitent et les revendent aux détaillants, charcutiers ou épiciers. Les *gargots* sont installés aux environs des Halles ou aux Halles mêmes, pavillon 5 ; ils vendent crue la viande que le détaillant se charge de cuire.

Pour la viande fumée intervient un autre intermédiaire, le *salaisonnier*, qui achète la viande crue au gargot, la travaille et prépare le jambon fumé.

Les charcutiers syndiqués faisant preuve d'initiative, ont résolu de se passer des *gargots* et des *salaisonniers*. Une société anonyme d'abatage des porcs, dite Société anonyme du Service des abattoirs, capital 71.500 francs, 10, rue Bachaumont, a été créée ; elle prend en charge au marché de la Villette les porcs que lui confient les charcutiers, fait abattre les animaux à la Villette et à Vaugirard. La société livre en moyenne 4 à 5 porcs par semaine à chaque maison adhérente. Le client ne paie que 3 francs par porc abattu ; en 1908-09, une ristourne de 0 fr. 15 par porc a même été répartie en fin d'exercice.

La *Société du jambon français* (10, rue du Jour) supprime l'intermédiaire du salaisonnier. Elle se charge de saler et fumer à façon la viande de porc. Elle vend aussi à la commission. Elle livre des jambons imitant parfaitement le jambon d'York. Tout charcutier peut être actionnaire. — Il existe aussi une société *coopérative d'approvisionnement*, 3, rue Turbigo, dont il sera parlé par la suite (voir ch. VIII).

Concurrents. — Le principal concurrent du charcutier, c'est le grand épicier. La maison Potin par exemple achète des porcs vivants soit directement aux éleveurs, soit aux gargots ; la viande est travaillée dans sa fabrique de la Villette.

Crédit. — Le charcutier ne consent que peu ou point de crédit au client, au plus pour une semaine.

Apprentissage. — Il est en décadence, car on ne peut faire travailler un enfant de moins de seize ans à l'abattoir.

Marchands de volaille et de gibier.

Situation économique. — La corporation souffre de la concurrence des grandes épiceries et des marchands de comestibles. Les spécialistes conservent la clientèle riche et raffinée qui exige des produits de tout premier choix et accepte de les payer à leurs prix. — Les épiciers ne débitent de la volaille et du gibier que depuis environ quinze ans.

Néanmoins, à tout considérer, la situation est bonne. Dans toutes les classes on se nourrit mieux qu'autrefois. La volaille et même le gibier figurent maintenant assez souvent sur le menu de l'ouvrier et il ne s'agit plus seulement de la « poule au pot ». Notons ce changement dans les habitudes de la haute classe : autrefois, il y a trente ou quarante ans, la bourgeoise riche venait elle-même, à la veille d'un grand dîner, s'assurer de la qualité de la volaille ; on ne voit plus guère maintenant de voitures de maître s'arrêter devant les magasins de cette spécialité. La maîtresse de maison s'en rapporte à la cuisinière ou au chef ; elle abdique.

Pas d'achat en commun. Le spécialiste achète aux mandataires aux Halles ; il évite ainsi les risques de détérioration. Quelques grandes maisons font venir directement les volailles de la Bresse pour la première, du Gâtinais pour la seconde qualité. Le gibier vient de Champagne, de Lorraine, de Sologne. Le lièvre dit allemand vient d'Autriche ; sa qualité est très médiocre.

Certains spécialistes fournissent les hôtels et les pensionnats. Aux Halles on ne vend que par lots : 6 poulets, 6 canards. Le spécialiste, lui, détaille. Il accorde aux hôteliers et aux pensions de courts crédits : 8 jours ou un mois.

Le marchand de volaille et de gibier exporte en Angleterre canards, poulets, vers Noël force dindes, en Allemagne (Berlin), en Espagne. L'Angleterre nous envoie des faisans.

Personnel.—L'employé logé, nourri, ce qui équivaut à 90 francs par mois, reçoit un salaire de 80 francs par mois. Il n'existe pas de bureaux de placement.

Le syndicat compte 150 membres.

Marchands de fruits et primeurs.

La *Chambre syndicale des fruits et primeurs* ne groupe que 45 maisons dont 5 ou 6 font pour plus d'un million d'affaires. Les petits fruitiers ne sont pas syndiqués.

Les marchands de fruits et primeurs subsistent surtout grâce à la fourniture des hôtels et restaurants de luxe qui évitent ainsi les risques de l'achat à la criée aux Halles, achat qui n'a lieu qu'en gros. Ces maisons ont aussi quelques clients au détail, riches bourgeois qui veulent avoir des denrées de choix. — Ici encore le marchand n'a affaire qu'au chef et à la cuisinière. Souvent ces derniers, non contents des 5 % d'usage, réclament une plus forte commission.

Le détail a été en grande partie accaparé par les grandes épiceries Potin, Damoy, Luce, etc., qui vendent toutes sortes de comestibles. Le fruitier a encore à subir la concurrence des marchands ambulants qui achètent à des prix réduits peu avant la fermeture du marché des Halles (8 h. 1/2 à 9 heures) et qui poussant leurs petites voitures, offrent leurs fruits et légumes aux passants.

Pas d'achat en commun. Le fruitier sédentaire achète aux Halles, et comme il lui faut s'approvisionner de bonne heure, entre 5 et 7 heures, il paie cher.

Crédit. — Les grands hôtels règlent leurs achats à un ou deux mois. La clientèle bourgeoise chez les primeuristes règle chaque mois ou tous les trois ou six mois ; la clientèle plus modeste des petits fruitiers paie comptant ou à la semaine.

Personnel. — Un garçon livreur adulte gagne 80 à 120 francs par mois, logé et nourri. Une jeune fille employée à la vente, 60 à 80 francs (logée, nourrie). Il n'existe pas de bureau de placement syndical.

Les primeuristes exportent en Angleterre, en Suède, en Allemagne où ils ont pour clients de grands hôtels et des restaurants de luxe. On expédie surtout des melons et des asperges.

Marchands de beurre, œufs, lait et fromage (crémiers).

Deux syndicats : le *syndicat des crémiers*, 10, rue des Prouvaires ; la *chambre syndicale des marchands de beurre, lait et fromage,* 1.100 membres, 17, rue des **Halles.**

Approvisionnement. — Le beurre est ramassé sur les marchés par des commissionnaires qui l'expédient soit chez d'autres commissionnaires, soit chez les mandataires aux Halles, soit directement chez les marchands. Il en est de même pour les œufs et le fromage. Le plus souvent, le marchand achète ces denrées aux Halles.

Quant au lait, il est ramassé par les laitiers en gros établis à Paris et qui y ont leur dépôt : Laiterie centrale, Fermiers réunis. Ces laitiers en gros expédient à Paris le lait frigorifié ou pasteurisé et le revendent aux détaillants.

Concurrence. — Les concurrents du crémier détaillant sont les grandes sociétés de laiterie au détail :

Maggi. — Vente 130.000 litres à 0 fr. 30 centimes. 550 succursales à Paris et dans la banlieue. Maggi donne des primes.

Hauser (ancienne œuvre dite philanthropique du lait, fondation Henri de Rothschild). — 71 succursales à Paris et dans la banlieue. Cette société débite 40 à 45.000 litres de lait par jour et réalise, paraît-il, d'assez beaux bénéfices.

Nicolas s'adresse à une clientèle plus fortunée. Il vend 0 fr. 70 centimes le litre de lait.

Un autre concurrent du crémier c'est le grand épicier qui vend le beurre et les œufs. L'épicier vend au *cours du jour* en se ménageant toujours la même marge de bénéfice. Le crémier détaillant, lui, vend à prix fixe 1 fr. 40, 1 fr. 80 à 2 francs la livre de beurre. C'est là pour le détaillant un désavantage. Si, par hasard, le beurre ordinaire ne s'est vendu que 1 franc aux Halles, l'épicier le revend 1 fr. 20. Le crémier, lui, soutient son prix ordinaire : 1 fr. 40; ses clients l'abandonnent ce jour-là.

Personnel. — Le métier est dur. Il faut se lever à 5 heures du matin, travailler jusqu'à 9 heures du soir et monter des étages toute la matinée.

Le crémier emploie surtout des jeunes filles payées au début 20 francs par mois, puis 30, 40, 50 à 60 francs par mois, plus le logement, la nourriture et le blanchissage.

Le repos hebdomadaire est donné le dimanche après-midi et une après-midi en semaine.

Le bureau de placement syndical effectue 3.000 placements par an.

Il existe deux associations d'achat en commun. Voir *infra*, ch. viii.

Les deux questions qui préoccupent le plus la corporation après la concurrence des grandes laiteries Hauser et Maggi sont 1° l'application de la loi de 1905 sur les fraudes, loi acceptée et approuvée par les laitiers honnêtes — c'est, quoi qu'en disent les coopérateurs et les socialistes, la grande majorité — et 2° le renchérissement du prix du lait vendu en gros que le laitier détaillant achète (1911) 0 fr. 23 centimes au laitier en gros au lieu de 0 fr. 20 centimes en 1909. Une enquête ouverte par

le syndicat de la rue des Prouvaires a établi que le lait
est acheté dans la Seine-et-Marne, Eure-et-Loir, Seine-
et-Oise de 0 fr. 12 à 0 fr. 14 centimes par le laitier en
gros.

Débitants de boissons, marchands de vin etc.

Situation économique. — Cette situation très particulière est influencée par des causes nombreuses.

Il ne semble pas que ce commerce s'oriente vers la
concentration. Sans doute, il se fonde un peu partout de
grands établissements avec attractions variées : phono-
graphes, musique etc. ; mais le nombre des petits débits ne diminue pas.

D'après les présidents des deux grandes associations
de débitants MM. Grizard et Girardin, auxquels nous
laissons bien entendu la responsabilité de leur opinion,
le vote de la proposition de loi Siegfried ne diminuerait
pas l'alcoolisme. « On ne pourra, nous disait M. Girardin, réduire le nombre des débits au point qu'il soit
difficile à l'ouvrier d'en trouver un sur son passage. Ce
débit héritera de la clientèle des autres [1]. »

« Si vous poursuivez une campagne antialcoolique,
nous dit aussi M. Grizard, président de la *Fédération
nationale du commerce en détail des boissons, des
restaurateurs et hôteliers*, nous sommes avec vous.
Mais alors tarissez toutes les sources de l'alcoolisme.

« Supprimez le privilège des bouilleurs de crû qui
permet l'intoxication de 1.300.000 paysans ; réglemen-
tez aussi les bars, les débits de vin à emporter. »

La question fiscale préoccupe aussi les débitants.
Autrefois un hectolitre d'alcool acquittait 266 francs de

---

1. On peut répondre que *l'occasion fait le larron*, que cette occasion
sera moins fréquente si l'on diminue le nombre des débits et qu'enfin
chaque débitant sait se créer une clientèle personnelle dont les débits
conservés n'hériteront pas entièrement.

droits. Actuellement il est soumis à des droits s'élevant à 415 francs pour l'alcool à 100°. Que pouvait faire le débitant frappé d'une telle surtaxe? Augmenter le prix? il n'y fallait pas songer. Force était donc de donner au client un liquide moins coûteux. Le débitant a essayé alors de servir à sa clientèle des liqueurs à titre alcoolique inférieur, de l'absinthe à 60°, 55° et même 40° au lieu du titre normal 72°. Mais le fisc est intervenu et, par la loi de finances de 1908, il a été interdit de vendre de l'absinthe à un titre inférieur à 60°. Étrange manière de combattre l'alcoolisme! font observer les débitants.

Concurrents. — Les débitants ont pour concurrents :

1° Les grands cafés-débits avec musique déjà signalés.

2° Les grands bars (genre Biard) propriété de sociétés anonymes : café 0 fr. 10 centimes, cognac 0 fr. 10 centimes ; liqueurs de marque 0 fr. 40 centimes.

3° Les établissements de vente de vin à emporter : Vigneronne, Bourguignonne, Société des vins sans eau.

Bien entendu les débitants sont très hostiles à ces établissements dont ils ne vantent pas précisément les produits, ni les procédés. Nous n'avons évidemment pas ici à prendre parti.

4° Les coopératives dont il a déjà été question (ch. i).

L'achat en gros. — Voir à ce sujet *infra*, ch. viii.

Les fraudes. — La *chambre syndicale des débitants de la Seine* a créé un laboratoire d'analyses, pour renseigner le débitant sur la valeur du vin par lui acheté. La loi de 1905 a réglé définitivement cette question de la surveillance et de la répression des fraudes; il subsiste néanmoins sur l'application de cette loi, sur les procédés du Laboratoire municipal, etc., maintes controverses d'ordre technique dont l'exposé excéderait les limites de cette étude.

Le crédit. — Le débitant est souvent sous la dépendance du négociant en gros lequel lui a prêté partie de la somme nécessaire à l'achat de son fonds. Il y aurait grand intérêt à créer une caisse de crédit mutuel qui libérerait le détaillant de ce joug et lui permettrait d'acquérir au prix moyen de 30 francs (20 fr. au producteur, 10 fr. de droits et de frais) un hectolitre de bon vin naturel revendu au détail avec bénéfice 0 fr. 35 centimes ou 0 fr. 40 centimes le litre. Le bon vin à bon marché pourrait faire concurrence à l'alcool. On verra (ch. x) que ce projet est en voie de réalisation.

Personnel. — Le garçon marchand de vin entre en place à quinze ou seize ans. Il gagne alors 25 à 30 francs par mois logé, nourri (pourboires en plus). A vingt et un ans son salaire mensuel est de 100 à 120 francs; il peut arriver à se faire 140 à 150 francs. Mais ce service est fatigant; il faut se lever tôt et se coucher tard. Dans les grands établissements, le personnel travaille par équipes : de 8 heures du matin à 2 heures et de 2 heures à minuit. Repos hebdomadaire par roulement. Il existe des bureaux de placement syndicaux.

Restaurateurs.

Nous sommes ici en présence d'une des branches les plus importantes des industries et commerces de l'alimentation : *industrie* parce que restaurateurs, boulangers, pâtissiers, bouchers etc., font subir aux denrées alimentaires des transformations et préparations : *commerce* parce qu'ils vendent directement et en magasin au public.

Situation économique de la profession. — Lorsque l'on parle des restaurants parisiens, il est indispensable d'établir une classification.

Au sommet de l'échelle on rencontre les restaurants de luxe à clientèle aristocratique où le déjeuner ou dîner à la carte ne coûte pas moins de 15 à 20 francs par tête, mais peut très facilement coûter bien davantage : Voisin, Durand, cafés Anglais, de la Paix, de Paris ; d'autres restaurants encore de premier ordre, mais où les prix sont un peu moins élevés : Marguery, Maire, Champeaux, etc.

Une seconde classe comprend toute une série d'établissements où les repas à la carte coûtent de 5 à 10 francs : clientèle encore riche, mais déjà plus économe.

A une troisième classe appartiennent les établissements où déjà apparaissent les repas à prix fixe, concurremment avec le service à la carte : 3 à 5 francs, clientèle de gens d'affaires, de boulevardiers, etc.

Parallèlement à ces établissements fréquentés par la classe riche ou du moins aisée, il convient de signaler les restaurants à genre spécial, tels que :

Les restaurants de nuit de diverses catégories, mais dont les plus élégants, très luxueusement aménagés, réalisent un gros chiffre d'affaires ;

Les restaurants bourgeois pour repas de noces ;

Les restaurants de saison (Armenonville, pavillon Chinois, etc.).

Au-dessous de ces restaurants figurent les restaurants à bon marché, dont la clientèle se recrute en réalité dans la classe moyenne : le repas à prix fixe y coûte de 2 à 3 francs ; le prix du repas à la carte peut varier selon le nombre et la qualité des plats demandés, de 1 fr. 50 environ à 3, 4, 5 francs par tête.

Dans cette catégorie, la concentration s'est poursuivie rapidement depuis 1880 jusque vers 1905. Les petits établissements isolés ont en effet à subir la concurrence des bouillons Duval et Boulant (clientèle bourgeoise et assez aisée) et aussi des bouillons Chartier (clientèle plus modeste : petits employés et ouvriers).

Depuis quelques années cependant, il semble bien que la concentration a cessé de progresser [1].

Enfin au bas de l'échelle figure le restaurant à 1 fr. 75, 1 fr. 50 ou même 1 fr. 25, à l'usage des très petites bourses : étudiants au quartier Latin ; dans le centre de Paris demoiselles de magasin, expéditionnaires, commis, manœuvres, etc. [2].

Syndicats. — Il existe deux syndicats : *L'Union syndicale des Restaurateurs et limonadiers de la Seine*, 24, rue de Richelieu et la *Parisienne*, 12, rue Française.

L'Union syndicale a créé un bureau de placement et une Caisse de retraites pour les patrons malheureux. Cette Caisse de retraite, alimentée par un prélèvement de 10 francs sur la cotisation de 30 francs des 424 membres participants et des 200 membres honoraires (lesquels n'ont pas droit à la retraite), possède un capital de 98.835 francs et sert un certain nombre de pensions de 250 francs par an.

La *Parisienne* a organisé l'achat en commun (voir

1. Nous laissons de côté ici le marchand de vin traiteur où fréquentent les cochers, les chauffeurs, etc. Les prix de ces établissements sont relativement assez élevés et chez tel marchand de vin le client ouvrier à haut salaire ou chauffeur d'auto ne dépense guère moins de 3 francs pour son déjeuner.

2. Pour les restaurants plus que pour tous autres établissements une surveillance constante s'impose, sinon tous les calculs seront faussés ; or une grande société capitaliste, surtout lorsqu'elle étend presque indéfiniment le nombre de ses succursales, peut plus difficilement éviter le *coulage* que le propriétaire d'une maison unique. Aussi la Société des bouillons Chartier qui a créé des restaurants un peu partout, les a en général vendus à des particuliers avec droit à la raison sociale. La concentration ici n'est donc qu'apparente. Les progrès des bouillons Duval paraissent arrêtés. Les bénéfices nets de la société anonyme des établissements Duval sont tombés de 1.501.578 francs en 1893 et de 1.366.083 francs en 1895 à 1.158.000 francs en 1908 ; le dividende était en 1893 de 110 francs, en 1894 et en 1895 de 105 francs, il n'a plus été que de 80 francs en 1906 et 1907, de 70 francs en 1908, 1909 et 1910. L'ouverture des lignes de pénétration électrique (tramways, métro) permet à beaucoup d'ouvriers de revenir déjeuner chez eux ; le boulanger, le boucher, *des petits commerçants* y gagnent ce que perd le restaurant et surtout le restaurant genre Duval dont la clientèle se compose en grande partie d'employés.

ch. viii). Ce syndicat donne d'excellents conseils à ses adhérents sur la manière de tirer parti de tout et notamment de la publicité. « Dans une maison d'une certaine importance (clientèle populaire), nous disait M. Gaudouin, on emploie en moyenne 50.000 menus cartes par an. On fait exécuter 100.000 menus qui dureront deux ans et coûteront 1.200 francs. Mais on peut récupérer cette dépense en utilisant la publicité de ces menus, publicité précieuse pour les fournisseurs de produits alimentaires susceptibles de tenter le client. Ainsi un brasseur donnera 300 francs pour que sa réclame soit imprimée sur le menu ; un fabricant de vin de champagne ou de fine champagne agira de même, etc. »

Personnel. — Ici encore il faut classer les établissements en diverses catégories.

Restaurants à clientèle riche ou au moins aisée : Le chef de cuisine gagne dans un restaurant de tout premier ordre 7 à 800 francs par mois ; dans les autres restaurants à clientèle riche ou bourgeoise, il gagnera selon les maisons 300, 400, 500, 600 francs par mois.

Dans les mêmes établissements le chef a sous ses ordres une *brigade* composée d'un garde manger ; d'un entremetteur (cuisinier qui fait les entremets) et d'un saucier. Chacun de ces employés gagne selon les maisons de 200 à 400 francs par mois.

Au-dessous de chacun de ces spécialistes et sous leurs ordres, se trouvent des aides : le saucier d'un grand restaurant a quatre aides ; le rôtisseur également. L'aide saucier ou rôtisseur gagne de 100 à 120 francs par mois.

Le garçon est nourri, mais non payé ; il a pour lui les pourboires.

Deux systèmes. — Ou bien tous les pourboires sont mis dans un tronc ouvert chaque soir par l'un des garçons et dont le montant est versé au patron. Le mois fini, on partage la somme entre les garçons au prorata de la durée des services et sans déduction du prix de la casse; certaines maisons assurent un minimum de pourboires et parfont, au besoin, la différence;

Ou bien le garçon achète à la caisse le matin pour 100 francs de jetons et paie chaque consommation en donnant un jeton. Le soir il doit rendre les jetons ou leur valeur plus 3 francs, indemnité à forfait pour la casse[1].

Quel est le gain moyen d'un garçon? Les chiffres suivants nous ont été indiqués : dans les restaurants de premier ordre 12, 15 et 20 francs; dans les restaurants d'ordre secondaire, mais encore à clientèle très aisée, 8 et 10 francs par jour.

Le chef plongeur ou laveur de vaisselle gagne 80 à 90 francs par mois, salaire fixe; avec les rogatons, il se fait dans les grandes maisons un bénéfice accessoire de 200 à 250 francs; l'aide plongeur gagne 120 francs par mois.

A l'office (où l'on écaille les poissons, enlève les arêtes, etc.), le chef officier gagne 140 francs par mois; ses aides, 100 francs chacun environ.

A la cave, le chef sommelier gagne, selon les maisons, de 200 à 800 francs par mois; ses aides de 150 à 250 francs. Mais le chef sommelier des grands restaurants recueille certains bénéfices accessoires (commissions, etc.) qui représentent parfois des sommes considérables, fort supérieures même au salaire fixe.

Restaurants à bon marché (repas à prix fixe à 2 francs et au-dessous, ou à la carte prix correspondants).

Le chef y gagne de 200 à 300 francs par mois, nourri, mais non logé. Les aides cuisiniers : saucier, entremettier, 120 à 180 francs par mois.

---

1. Le taux de ce prélèvement pour la casse est dans quelques établissements de nuit de 5 %, ce qui n'empêche pas le garçon de réaliser, grâce uniquement aux pourboires, un gain quotidien de 25 à 30 francs — et même dans le plus connu de ces restaurants, de 40 à 50 francs.

Les officiers ou garçons de cuisine sont payés : les plongeurs, 150 francs par mois, nourris ; les essuyeurs, argentiers, couteliers, 70 à 90 francs, nourris. Le garçon n'est pas payé ; avec les pourboires son gain est de 6 à 10 francs par jour.

Le sommelier gagne de 100 à 160 francs de traitement fixe ; les lingères, dames du vestiaire-lavabo, 70 à 100 francs par mois, plus les pourboires, etc. —

La caissière n'a guère qu'un salaire de 100 à 150 francs.

Hôteliers.

Ici encore il faut distinguer et classifier.

Une révolution profonde s'est opérée depuis quinze à vingt ans dans l'organisation de l'industrie hôtelière. Vers 1890, les seuls hôtels de tout premier ordre étaient à Paris : le Grand Hôtel et l'Hôtel Continental. Au-dessous de ces grands établissements se classaient un certain nombre de bonnes et sérieuses maisons, sans prétention au luxe, encore moins au bluff, très soucieuses de donner à leurs pensionnaires une excellente nourriture, connues et appréciées de leurs clients, châtelains et riches bourgeois de province en déplacement à Paris. Le propriétaire de l'hôtel était au courant des habitudes et des goûts de ses clients qu'il s'ingéniait à satisfaire. Quelques bons hôtels de la rue de Rivoli, à clientèle anglo-américaine, se distinguaient par un confort un peu plus raffiné, mais les aménagements y étaient, comme partout, assez simples. Les mêmes conditions d'exploitation se retrouvaient dans les hôtels de troisième ordre fréquentés par de modestes familles bourgeoises des départements ou de l'étranger ; la table d'hôte y était à peu près obligatoire et si le damas rouge du salon de réception était un peu fripé, l'accueil y était cordial bien que déférent.

La situation a bien changé. La classe riche est devenue infiniment plus exigeante non seulement au point de vue de l'hygiène et de la propreté, mais aussi au point de vue des aménagements qu'elle veut élégants et luxueux.

Le nombre des hôtels de premier ordre, des *Palaces* aux vastes halls brillamment éclairés à l'électricité a notablement augmenté; par contre, on a vu disparaître peu à peu la plupart des bons vieux hôtels à riche clientèle provinciale, maisons de famille dont le propriétaire, originaire du Poitou ou de la Picardie ou de la Bretagne, accueillait avec un sourire de bienvenue ses clients et compatriotes M. le comte de... ou M. X..., banquier ou filateur et leur famille.

Dans une catégorie inférieure, l'hôtel à clientèle bourgeoise a souffert lui aussi de la concurrence d'établissements nouveaux créés par des sociétés anonymes. Au total cependant, l'augmentation du nombre des voyageurs a permis aux hôteliers intelligents et disposés à tenir compte des nouvelles exigences du public, de réaliser des profits non négligeables.

Syndicats. — La *Chambre syndicale des Grands Hôtels*, 14, rue Jean-Jacques Rousseau, a créé un service d'achat en commun des appareils d'éclairage électrique (voir ch. viii); une caisse de secours ; une caisse de récompense aux vieux employés d'hôtels; une école de l'industrie hôtelière; un service de surveillance des escrocs. — Citons encore la *Chambre syndicale des Hôteliers*, 41, rue Meslay et le *Syndicat général des Hôteliers*, 5, rue Beaujolais, qui défendent aussi, avec zèle, les intérêts de la corporation.

Personnel. — Dans un hôtel modeste un garçon débute à 70 francs et gagne bientôt (logé, nourri, blanchi) 100, puis 125 francs (dans un grand hôtel, 175 à 200 francs), plus les pourboires.

Un cuisinier gagne dans un hôtel de premier ordre 500 francs par mois; dans les autres établissements

200, 250, 300, 350 francs. Le placement s'opère par les soins de la Société mutuelle des employés d'hôtel. Repos hebdomadaire par roulement.

HABILLEMENT

Tailleurs pour hommes.

Cette profession est en réalité beaucoup plutôt une industrie qu'un commerce ; néanmoins le tailleur exposant des modèles, ayant ouvert boutique sur rue, étant entre tous exposé à la concurrence des grands magasins, nous n'avons pas cru pouvoir l'exclure de notre enquête.

Cette corporation, disons-nous, souffre de la concurrence des grands magasins de nouveautés : la Belle Jardinière en première ligne, les rayons de tailleur du Louvre, du Bon Marché, du Printemps, lui enlèvent bien des clients. — Un autre concurrent est le tailleur dit anglais (lequel est souvent belge) qui, installé dans un magasin sur rue, vend aussi à prix fixe des cravates, gants, chemises, faux-cols, cannes et parapluies. Le tailleur anglo-belge aguiche le client par des articles-réclame comme le complet tennis à 42 francs ; mais le client une fois entré n'est guère engagé à acheter ces articles ; on lui en propose, on lui en vante d'autres d'un prix plus élevé, prétendus bien meilleurs et qu'il se laisse entraîner à acquérir ; il a tort. « J'ai eu l'occasion, nous disait un tailleur, d'aller dans l'une de ces maisons. Sous mes yeux, un client a acheté un pardessus sans doublure à 69 francs, article effectivement assez avantageux. Mais on a réussi ensuite à lui faire commander un complet sur mesure à 165 francs. Or, je fais exactement le même à 135 francs ! » — Il faut bien récupérer les sommes dépensées en frais de publicité.

Certaines maisons, vraiment anglaises celles-là et dont le siège est à Londres, envoient des coupeurs à Paris prendre des mesures chez le client. L'une d'elles réalise à Paris pour 800.000 francs d'affaires. Certains boulevardiers très excités dans les salons contre l'antipatriotisme de la C. G. T. ont eux-mêmes, il faut l'avouer, une étrange façon d'encourager le travail national!

Certains tailleurs ont tenté de créer une organisation d'achat en commun; jusqu'ici ces tentatives ont eu peu de succès (voir ch. VIII).

L'enseignement professionnel se donne chez le tailleur qui forme lui-même l'apprenti. Des concours d'ouvriers couseurs ont été institués.

Personnel. — Il comprend le coupeur; l'ouvrier apiéceur qui travaille chez lui; — le pompier qui prépare le travail pour la remise à l'apiéceur et fait les retouches. L'ouvrier apiéceur gagne en moyenne 70 francs par semaine (minimum 50 francs, maximum 80 francs). Les salaires ont haussé notablement depuis dix ans. Le travail, lorsqu'il a lieu à l'atelier, dure dix heures par jour.

La société philanthropique des maîtres tailleurs a créé une caisse de secours pour les vieux ouvriers tailleurs malheureux.

Il existe 5 syndicats; le plus important est la *Chambre syndicale des maître tailleurs*, 21, rue de Richelieu.

Chapeliers détaillants.

Les concurrents du tailleur sont aussi ceux du chapelier. Ce sont : 1° le grand magasin qui vend surtout au provincial, car, ainsi que nous le disait le président de la *Chambre syndicale des chapeliers détaillants*, M. Ajam, « il faut qu'un homme soit bien peu coquet pour acheter son chapeau dans un grand magasin! »

2° Le tailleur-chapelier pseudo-anglais qui vend aussi les articles de trousseau pour homme. Les jeunes gens, clients excellents, car ils n'attendent pas pour remplacer un chapeau qu'il soit ultra usagé, affectionnent ces maisons où ils trouvent des articles d'un faux chic, mais d'un prix peu élevé.

La clientèle aristocratique et riche est restée fidèle au chapelier spécialiste.

Il n'existe dans cette corporation ni association d'achat en commun, ni caisse de crédit, ni cours professionnels ; des concours sont ouverts entre les meilleurs ouvriers.

Personnel. — A vingt et un ans un ouvrier chapelier gagne 50 francs par semaine en moyenne (ni nourri, ni logé).

Le salaire varie de 30 à 100 francs par semaine. — La chambre syndicale distribue des primes d'ancienneté de services. — Le travail dure de 8 heures du matin à 8 heures du soir. Les magasins et ateliers ferment le dimanche dans le centre de Paris ; dans les faubourgs, repos par roulement.

L'industrie et le commerce de la chapellerie donnent lieu en France à un mouvement d'affaires annuel de 300 millions [1].

Chemisiers.

Cette corporation est l'une de celles qui ont le plus souffert de la concentration, l'une de celles dont les représentants se montrent le plus pessimistes.

---

1. Sur l'organisation technique de la chapellerie, voir l'excellent rapport de M. René Famchon à l'Exposition franco-britannique de Londres en 1908, classe 86 (Vermot, éditeur, 1910), p. 199.

Les chapeaux de feutre sont fabriqués à Bourg-de-Péage, Anduze, Toulouse, Montélimar, Nogent-le-Rotrou et surtout à Chazelles-sur-Lyon ; le chapeau de laine est fabriqué dans l'Aude ; le chapeau de paille très ordinaire (paillasson), à Caussade (Tarn-et-Garonne) ; le panama français, à Nancy et Lunéville.

Le travail de confection qui autrefois s'exécutait à domicile s'opère maintenant en fabrique. Les grandes fabriques de confection vendent directement au grand magasin qui réalise un chiffre d'affaires considérable. Une grande maison « *Aux 100.000 chemises* » a ouvert à Paris dix succursales où elle écoule les articles manufacturés dans ses usines de Creil et de Châteauroux. — A côté du Louvre, du Bon Marché, etc. il existe de grandes maisons spécialistes : Cour Batave, Gagne-Petit, Maison de Blanc, etc.

Les chemisiers-détaillants végètent, à l'exception 1° d'un petit nombre de maisons vendant l'article très élégant et auxquelles la clientèle riche demeure fidèle ; 2° de quelques maisons où, à force de travail et d'ingéniosité, le chef d'établissement a su retenir un noyau d'acheteurs ; il vend outre les chemises, cravates, chaussettes, etc., les cannes et parapluies.

Il n'existe quant à présent, dans cette branche de commerce, aucune organisation économique.

La *Chambre syndicale des chemisiers* a son siège 163, rue Saint-Honoré.

Chaussures.

Les grands magasins et les magasins à succursales multiples ont également beaucoup nui au petit commerce de la chaussure.

La fabrication mécanique de la chaussure ne s'est généralisée en France que vers 1872. Aujourd'hui l'immense majorité des chaussures sont fabriquées en usine à Paris, Lyon, Nancy, Fougères, Blois [1].

Plusieurs grands fabricants ont créé des sociétés anonymes de vente au détail et à succursales multiples dont ils sont les principaux actionnaires. Il en est

---

1. Voir le rapport précité de M. Famchon, p. 367.

ainsi pour les chaussures Raoult (Monteux, fabricant), pour les chaussures André (Lévy fabricant), pour les Incroyables (Charpentier, maintenant Dussoir et Martin), Fayard, etc. La maison Raoult a 30 succursales à Paris, 20 en province ; l'Incroyable a 20 succursales, Fayard 30. Ces maisons ont d'importants crédits auprès de leurs marchands de cuirs et de peaux qu'elles règlent à trois mois. Le client, lui, règle comptant ; la maison vend à prix fixe et affiché.

Le petit cordonnier se défend avec peine contre cette concurrence doublée de celle des grands magasins de nouveautés.

Le *chausseur* résiste mieux ; on appelle de ce nom le cordonnier qui travaille exclusivement sur mesure et qui fait l'article de luxe. « Pour la chaussure de femme à laquelle il sait donner une élégance et une légèreté inouïe, le chausseur, écrit M. Famchon, n'a à redouter aucune concurrence. Il survivra, quoi qu'il arrive, à l'invasion du machinisme. » Le chausseur paie ses ouvriers 10, 15 et jusqu'à 18 francs par jour et ses ouvrières 5 et 6 francs ; mais il fait payer une paire de bottines 50 et 60 francs.

Chez le simple cordonnier sur mesure qui travaille pour une clientèle bourgeoise l'ouvrier ne gagne guère que 7 francs par jour avec de fréquents chômages. L'article sur mesure, de prix et de qualité ordinaires, est du reste de plus en plus délaissé pour l'article tout fait.

Il existe deux syndicats de détaillants : la *Chambre syndicale des marchands de chaussures en détail* (163, rue Saint-Honoré), et le *Syndicat des chausseurs*.

Couturières et modistes.

Bien plus encore que le tailleur, la couturière et le couturier pour dames sont soumis aux variations de la mode et aux exigences de la clientèle.

La couturière est en effet choisie exclusivement pour son habileté et pour son goût ; elle est étroitement surveillée par la cliente sa directrice, son inspiratrice et son juge redouté.

Il ne saurait être question ici de décrire l'organisation économique de cette industrie déjà souvent étudiée dans des ouvrages spéciaux [1]. Observons seulement que la concentration de la couture ne sera jamais possible en raison de la disparité des ressources et des goûts de la cliente. Chez les femmes, l'esprit de caste est très puissant et la différence de la condition sociale, du genre de vie, du caractère même se révèle à qui sait observer, par la toilette. Le regard féminin ne s'y trompe pas et sait discerner de suite la robe à 600 francs du grand couturier de la robe à 250 francs imitant la précédente, mais sortant seulement des mains d'une bonne couturière de quartier. Tous les degrés de la hiérarchie sociale féminine se trahissent ainsi jusqu'au dernier représenté par la robe de Mimi Pinson. Le moyen, dans ces conditions, d'imaginer la maison de couture unique où s'habilleraient toutes les femmes ? C'est là un affreux cauchemar socialiste contre lequel proteste d'avance la moitié de la France.

Sans doute la femme adore le Grand Magasin ; elle y achète les étoffes, les garnitures, tous les accessoires de toilette ; mais leur combinaison, leur transformation, leur *ajustement,* comme on disait jadis, cela ne regarde plus le grand bazar ; c'est l'affaire de la couturière ou du couturier. Il en est autrement de la confection. Ici le grand magasin triomphe ; c'est lui qui monopolise pour ainsi dire la vente des vêtements tout faits.

---

1. Voir WORTH, *La couture et la confection des vêtements de femmes,* Paris, Chaix, 1895. — OFFICE DU TRAVAIL, *La Petite Industrie,* t. II : *Le Vêtement à Paris,* 1896 ; — Exposition universelle de 1900, Classe 85, Rapport de M. Léon Storch : Industrie de la Confection et de la couture pour hommes, femmes et enfants. Paris, 1902.

La petite couturière est individualiste ; elle se tire d'affaire comme elle peut ; l'association est pour elle une force inconnue.

Les *maisons de modes* sont, comme les maisons de couture, extrêmement diversifiées. Il y a un abîme entre la petite modiste populaire des faubourgs (chapeaux à 5 fr. 90 et à 11 fr. 90) et la grande modiste de la rue de la Paix (chapeaux à 100 francs et plus). Le chapeau de feutre est vendu par le fabricant à la modiste tout dressé et prêt à garnir ; le chapeau de paille est plus rarement acheté dressé ; la modiste le façonne avec du laiton qu'elle recouvre de paille.

La grande modiste n'a pas à souffrir de la concurrence des grands magasins ; ces derniers vendent, il est vrai, des chapeaux tout faits ; mais la Parisienne élégante ne se soucie guère d'acheter un chapeau fabriqué par milliers.

Il n'existe ni achat en commun, ni crédit mutuel. La modiste règle le fournisseur de gros à 30 jours avec 2 % d'escompte ou à 90 jours sans escompte. La cliente paie comptant dans les petites maisons, à la fin d'une saison dans les grandes.

Personnel. — La *première* gagne dans les grandes maisons 4 à 500 francs, très exceptionnellement 1.000 francs par mois ; les commises gagnent en moyenne 200 francs ; la petite main, 50 francs par mois.

Dans les petites maisons, l'apprêteuse gagne 60 francs par mois, non nourrie ; la petite main, 25 à 30 francs.

L'apprentissage dure trois ans. La première année l'apprentie ne gagne rien ; la seconde année elle gagne sa nourriture[1].

La *Chambre syndicale de la Couture* a créé un bureau de placement et organisé des cours professionnels.

---

1. Rapport précité de M. Famchon, p. 227.

Lingerie-bonneterie.

L'article de lingerie-bonneterie pour dames n'est plus vendu depuis longtemps par des spécialistes. Le grand magasin de nouveautés [1], et surtout le grand magasin de blanc ont tué depuis 1870 la bonneterie en détail ; ils ont accaparé cette vente ; les merciers leur font à cet égard une bien modeste et timide concurrence ; le grand couturier, lui aussi, s'est annexé souvent un rayon de lingerie.

Corsets.

La petite corsetière subit la concurrence des grands magasins. La maison de premier ordre a pour rival le grand couturier qui fait maintenant le corset ; aussi le fabricant de corsets qui est en même temps détaillant essaie à son tour d'augmenter ses profits en vendant d'autres articles : lingerie, corsage et blouse en dentelle, broderie et mousseline.

Pas d'achat en commun.

Personnel. — Les ouvrières ni logées ni nourries gagnent en moyenne de 3 à 5 francs par jour ; les petites mains, 2 francs ; les vendeuses sont payées en moyenne 75 francs par mois.

Enseignement professionnel et *syndicat*, voir ch. VII.

Deux chambres syndicales : celle des *Corsets sur mesure*, 6, rue d'Aboukir, et celle des *Corsets et fournitures*, 163, rue Saint-Honoré.

---

1. L'exploitation scandaleuse dont sont victimes les ouvrières à domicile est imputable à des entrepreneurs et sous-entrepreneurs ou à des confectionneurs travaillant pour les grands magasins. Il n'est pas superflu, dans une étude comme la nôtre, de mettre en évidence cette responsabilité indirecte sans doute, mais très réelle du grand magasin dans le développement du *sweating system.* Voir *Ministère du travail. Enquête sur le travail à domicile dans l'industrie de la lingerie*, 1907, 3 vol. Voir aussi Georges MÉNY, *Le travail à domicile. Ses misères. Ses remèdes*, Rivière, 1910 et GEMAHLING, *Travailleurs au rabais*, Bloud, 1910.

Fourreurs-pelletiers.

Le grand magasin a ouvert des rayons de fourrures ; néanmoins le fourreur se défend avec succès.

Une grande maison parisienne, Revillon frères, a des comptoirs d'achat au Canada et possède des bateaux pour le transport des peaux. La plupart des fourreurs parisiens achètent les peaux à des pelletiers en gros. Quelques maisons achètent à Londres, Leipzig ou Novgorod. Pas d'achat en commun.

Depuis 1895 le prix des peaux a, selon les cas, doublé, triplé ou quadruplé.

Exemples : la douzaine de peaux de lapin 1er choix imitant la loutre (article très perfectionné dans ces derniers temps par l'industrie française) est achetée par le marchand au pelletier en gros 60 francs la douzaine au lieu de 15 francs ; la peau de loutre d'Europe 25 à 30 francs au lieu de 10 à 12 francs ; le prix d'une peau de loutre du Kamtchatka a triplé ; cette peau se vend, selon qualités, depuis 1.000 francs jusqu'à 8 et 10.000 francs la pièce. Aussi cette industrie est florissante.

La peau brute est remise à l'apprêteur ou mégissier. Puis elle passe chez le fourreur qui la transforme en articles confectionnés.

Personnel. — L'ouvrier fourreur peut gagner de 10 à 12 francs par jour plus les heures supplémentaires. Il travaille de 8 heures du matin à 6 heures du soir avec une heure d'intervalle pour déjeuner.

La vendeuse, ni logée, ni nourrie, gagne de 150 à 500 francs. — Les magasins ferment le dimanche.

Brocanteurs.

La situation de cette corporation est très particulière.

Depuis une dizaine d'années on constate l'intrusion dans cette branche de commerce d'un grand nombre d'étrangers (juifs venus de Russie, de Pologne et de Roumanie). Chacun assurément a le droit de gagner sa vie; mais les brocanteurs français (auxquels le fisc fait acquitter des patentes : 36 francs pour un ambulant, un *chand d'habits*, 80 à 90 francs pour un boutiquier) se plaignent, à bon droit, de l'extrême facilité avec laquelle est délivré sans aucun examen à ces immigrés une patente gratuite; il leur suffit de se faire assister de deux témoins, les premiers venus, qui certifient leur indigence. Aucune garantie de moralité n'est exigée. Aussi ces Orientaux, auxquels une société de bienfaisance hébraïque avance une petite mise de fonds, peuvent-ils opérer dans des conditions exceptionnelles. Ils ignorent pour la plupart les prescriptions de la loi du 15 février 1898, et par suite ces prescriptions ne les embarrassent guère. Aussi réussissent-ils généralement. Toute une partie du Marais (rue des Rosiers, la rue des Ecouffes, rue Saint-Paul) a été colonisée par eux. Ils y vivent en famille sans aucun souci du confort ni même de la propreté, se nourrissant de soupe à la semoule, de maïs et, les jours de gala, de hareng saur. Mais leur trafic est actif; ils achètent n'importe quoi, pourvu que l'affaire soit avantageuse; ils fréquentent le Temple, les marchés des Quatre Chemins (Aubervilliers) et de la porte de Montreuil et le marché aux puces (*Kremlin Bicêtre*). « Avant dix ans ils nous auront expulsés, nous disait mélancoliquement un brocanteur. Nous autres Auvergnats, nous avons remplacé les Normands qui dominaient au Temple, il y a trente ou quarante ans; c'est maintenant le tour des juifs étrangers! » Si hospitalière que soit la France, il semble bien qu'ici le culte de l'hospitalité nous expose à être dupes; l'Angleterre a déjà réglementé l'immigration et exclu les *indésirables*. Sans aller jusqu'à l'exclusion radicale qui serait injuste, car il peut y avoir parmi ces étrangers des travailleurs dignes d'intérêt, on peut souhaiter que la délivrance de la patente gratuite d'indigent cesse d'être en quelque sorte de droit et soit précédée d'un contrôle permettant d'éliminer de nos marchés les individus suspects.

Les brocanteurs se divisent en marchands en boutique et en ambulants (*chineurs*). Ils achètent de tout et à tout le monde : à la femme de l'employé, de l'ouvrier, à la femme de chambre qui leur cède la défroque de Madame etc. Le brocanteur transporte ces objets au Temple où il les vend au *regratier*, un spécialiste qui n'achète qu'une sorte de marchandise : les chapeaux ou les habits ou les paletots. Les chiffons de coton et de laine sont vendus aux marchands de chiffons. Les forts vêtements : pardessus, gros pantalons, tenues de facteurs, sont achetés sur les marchés par des négociants en gros qui les exportent en Algérie, en Egypte, en Turquie.

Il existe une *Chambre syndicale des brocanteurs,* président : M. Badel.

Mercerie.

L'un des témoignages les plus intéressants et les plus personnels qu'il nous ait été donné de recueillir, a été certainement celui de M. Duru, président de la *Chambre syndicale de la Mercerie.* M. Duru ne nie aucunement la crise très grave dont a souffert la corporation qu'il représente. « Le grand magasin, nous dit-il, a réalisé le premier la vente à faible bénéfice. Il a vendu 1 fr. 50 l'article coûtant 1 franc et que le détaillant vendait 2 francs ou 2 fr. 50; d'où révolution commerciale ; d'où élimination des maisons qui se sont refusées à modifier leurs méthodes. Mais actuellement la période la plus aiguë de la crise est passée ; la concurrence des grands magasins n'augmente plus guère ; des magasins de quartier d'importance moyenne se créent. Dans les quartiers mêmes où sont situés les grands magasins, on peut compter nombre de petits merciers. C'est que le *grand magasin crée un courant d'affaires;* nombre de clients ne trouvant pas exactement ce qu'ils cherchent dans le grand magasin se tournent, de guerre lasse, vers le petit. » Ce ne sont que les miettes du festin; mais le petit commerçant, comme le Lazare de l'Evangile, peut encore s'en nourrir.

Du reste avec de l'activité, de la persévérance, de l'ingéniosité, on peut vivre et réussir. Il faudrait moderniser les étalages, les disposer avec goût derrière de grandes baies vitrées, brillamment éclairées le soir [1]; il faudrait montrer plus de complaisance envers l'acheteur; vendre à prix fixe, etc.

Pour les essais d'achat en commun et de réglementation des prix, voir *infra*, ch. VIII.

AMEUBLEMENT ET DÉCORATION

La *Chambre syndicale des Négociants en meubles* se plaint, elle aussi, de la concurrence des grands magasins; elle est parvenue à supprimer la trôle ou marché public des meubles fabriqués par de petits artisans du faubourg Saint-Antoine.

Les *tapissiers* sont groupés autour de la *Chambre syndicale des tapissiers-décorateurs,* 3, rue de Lutèce. Le grand magasin leur enlève de nombreux clients dans la moyenne et la petite bourgeoisie; le tapissier conserve la clientèle riche. Il vend tous les articles d'ameublement : étoffes, tentures, tapis, meubles en tous genres et de tous styles.

L'apprenti tapissier, s'il ne sort pas de l'école Boulle,

---

1. Certains commerçants, par une économie mal entendue, n'allument le soir qu'un bec de gaz sur 2 ou 3. Le bec Auer ne brûlant que 120 litres de gaz à l'heure et le gaz valant 20 centimes le mètre cube, on économise ainsi moins de 3 centimes par heure; mais on éloigne la clientèle rebutée par l'obscurité de la vitrine. Le calcul est détestable.

est formé par son patron; des cours de coupe, dessin, garniture ont lieu à la Chambre syndicale. L'ouvrier tapissier travaille neuf heures, à raison de 1 franc par heure.

Placement par l'entremise des représentants des maisons de gros.

Aux industries de l'ameublement, de la décoration et de l'ornementation, se rattachent les *fabricants et marchands d'objets religieux.*

Cette corporation se subdivise en plusieurs branches : bronzes d'église, broderie et chasublerie; objets de piété : chapelets, médailles, etc.; imagerie religieuse [1]. Pour ces deux dernières spécialités, il convient encore de distinguer le fabricant qui est en outre marchand et le simple détaillant : papetier ou petit libraire vendant l'article pour première communion.

Les grands magasins vendent l'objet religieux, mais l'achètent aux fabricants; aussi ces derniers ne se plaignent-ils nullement du grand magasin.

La Séparation de l'Eglise et de l'Etat a-t-elle porté, comme il semble naturel de le croire, un très grave préjudice à cette industrie qui se double d'un commerce? Il faut distinguer.

Sans aucun doute, la Séparation suivant de près la dispersion des congrégations religieuses, a nui gravement aux intérêts de plusieurs branches de la fabrication des objets religieux. Les maisons qui fabriquaient les bronzes et statues d'église, chemins de croix, etc., ont été durement éprouvées ainsi que les maisons de broderie-chasublerie. Les congréganistes dépouillés de leurs biens au mépris de toute justice, ruinés et obligés de s'expatrier, étaient le plus souvent pour l'industrie française des clients perdus : si d'aventure ils étaient encore en mesure d'effectuer quelques

---

1. La librairie religieuse se rattache au commerce de la librairie et les fabriques d'orgues, qui du reste sont du domaine de la pure industrie, à la lutherie.

achats, l'industrie étrangère en profitait, les droits de douane grevant lourdement nos exportations. Avec l'Amérique seulement, nos fabricants ont pu établir un courant d'affaires. Les industriels ainsi frappés et auxquels l'Etat français n'a nullement songé à offrir une indemnité quelconque pour les pertes considérables qui leur étaient subitement infligées, ont tenté de compenser pour partie ces pertes en entreprenant des travaux étrangers à leur spécialité religieuse : fabrication de broderies pour vêtements, installations électriques, etc.

Par contre, certaines industries spéciales se rattachant à la fabrication d'objets religieux sont florissantes. Jamais on n'a vendu autant de croix, de chapelets, de reliquaires, de médailles ; le chiffre d'affaires de certaines maisons vendant ces objets a triplé depuis quinze ans ! Sous l'influence des événements qui les ont attristés et des persécutions qui ne leur ont pas été épargnées, la piété des catholiques français s'est avivée ; les pèlerinages ont attiré de véritables foules ; les pratiques et les dévotions se sont multipliées. L'imagerie religieuse aussi prospère ; la vente des images de première communion, comme aussi des images offertes *in memoriam* (souvenirs mortuaires), s'est considérablement développée ; ces images sont souvent d'un prix élevé ; on a recours pour les illustrer à des procédés coûteux tels que l'héliogravure.

La *Chambre syndicale des Editeurs et Fabricants d'articles de Religion* n'a pas organisé de cours professionnels. L'achat en commun avait été tenté en 1892-93. Mais cette expérience n'a pas réussi ; les petits fabricants et détaillants refusaient de souscrire à la combinaison pour n'avoir pas à révéler la modicité de leur chiffre d'affaires.

MÉTAUX ET PROFESSIONS CONNEXES

Quincailliers.

Les quincailliers détaillants ont pour concurrents les grands magasins, les bazars, certaines grandes épiceries. En ce qui concerne l'achat en commun et la fixation par les fabricants d'un prix de vente minimum, voir ch. viii et ix.

L'éducation économique des quincailliers détaillants laisse à désirer. Les articles ne sont pas exposés, étalés comme dans les bazars, mais rangés par paquets. Le client est obligé de dire ce qu'il désire; un employé va ensuite déballer un paquet et y chercher l'objet demandé.

Personnel. — L'employé quincaillier gagne en moyenne 150 francs par mois (ni logé, ni nourri). Il travaille de 6 h. 1/2 ou 7 heures du matin à 8 heures. La Chambre syndicale, 9, place des Vosges, a organisé un bureau de placement.

Couteliers.

Ici encore, l'ennemi, c'est le bazar et le grand magasin. Au début, le bazar seul vendait l'article très bon marché. Depuis trente ans environ les grands magasins ont ouvert des rayons de coutellerie.

Les articles de luxe sont fabriqués à Paris; l'article de qualité moyenne ou très ordinaire est fait en province (Haute-Marne, Châtellerault, Thiers) et monté à Paris.

La fabrique souffre de la concurrence allemande (Solingen); elle exporte en Espagne, Italie, Amérique du Sud.

Personnel. — L'ouvrier coutelier, employé par le fabricant-détaillant, gagne de 6 à 9 francs selon sa spécialité. Repos collectif le dimanche. Pas de bureau de placement. Deux confrères se chargent des placements.

La *Chambre syndicale de la coutellerie* (163, rue Saint-Honoré) n'a pas organisé d'achat en commun, chaque maison ayant sa spécialité, son genre de vente.

Armes et Munitions.

« Il n'est pas jusqu'aux armuriers-arquebusiers qui n'aient à souffrir de la concurrence des grands magasins, » nous dit le président de la *Chambre syndicale de l'Industrie et du Commerce des Armes et Munitions* (siège : 19, rue Blanche). — Le Louvre et le Printemps ont ouvert des rayons d'armurerie (pistolets, fusils de chasse, cartouches).

Le bazar est aussi un concurrent du petit armurier. Enfin une assez active contrebande permet d'introduire en France des revolvers espagnols et belges d'un prix très bas.

Les armuriers ont essayé sans succès d'amener les fabricants de cartouches à imposer à leurs acheteurs un prix minimum de vente.

Au total, la situation générale est franchement mauvaise. Il y a trop d'établissements.

L'arme de luxe, d'un prix très élevé, est fabriquée à Paris ; l'arme de bonne qualité moyenne et l'arme bon marché à Liège et à Saint-Etienne. Le fusil est généralement fait à la main, tout au moins pour la plus grande partie. On commence à le faire entièrement à la machine. Quant à la cartouche, le tube est fait dans des fabriques spéciales et rempli de poudre par l'armurier.

Ni achat en commun, ni caisse de crédit, ni école ou cours professionnels, ni bureau de placement.

Personnel. — Un ouvrier armurier gagne en moyenne 150 à 200 francs par mois, non logé, ni nourri.

Un ouvrier qui travaille à façon, peut gagner 8 à 10 francs par jour. Le travail dure de 8 heures du matin à 7 heures du soir, sous déduction d'une heure pour le déjeuner. Les ateliers et magasins sont fermés le dimanche.

Métaux précieux et pierres précieuses.

Deux Chambres syndicales, celle de la *bijouterie-joaillerie-orfèvrerie*, 2 bis, rue de la Jussienne, qui groupe les fabricants et quelques grandes maisons de vente au détail; celle des *horlogers-bijoutiers-joailliers et orfèvres détaillants*, 163, rue Saint-Honoré (450 membres).

Les grands magasins ne nuisent guère aux grands joailliers-orfèvres de la rue de la Paix; mais ils causent un tort considérable au commerce de détail pour l'orfèvrerie courante et pour le bijou de prix modéré.

Les détaillants victimes de cette concurrence ont fini par comprendre les avantages de l'entente. Si l'achat en commun n'a pu être organisé, la Chambre syndicale, présidée par M. Dumont et dont le secrétaire est M. Magnier, a créé un service de renseignements sur la solvabilité des clients, une caisse de secours aux confrères malheureux; elle a tenté d'obtenir des fabricants la fixation d'un prix minimum de vente au détail.

Personnel. — Le salaire des commis hommes est en moyenne de 250 à 300 francs par mois (non logés, ni nourris); dans les grandes maisons 500, 600 et même pour un premier commis 800 francs. Les vendeuses gagnent de 60 à 100 francs. Les magasins ferment le dimanche.

En somme et vu l'augmentation des ventes, la situation du commerce de la bijouterie-joaillerie peut, sous les réserves susénoncées, être considérée comme satisfaisante.

COMMERCES DIVERS

Libraires détaillants.

« On parle beaucoup de la crise de la librairie ; il faudrait plutôt dire : la crise du commerce de la librairie, crise déterminée surtout par les remises exagérées. » Cette réponse de M. Rey, président de la *Chambre syndicale des libraires,* est très significative. On achète autant et plus de volumes que jamais ; seulement la concurrence aussi s'est intensifiée.

Les grands magasins ont ouvert des rayons de librairie qui réalisent, surtout à l'occasion des étrennes, des ventes importantes. Cependant cette concurrence est assez limitée. En temps ordinaire la clientèle s'adresse plutôt au libraire qui peut la renseigner, la guider au besoin dans son choix. Le commis du magasin de nouveauté est moins compétent ; il vend les volumes comme il vendrait des cravates ou du calicot. De là d'étranges méprises : une dame achète pour l'offrir à une fillette à l'occasion de sa première communion, un beau volume illustré qu'elle néglige d'ouvrir, mais dont le titre, le *Ciel,* indique assez que c'est un ouvrage de piété ; le commis tout affairé, harcelé par les clients, confirme qu'il s'agit bien d'un livre d'édification. Or ce volume n'est autre qu'un traité d'astronomie populaire dû à la plume féconde de M. Camille Flammarion !

Les cabinets de lecture, les bibliothèques, les revues, les magazines nuisent au débit des livres.

Mais la remise exagérée a causé longtemps un préjudice encore plus grave au libraire.

C'est surtout après la guerre de 1870 que la concurrence détermina la concession au public de rabais énormes ; souvent 20 %. Un volume de 7 fr. 50 s'achetait alors couramment 6 francs. En 1892, une première entente entre les éditeurs et les détaillants limita la remise à 15 %; cette remise a été ramenée à 10 % en 1898. (Voir au surplus ch. ix).

Il ne faut pas confondre avec l'abus des remises, la librairie à bon marché (éditions à 95 centimes l'exemplaire broché 1 fr. 50 relié), des librairies P. Laffitte, Fayard, Calmann-Lévy et Ollendorff; à 1 fr. 25 de la Renaissance du Livre). Ces éditions populaires, à tort critiquées, ne nuisent guère à la vente régulière des volumes d'un prix supérieur; elles s'adressent à une tout autre catégorie d'acheteurs.

Personnel. — Un commis en librairie de vingt et un à vingt-cinq ans gagne (ni nourri, ni logé) de 75 à 150 francs par mois. Dans une bonne maison de détail, les appointements du premier commis sont d'environ 400 francs par mois; ceux du second commis 250 francs.

La journée de travail commence à 8 heures du matin et finit à 10 heures du soir; mais il y a roulement entre deux commis, et un jour sur deux le commis quitte le travail à 7 heures du soir. Presque toutes les librairies ferment le dimanche.

Papetiers.

Les grands magasins sont ici dénoncés comme ailleurs. Ils ont presque accaparé la vente du papier à lettre; ils nuisent beaucoup au spécialiste pour la maroquinerie fine, portefeuilles, porte-monnaies, porte-cartes, etc. Ils ont les premiers importé en France l'article allemand fabriqué à Offenbach.

Autres concurrents :

Les instituteurs, les concierges des lycées et collèges (le concierge d'un des plus grands lycées de Paris gagne, paraît-il, 10.000 francs par an au commerce des fournitures classiques).

Les maisons de gros qui vendent aussi au détail. A la suite de démarches tentées auprès d'elles quelques maisons de gros ont renoncé au détail.

Le détaillant conserve la clientèle des bureaux, des administrations, des maisons de commerce; il fournit aussi, malgré la concurrence que l'on sait, une grande partie des élèves des écoles. La concentration n'est pas sensible. Il suffit en effet d'un petit capital pour s'établir et nombre d'anciens commis devenus représentants auprès de la clientèle finissent par fonder une maison.

Au total, nous dit M. Bellamy, président de la Chambre syndicale, la situation est assez bonne; elle serait, malgré les difficultés ci-dessus signalées, tout à fait prospère si l'accroissement des ventes n'était compensé en grande partie par la hausse des salaires et du prix des matières premières.

Personnel. — Le commis de manutention achète le papier chez le fabricant, le fait couper, régler, imprimer, relier, soit à l'atelier annexé au magasin, soit chez des façonniers; il prend la commande de l'article spécial. Appointements : 250 à 300 francs par mois (non nourri ni logé).

Les vendeuses sont payées 150 à 200 francs (sans nourriture, ni logement).

Les magasins ouvrent à 8 heures du matin, ferment à 7 heures et demie. Le commis a une heure un quart pour déjeuner. Fermeture le dimanche, sauf aux environs du jour de l'an et de la rentrée des classes.

A la *Chambre syndicale des fabricants et marchands papetiers* correspond un *syndicat des ouvriers papetiers, relieurs, régleurs et cartonniers* adhérent à la C. G. T. qui a provoqué une grève en 1906. Les employés — commis et vendeurs — n'ont pas imité les ouvriers.

Marchands de couleurs.

Le grand magasin ne vend pas encore de couleurs; mais il débite tous les articles de ménage dont le marchand de couleur avait autrefois le monopole : brosses, plumeaux, balais, corbeilles à pain. A son tour le marchand de couleur fait concurrence au quincaillier-ferblantier. Il vend des casseroles, des pelles, des pincettes.

L'achat en commun existe (voir ch. VIII). La *Chambre syndicale des marchands de couleurs et vernis* a créé un bureau de placement gratuit.

La concentration n'a pas progressé. Il n'est pas nécessaire en effet d'avoir un fort capital pour s'établir.

Personnel. — Le commis vendeur (non nourri, ni logé) est payé en moyenne 35 à 40 francs par semaine. Les magasins sont ouverts en général de 7 heures du matin à 5 heures du soir.

Pharmaciens détaillants.

Les grand magasins sont ici remplacés comme agents de concentration par *les grandes pharmacies au rabais*.

Avec un seul pharmacien diplômé une de ces grandes pharmacies fait travailler (nous dit M. Duffau, président de la *Chambre syndicale des pharmaciens de la Seine*) 50 à 60 aides non diplômés qui confectionnent les médicaments. Les frais sont ainsi réduits, mais la loi qui exige qu'un pharmacien diplômé prépare le remède est-elle respectée? un seul pharmacien peut-il surveiller 50 personnes? Il ne peut contrôler en réalité que quatre à cinq aides et l'autorité devrait établir une réglementation dans ce sens. Les pharmacies au rabais ont ainsi détourné la clientèle des autres pharmacies.

Comment les pharmaciens syndiqués ont-ils tenté de réagir contre la concurrence des pharmaciens au rabais? Il sera répondu à cette question sous les ch. VIII (achat en commun) et IX (réglementation des prix de vente).

Les pharmacies mutualistes autorisées par la loi du 1er avril 1898 sont aussi les rivales du détaillant qui n'a pu les empêcher d'obtenir d'être dégrevées de la patente. Les pharmaciens syndiqués ne consentent pas d'abonnement aux mutualités ; ils leur vendent avec une remise de 25 % les médicaments ordinaires ; les spécialités réglementées sont vendues au prix minimum ; les autres au prix coûtant légèrement majoré.

Cette corporation est intelligente et énergique ; elle sait s'organiser et se défendre ; elle a aussi le sens de la solidarité. Afin d'éviter aux pharmaciens d'Algérie la concurrence d'une pharmacie d'État, l'*Association générale des pharmaciens de France* a créé une société au capital de 70.000 francs, qui s'est chargée de fournir au Gouvernement général les comprimés de chlorhydrate de quinine nécessaires dans les centres de colonisation et les territoires indigènes.

La chambre syndicale précitée a créé une caisse de secours aux confrères malheureux, à leurs veuves et orphelins ; une caisse de retraites ; une caisse d'assurances mutuelles contre les erreurs professionnelles ; une police collective a été souscrite à une compagnie d'assurance contre le bris des glaces. Aucune caisse de crédit. La clientèle règle soit comptant, soit à un ou trois mois.

Une question des plus délicates est celle qui a trait aux procédés de certains médecins adeptes du système dit : *la commercialisation de la médecine* [1]. Nous ne pouvons ici que signaler en passant les difficultés auxquelles ont souvent donné lieu des mœurs et des exigences nouvelles en ce qui touche les avantages réclamés par certains médecins : remises demandées sur le prix des ordonnances, envoi aux médecins praticiens de caisses d'eaux minérales ou de produits divers re-

---

1. Sur les ententes de certains médecins avec des pharmaciens et sur le partage des honoraires entre chirurgiens et médecins (dichotomie), voir l'article du Professeur Delbet, *Revue de Paris*, 1ᵉʳ mars 1911 : « Aujourd'hui *pour un jeune chirurgien qui veut se faire une clientèle, il vaut beaucoup mieux avoir la main large que la main habile.* Certains médecins, certains chirurgiens ont commercialisé la médecine ! » Cet aveu attristé d'un grand chirurgien est significatif.

vendus par eux aux pharmacies à bon marché, formation de sociétés commerciales propriétaires de spécialités pharmaceutiques dont les actionnaires (des médecins) facilitent la vente et s'assurent ainsi pour leur vieillesse des pensions de retraite qui ne leur coûtent guère. Assurément le corps médical tout entier n'est ni solidaire, ni responsable de ces pratiques inquiétantes ; il n'en est pas moins vrai que la comparaison entre le pharmacien, commerçant avéré et le médecin d'affaires (type qui tend à se multiplier) permet de conclure que *le plus marchand des deux n'est pas celui qu'on pense.*

Personnel. — Il se compose d'élèves stagiaires non payés, d'élèves ne travaillant à l'officine qu'une partie de la semaine et suivant le reste du temps les cours de l'école de pharmacie ; traitement, 150 à 180 francs par mois ; — d'aides préparateurs, appointements : 180, 200, 250 francs sans la nourriture, ni le logement. Ils travaillent de 7 heures 1/2 à 9 heures et sont mécontents de leur sort. Leurs manifestations dans la rue ont été souvent signalées par les journaux.

Herboristes.

L'herboriste vend les herbes, les plantes médicinales et aussi les plantes exotiques (cannelle, quinquina, etc.), mais ces dernières par quantités d'au moins 125 grammes. Son concurrent est le pharmacien, et pour certains articles l'épicier. L'*Association générale des herboristes* a créé une caisse de secours mutuels, un bureau de placement et des cours professionnels ; des excursions botaniques ont lieu sous sa direction.

C'est en somme un commerce très modeste à clientèle populaire. Sur 650 herboristes parisiens, 50 seulement occupent des employés et plus souvent des employées.

Fabricants de parapluies et cannes.

Par suite de la concurrence du magasin de nouveautés, le nombre des spécialistes a été fort réduit. Cependant le spécialiste peut encore résister pour l'article cher et élégant; le client s'adresse aussi de préférence à lui pour les réparations.

Pas d'achat en commun; les articles sont de types et qualités trop divers. Le détaillant, s'il n'est fabricant lui-même, achète en fabrique. L'Angleterre exporte en France des parapluies de luxe vendus dans les maisons anglaises de trousseau pour hommes.

Personnel. — Les ouvrières qui font le parapluie gagnent 3 à 5 francs par jour (aux pièces); la façon d'une ombrelle est de 8 à 10 francs; il faut deux jours pour en faire une. Le magasin ferme le dimanche.

Coiffeurs.

La concentration ne progresse pas très sensiblement bien que le nombre des maisons occupant de 8 à 16 ouvriers augmente. — La cherté croissante des loyers favorise les grands établissements en augmentant pour le petit coiffeur la difficulté de s'établir.

Les établissements se divisent : 1° d'après la nature du travail.

a. Lavatories pour hommes seulement;

b. coiffeurs pour dames;

c. boutiques mixtes.

2° D'après la nature de la clientèle.

a. Maisons à clientèle riche (barbe, 0 fr. 50 centimes et même 1 franc (VIII⁰ arrondissement).

b. Maisons à clientèle bourgeoise, centre de Paris (barbe, 0 fr. 25; coupe de cheveux, 0 fr. 50).

c. Maisons à clientèle ouvrière, faubourgs; barbe, 0 fr. 20.

Pour l'achat en commun, voir ch. viii.

Le coiffeur vend moins d'articles de parfumerie qu'autrefois; les grands magasins et les parfumeurs spécialistes lui ont nui. Il vend, par contre, beaucoup de cheveux et de postiches.

Personnel. — L'apprentissage ne se fait plus à Paris. En province l'enfant de 13 ou 14 ans est engagé par contrat écrit. A 16 ou 17 ans il peut gagner, logé, nourri, 50 francs par mois et bientôt 60 et 80 francs. S'il vient à Paris il gagnera à 18 ans, 100 **francs**, à 21 ans, 120 francs (sur cette somme le pourboire représente environ les trois quarts). L'ouvrier coiffeur est nourri. Dans les grandes maisons il gagne environ 7 francs par jour, mais sans être nourri.

L'*extra* est payé du samedi 5 heures au dimanche soir : 12 à 13 francs, plus la nourriture; mais il n'a pas droit aux pourboires que touche le patron.

Le travail commence à 7 heures, 7 heures et demie ou 8 heures et finit à 8 ou 9 heures (les samedis et veilles de fêtes à 10 heures). Le dimanche, fermeture dans les maisons du centre; dans les faubourgs on ferme le lundi ou le repos est donné par roulement.

Cette question du repos hebdomadaire a agité toute la corporation. Des manifestations ouvrières ont eu lieu contre les patrons qui refusaient de fermer le dimanche; des procès ont été intentés à des coiffeurs qui engageaient pour le dimanche des *extras* sans vérifier si ces ouvriers n'auraient pas ainsi travaillé sept jours consécutifs. Parmi les chefs d'établissements l'accord n'est pas établi.

Le *Syndicat amical des patrons coiffeurs* (9, **rue** Villedo, 1.800 membres) a repris à son compte l'exploitation de l'ancien bureau de placement devenu gratuit. Une autre association, la *Chambre syndicale des coiffeurs* (53, rue Jean-Jacques-Rousseau, 975 membres) a conclu avec le syndicat ouvrier dont M. Luquet est le secrétaire, un contrat collectif fixant la **durée** de la journée et le taux des salaires. L'*Union syndicale* (163, rue St-Honoré) groupe un millier de membres.

Parfumeurs.

La vente de la parfumerie se partage entre les grands magasins, les bazars, les coiffeurs, les fabricants ayant ouvert un magasin de détail, les détaillants spécialistes. Les fabricants syndiqués ont imposé à tous leurs clients un prix de vente minimum (voir ch. ix).

Les ventes de la fabrique française s'élèvent ensemble à 80 millions de francs; l'exportation représente de beaucoup la plus grosse part de cette somme.

Fleuristes.

Depuis trente ans une révolution s'est opérée dans l'industrie de la fleur naturelle. En 1878, on ne savait encore faire que le bouquet concentrique et traditionnel. On a depuis appris à mettre la fleur en valeur, à lui conserver sa qualité, sa beauté naturelle, à la faire concourir à l'harmonie d'un ensemble (gerbe ou corbeille). Le nombre des fleuristes a décuplé en 40 ans (50 en 1870, 500 en 1910). Depuis cinq ou six ans ce nombre n'augmente plus.

Le goût de la fleur s'est extrêmement répandu; il s'est même vulgarisé grâce aux petits marchands ambulants qui achètent peu avant la clôture des Halles et circulent à travers Paris avec leur chargement de violettes, de roses, d'œillets ou de mimosas. Le fleuriste spécialiste, on le conçoit, ne voit pas de très bon œil cette concurrence; mais le peuple de Paris n'accepterait pas sans protester la suppression de ces petits marchands qui vendent à Jenny l'ouvrière la fleur dont elle aime à parer son corsage. On peut toutefois admettre comme fondée la requête des fleuristes patentés en ce qui touche le stationnement indû devant leur boutique du marchand ambulant qui vient ainsi leur enlever leurs clients au passage.

Les fleurs coupées sont vendues aux Halles; les plantes se vendent aux marchés aux fleurs : Madeleine, Cité, Château-d'Eau.

Les grands magasins et quelques grands épiciers commencent aussi à vendre des plantes.

Le commerce de la fleur traverse chaque année dans les quartiers riches une période de morte-saison du 1er juillet au 15 octobre et aussi en février.

Personnel. — L'employé fleuriste se recrute dans le personnel des aides jardiniers les plus capables.

La jeune fille fait les gerbes de fleurs coupées; l'homme fait les corbeilles et livre en ville. Salaire moyen pour les uns et les autres : 150 à 220 francs par mois, non nourri; le livreur a aussi le bénéfice des pourboires.

A la suite d'une grève (1905) un contrat collectif a été conclu fixant la durée du travail de 7 heures du matin à 8 heures du soir et le minimum de salaire à 150 francs. Les magasins ferment le dimanche; un employé passe seulement une heure ou deux au magasin pour exécuter les commandes faites pour le jour même. La *Chambre syndicale des fleuristes* a son siège, 10, rue Royale (maison Lachaume).

Marchands grainiers.

Il importe de ne pas confondre cette corporation qui a pour objet le commerce des graines de fleurs et des graines potagères, avec celle des marchands de grains et fourrages qui vendent les grains (avoine, seigle, sarrasin, maïs) pour l'alimentation des chevaux et aussi les graines fourragères pour l'ensemencement des prairies (luzerne, trèfle, sainfoin).

La *Chambre syndicale des marchands grainiers*

français (président, M. de Vilmorin) représente la première de ces corporations ; elle ne groupe que des maisons vendant à la fois les graines de fleurs et les graines potagères, à l'exclusion des spécialistes.

Ni achat en commun, ni cours professionnels. — On ne constate pas de tendance accentuée à la concentration ; la maison Vilmorin est cependant de beaucoup la plus importante de cette branche de commerce. Les syndicats agricoles s'approvisionnent de graines en passant des marchés collectifs avec certaines maisons.

Les grainiers français exportent en Angleterre, en Italie et aussi aux États-Unis et à La Plata. L'Allemagne importe en France des graines de betterave. La Hollande nous expédie aussi certaines graines.

Marchands grainetiers.

Le grainetier achète les grains (avoine, seigle, etc.) à la Bourse du Commerce ou directement à la culture ; il les revend aux industriels et aux particuliers possesseurs de chevaux ou encore à l'épicier détaillant. Le fourrage s'achète au marché de la Chapelle (mercredi et samedi) ou aux marchés de Vincennes et de Montrouge.

Ce commerce est très éprouvé par ce que l'on a nommé la crise du cheval, crise consécutive aux progrès de l'automobilisme. D'après le recensement général des chevaux auquel fait procéder le Ministère de la guerre le nombre des chevaux qui s'élevait à Paris en 1899 à 91.261 était réduit, en 1910, à 75.463 [1].

Personnel. — Un charretier est payé 150 francs par mois, ni logé, ni nourri. Il travaille de 10 à 12 heures

---

1. *Petit Temps* du 18 décembre 1910. La Compagnie des Omnibus possédait en 1899, 15.823 chevaux ; en 1910, elle n'en a plus que 9.449. En 1913, après l'électrisation des lignes encore à traction animale, sa cavalerie ne comptera plus que 2.000 chevaux.

par jour selon les maisons. Le repos hebdomadaire se donne par roulement.

La *Chambre syndicale de la Graineterie* a son siège, 8, rue du Faubourg-Montmartre.

Fabricants et marchands d'instruments de précision et d'optique.

Le nombre des maisons ne diminue pas.

Les fabricants (syndicat, 28, rue Serpente) sont spécialisés. Les uns font des jumelles, d'autres des balances, d'autres des microscopes, étc.; quelques-uns vendent au détail.

Les simples détaillants (syndicat, 58, rue Bonaparte) achètent aux fabricants jumelles, lunettes, pince-nez; ils souffrent de la concurrence des grands magasins; le situation générale de cette corporation est cependant prospère, surtout pour la fabrique.

Ni achat en commun, ni enseignement syndical (les ouvriers sont formés par les écoles municipales Diderot et Lavoisier).

Personnel. — Un ouvrier capable gagne aisément 0 fr. 80 centimes par heure, soit 8 francs pour dix heures de travail. Un employé vendeur est payé en moyenne 150 francs par mois (ni logé, ni nourri). Repos collectif dominical.

Charbonniers détaillants.

Ici le concurrent c'est le marchand en gros qui vend à la fois au détaillant et au public.

Les charbonniers détaillants sont presque tous Auvergnats (Cantal et Aveyron); ils se connaissent et se soutiennent; ensemble ils ont créé des sociétés d'achat en commun (voir ch. VIII). Sur 5.000 charbonniers, 3.000 sont syndiqués.

Le syndicat (47, rue de Charenton) a créé un bureau

de placement gratuit, un service d'analyse des vins et alcools (car le charbonnier vend aussi souvent du vin à emporter ou à consommer au comptoir).

Personnel. — Le garçon charbonnier, Auvergnat comme son patron, reçoit un salaire d'environ 40 francs par mois, plus les pourboires; mais il est logé, nourri et même (nous a-t-il été affirmé) blanchi. Le métier est dur, mais la race ne l'est pas moins. — Le garçon charbonnier se repose l'après-midi du dimanche et une journée par quinzaine.

L'enquête personnelle dont nous venons de présenter les résultats au lecteur nous a montré le petit commerce parisien vivant et bien vivant, malgré les incontestables souffrances qu'il lui a fallu endurer. Que les grand magasins de nouveautés, les magasins à succursales multiples et à un moindre degré les coopératives aient porté préjudice au commerce spécialiste de détail, c'est l'évidence. Malgré tout il a subsisté et même ses représentants les plus qualifiés, sans omettre bien entendu de nous exposer leurs plaintes et leurs réclamations, nous ont en grande majorité déclaré qu'à tout bien considérer, la situation économique n'était pas, en ce qui les concernait, défavorable. On a souvent reproché au petit commerce sa mollesse, son apathie, son inaptitude à l'organisation collective. Il peut et surtout il a pu y avoir une part de vérité dans ces accusations; il faudrait cependant se garder d'exagérer. S'il reste beaucoup à faire pour mobiliser le petit commerce, pour l'orienter, pour le diriger dans la voie de l'action pratique et méthodique, il serait fort injuste de méconnaître les efforts déjà très appréciables et très méritoires qui ont été tentés dans cet ordre d'idées. Il semble bien que l'ère des stériles doléances et des vaines récriminations soit close; déjà bien des initiatives se sont manifestées au double point de vue de l'organisation professionnelle, œuvre propre du syndicat et de l'union sur le terrain plus vaste de l'association pour la défense des intérêts généraux du commerce indépendant et spécialiste. Ces considérations se préciseront et se justifieront au cours des chapitres suivants.

On conçoit qu'il nous ait été impossible d'entreprendre pour les départements une enquête par professions semblable à celle que nous avons poursuivie à Paris. Nous prions nos lecteurs de se reporter pour l'étude des questions intéressant le petit commerce départemental : d'une part au début de ce chapitre où il a été traité des grands magasins, magasins à succursales, roulottiers en province etc. ; d'autre part aux chapitres viii à xii où sera analysée l'œuvre pratique des associations de moyens et de petits commerçants de Paris et des principales villes de France.

CHAPITRE III

LE SALUT DU PETIT COMMERCE EST-IL DÉSIRABLE? EST-IL POSSIBLE?

Cette question peut et doit être examinée au triple point de vue : 1° *social;* 2° *moral;* 3° *économique.*

1° Le point de vue social.

Le salut du petit commerce est-il désirable au point de vue social? — Nous nous excusons de reproduire ici un extrait d'une précédente étude[1] dans laquelle nous avons tenté de répondre à cette question.

« C'est une merveilleuse école pour l'éducation de l'intelligence et du caractère que l'industrie et le commerce indépendants. Le plus petit commerçant, le plus petit industriel lorsqu'il fonde un établissement met en risque un petit capital, le plus souvent tout son bien ; il apporte son intelligence, son temps, son activité, ses peines ; bien plus, il aventure son honneur, tout au moins aux yeux du monde, car la faillite entraîne une sorte de déchéance civique et sociale qui est bien la plus cruelle des pénalités pour un homme de cœur malheureux. — Or lorsque l'on met ainsi en jeu fortune, avenir et considération, on désire ardemment gagner la partie ; on se dépense tout entier ; toutes les facultés de l'esprit entrent en exercice.

---

1. Conférence donnée à la *Semaine sociale de France,* 3ᵉ session, Dijon, 1906 (Compte rendu in extenso, *Chronique sociale de France* Lyon, 1906, p. 209).

tous les ressorts de la volonté se tendent en vue du but à atteindre, et l'être humain soumis à cette épreuve, à cette gymnastique morale se développe, grandit, apprend, sous l'aiguillon de la nécessité, à faire l'usage le plus rationnel et le plus avantageux de ses forces physiques et cérébrales. Il semble à certaines personnes que rien ne soit plus facile que d'être fabricant ou commerçant. Quelle grave erreur ! L'industriel petit et grand doit être à peine de ruine : *un calculateur*, car il lui faut se rendre compte de ses frais généraux, proportionner son loyer, le prix d'achat des matières premières et celui de la main-d'œuvre à ses probabilités de bénéfices ; un *technicien* pour diriger l'œuvre de production ; un *commerçant* pour savoir trouver des débouchés ; un *diplomate* pour se concilier et retenir la faveur capricieuse de la clientèle. Aux connaissances techniques près, toutes ces qualités sont également indispensables au marchand qui, plus encore que l'industriel, doit être doué de tact et de doigté. Toutes ces qualités ne font pas seulement les bons commerçants et les bons industriels ; elles sont au premier chef génératrices des vertus civiques et l'existence d'une classe nombreuse de maîtres-artisans et de commerçants indépendants est l'une des conditions les plus favorables à la constitution et au développement d'une nation forte et libre.

« Supposons, au contraire, établie sans contrepoids l'omnipotence de la grande industrie et du haut commerce ; supposons que nous vivions sous le régime de la concentration absolue des moyens de production et d'échange accaparés par quelques trusts ou par quelques richissimes magnats. Comme le tableau va changer ! L'ancien travailleur indépendant est devenu un salarié ; la spécialisation industrielle l'a réduit à n'être que l'un des rouages de l'immense machine, car en répétant indéfiniment la même opération, on arrive à l'effectuer plus vite et mieux. Oui ! mais aussi à ce genre de vie, on devient bientôt un automate, on accomplit mécaniquement une besogne monotone ; on ne perçoit plus l'ensemble de l'œuvre industrielle et sauf dans la limite où un avantage personnel peut être en jeu, on cesse de s'y intéresser. L'esprit d'initiative s'atrophie, paralysé qu'il est par l'étroitesse de la consigne et par la terreur des responsabilités [1]. Et je ne parle ni du danger que présen-

---

1. « La nouvelle classe moyenne, a dit très justement M. STIEDA (*Jahrbuch für Nationalökomie*, janvier 1905), vit sous la dépendance de celle qui lui donne le pain (*von seinem Brotherrn*). Elle se demande toujours si elle contente ce dernier. Au point de vue politique elle ne peut jamais agir librement. La moindre faute peut faire perdre sa situation à un membre de cette classe. Peut-être va-t-il être obligé de céder sa place à un parent ou à un favori du chef. Il n'a guère de chances de s'élever beaucoup au-dessus de sa condition présente. »

tent au point de vue moral et physique ces agglomérations humaines, ni de la rupture des rapports personnels entre le chef d'établissement et son personnel, ni enfin — bien que cet aspect trop négligé de la question ouvrière mérite d'être considéré — du secours précieux que trouve le matérialisme dans la généralisation pour les masses ouvrières de ce genre de vie nouveau où la production apparaît comme le résultat d'une force aveugle sans que le travailleur soit appelé à imprimer sur la matière la marque de son intelligence, à la façonner, à la transformer. De bonne foi pense-t-on qu'une société ainsi pétrie vaille l'autre ? »

Il s'est cependant trouvé des économistes pour le penser et pour le dire. « Aux yeux des avocats des classes moyennes, dit un auteur allemand, un directeur de fabrique qui reçoit un traitement princier et qui a été honoré du titre de conseiller de commerce, sera donc inférieur au point de vue social à un ébéniste ou à un épicier de campagne!... Mais le propriétaire d'un fond de commerce n'en est bien plutôt que le propriétaire nominal; le vrai propriétaire c'est le bailleur de fonds. Beaucoup de commerçants sont dans une situation très dépendante vis-à-vis de leurs commanditaires. Leur prétendue indépendance n'est, dans un grand nombre de cas, qu'un leurre. Le commerçant dépend aussi de sa clientèle, notamment au point de vue politique. Il dépend de l'état du marché, de la concurrence. Combien tranquille et sûre paraît en comparaison la condition de ces employés qui reçoivent des appointements suffisants, souvent même élevés et qui ne voudraient à aucun prix changer avec un marchand autonome[1] ! »

<hr>

1. WERNICKE, *Kapitalismus und Mittelstandpolitik*, Fischer, 1907, p. 332-333. WALTER JAH dit dans le même sens : « Les brèches faites dans les rangs des classes moyennes par l'élimination de quantité d'existences débiles seront compensées non seulement par l'entrée en ligne des employés des grands magasins, mais encore par tous ceux dont les conditions de vie ont été améliorées par la baisse de prix des denrées nécessaires à la vie qui les a fait monter de la plus basse classe à une classe plus élevée. Ce sera alors une victoire remportée

Pur sophisme! Il est évident que le directeur d'une usine, un ingénieur, le chef de rayon d'un **grand** magasin occupent dans la hiérarchie sociale un **rang** beaucoup plus élevé qu'un petit mercier ou qu'un boulanger; malgré tout *au point de vue professionnel* le second est indépendant et le premier ne l'est pas. Le directeur de l'usine dépend d'un conseil d'administration; l'ingénieur relève du directeur; le chef de rayon est soumis aux ordres de la direction du grand magasin; tous trois sont révocables *ad nutum*. Le petit marchand, si modeste que soit sa condition, est autonome; sa boutique est bien petite, mais il la gouverne à son gré; il l'ouvre, il la ferme quand il lui plaît, il y vend ce qui lui convient. Sans doute il a parfois un commanditaire; mais la loi interdit à cet associé de s'immiscer dans la gestion sociale sous peine d'être tenu des dettes solidairement avec le gérant de la commandite (Code de commerce, art. 27 et 28). Du reste le commanditaire n'a en général ni le temps, ni le désir de participer à l'exploitation du fonds de commerce de son débiteur. — Le petit marchand doit, dit-on encore, ménager sa clientèle. Evidemment! mais est-ce qu'un commis de magasin n'est pas encore soumis beaucoup plus étroitement à la tyrannie du public? Après tout, le commerçant peut rompre avec un client exceptionnellement déplaisant et tracassier; un employé, lui, risque sa situation s'il se laisse aller à un mouvement parfois trop naturel de mauvaise humeur.

Nous concluons. Après le propriétaire et le rentier le citoyen le plus libre, c'est le commerçant et l'industriel.

Le fonctionnaire et le haut employé peuvent, c'est entendu, gagner bien davantage; mais ils doivent

sur le socialisme par l'élargissement des cadres de la classe capitaliste » (*Jahrbuch für Gesetzgebung... und Volkswirthschaft*, t. **XXIV, 1900, p. 747**).

s'incliner sans cesse devant une volonté étrangère.
Cette comparaison évoque un peu la morale de la fable
du *Loup et du Chien*. Ne pas porter collier, c'est
bien quelque chose !

2° Le point de vue moral.

Ici la question n'est guère douteuse. Sans doute il
faut se garder de tout jugement absolu. Dans toutes
les conditions et à tous les degrés de la hiérarchie
sociale se rencontrent le bien et le mal, la vertu et
le vice. Il est certain cependant que le milieu et la
profession réagissent fortement sur l'être humain, le
façonnent et le repétrissent en quelque sorte, au moral
comme au physique.

Comparons un instant les conditions du travail de
l'employé dans les grands magasins et dans les petits.
Les premiers l'emportent sans doute en ce qui touche
l'organisation des institutions patronales : caisses de
secours et de retraites, restaurants, maisons de villégiature, sociétés chorales, salles d'armes, etc. Ces institutions deviennent un nouveau moyen de réclame ;
la cliente sensible s'attendrit ; la presse bien stylée
claironne ; les sociétés philanthropiques récompensent.
Le petit boutiquier égoïste, indifférent au sort d'au-
trui, fait une triste figure en face de ces Mécènes de
la nouveauté.

Si cependant on soulève la toile et si l'on regarde
ce qu'il y a derrière le décor, l'impression se modifie.
Assurément les petits marchands et leurs employés
des deux sexes ne sont ni des saints, ni des saintes.
Il est incontestable cependant que dans la modeste
boutique la moralité des jeunes gens et des jeunes
filles est beaucoup moins exposée que dans les grands
bazars.

Pénétrons dans la boutique d'un petit marchand

6

mercier, épicier, boucher, charcutier ou coiffeur. Le patron aidé de son fils ou de sa fille s'active pour servir la « pratique » ; la patronne est à la caisse ; la vie de famille coïncide avec la vie professionnelle. Quant au jeune commis, à la demoiselle de magasin, à la fille de boutique, ils travaillent sous l'œil du maître. Le temps c'est de l'argent ; on tient à la bonne tenue de l'établissement ; aussi les chercheurs d'aventures seraient-ils vite éconduits ; ils le savent et s'abstiennent.

La vie courante des commis et demoiselles des grands magasins les expose à de tout autres risques. Il faut rester toute la journée mêlé à cette foule incessamment renouvelée et des plus hétéroclites, avec cette seule consigne : vendre le plus possible. L'atmosphère surchauffée des galeries, leur encombrement, l'énervement causé par les caprices des clientes, l'obligation de toujours plaire, toujours sourire, toujours « faire l'article », tout cela compose un milieu artificiel et malsain. Les commis, — des camarades, — vont, viennent, voisinent avec les demoiselles, plaisantant avec elles, les aguichant au passage d'un mot auquel répond une œillade ; l'intrigue ébauchée au magasin se poursuivra le dimanche à Meudon, à Bougival ou ailleurs, quelquefois pour le bon motif, plus souvent pour le mauvais. Souvent aussi le galant est un client. Le grand magasin offre, en même temps qu'un merveilleux étalage de marchandises, une exposition permanente de jolies femmes, clientes et vendeuses...

Il faut bien le dire en effet, les clientes perdent plus qu'elles ne gagnent à fréquenter les grands magasins. Quel statisticien calculera le temps perdu au cours de ces interminables déambulations? Quel moraliste dira le mal causé par les tentations des étalages, par ces soieries, ces rubans, ces broderies, ces dentelles qui semblent s'offrir à la femme du petit employé et à l'ouvrière, et leur dire : « Prends-nous! » — Alors parfois la suggestion est trop forte; la malheureuse succombe; elle vole un coupon d'étoffe; on l'arrête, elle est déshonorée. D'autres femmes victimes de cette attraction fatale accordent le soir même d'une visite au grand magasin le rendez-vous longtemps refusé qui leur permettra de faire payer par l'amant la note que n'aurait pas admise le mari. D'autres enfin — les plus honnêtes — achètent à tort et à travers les jolies frivolités qui les fascinent; on retranchera sur une dépense utile, à moins qu'après une scène de ménage, on ne rapporte le lendemain au magasin les charmants articles regrettés.

3° Le point de vue économique.

C'est sur le terrain économique que le grand magasin se défend avec le plus de succès.

« Que cette concentration qui chaque jour se complète et s'étend ait des inconvénients, c'est incontestable, a dit M. Paul Leroy-Beaulieu (*Essai sur la répartition des richesses*, 4e éd., p. 319). Mais en définitive elle est un bien; peut-être enlève-t-elle quelque chose à la stabilité sociale; mais elle ajoute beaucoup à la prospérité publique. Un jour sans doute la société sera moins enfiévrée, moins agitée. Montesquieu a écrit : « Quel que soit le prix de la liberté, il faut le payer aux dieux! » Il en est de même de la richesse. Elle aussi a son prix et il faut l'acquitter ».

Un sociologue dont la pensée incline vers le socialisme, Werner Sombart, estime lui aussi qu'il existe une tendance incoercible « à réunir dans une seule entreprise les forces productives autrefois dispersées dans les divers commerces de détail, afin de réaliser à un plus haut degré, par un agencement plus élégant des magasins, par un choix plus abondant, par le développement du stock, les avantages de la différenciation et du groupement des articles afin de s'assurer les avantages ultérieurs que l'on peut obtenir en élargissant le cadre de l'entreprise [1] ». L'avenir lui semble appartenir au grand magasin où se rencontrent ces trois facteurs : de puissants capitaux, — l'esprit capitaliste, — l'arrangement des articles d'après le goût de la clientèle [2].

Que faut-il penser de ces affirmations ?

Le salut du petit commerce est-il désirable au point de vue économique ?

Nous n'hésitons .pas à répondre affirmativement. Pourquoi ?

Parce que l'élimination du petit commerce ou sa réduction au servage constituerait, au profit du grand magasin, un monopole de fait. Sans doute les avocats des grands magasins font observer qu'entre ces établissements subsiste toujours la concurrence. Cette concurrence est beaucoup moins intense qu'on ne veut bien le dire et tout porte à croire qu'il existe entre les directeurs des grands magasins, ou du moins entre certains d'entre eux, des ententes tacites en vue d'éviter les sous-offres et la dépréciation des prix. En tout cas, l'exemple des États-Unis doit être pour l'Europe un avertissement. Les trusts américains protégés par le tarif douanier, ont, dans la plupart des industries, à peu près supprimé la concurrence; il s'en est suivi un renchérissement général des prix, renchérissement qui, pour certaines denrées, comme la viande, a atteint des proportions phénoménales. — Quelle assurance avons-nous qu'après l'écrasement du petit commerce, quelque colossale société capitaliste à l'américaine ne trustera pas nos grands magasins et, assurée de son approvisionnement par de longs traités avec des fabricants ou fabriquant elle-même, ne

---

1. *Der moderne Kapitalismus*, Leipzig, 1892, t. II, p. 393.

2. *Ibid.*, p. 398. Voir aussi le rapport de SOMBART à l'Assemblée du Verein für Sozialpolitik, Breslau, 1899 (*Schriften des V. für S.*, t. LXXXVIII, p. 137 et suiv.).

mettra pas en banque les milliards nécessaires pour ruiner, puis absorber les maisons indépendantes? Si elle y réussissait, le marché français deviendrait sa propriété, sa chose. Et que l'on n'objecte pas la concurrence potentielle qui pourrait se réveiller en cas d'exagération des prix; un trust qui a pour lui la possession d'état voit venir de loin un ennemi. Au besoin, il baisse momentanément ses prix pour les relever après la victoire; le public paie les frais de la guerre. En admettant même qu'un tel trust fût impossible [1], il faudra toujours compter avec les accords discrets, les combinaisons secrètes qui se noueront entre quelques colossales sociétés maîtresses du marché.

Sous quelque forme qu'il se présente, le monopole économique des grands magasins serait l'exploitation certaine du public dans un avenir prochain. Cette seule raison, fortifiée par tant d'autres considérations d'ordre social et moral, suffirait à justifier notre proposition :

Le salut du petit commerce est désirable au point de vue économique comme au point de vue social, comme au point de vue moral.

Mais ce salut est-il possible? En dépit des constatations plutôt rassurantes que nous avons été amenés à faire pour le présent, la fatalité des lois économiques ne doit-elle pas amener l'élimination du petit commerce ou tout au moins son assujettissement complet aux grands établissements ?

Il n'est pas contestable que la concentration com-

---

1. C'est l'opinion de M. Vouters, auteur d'une intéressante étude, surtout théorique, sur *Le Petit Commerce contre les Grands Magasins.* « Ce danger, écrit M. Vouters, est actuellement chimérique. La concurrence des petites boutiques reste très vive » (p. 63). Cette dernière assertion confirmée de tous points par notre enquête, est très exacte, mais en ce qui concerne l'avenir, le danger n'est pas si chimérique que le pense M. Vouters, témoin l'Amérique où le trust a tué certaines branches du petit commerce : le trust de la viande par exemple a ruiné le commerce de la boucherie locale. L'excès de confiance est parfois plus périlleux que le pessimisme.

merciale procure aux grands magasins de très importants avantages sur leurs concurrents, les moyens et petits commerçants isolés. Ces avantages sont les suivants :

1° Lorsque la vente dépasse un certain chiffre, les frais généraux cessent d'augmenter dans la proportion de l'accroissement du nombre des affaires. C'est ainsi que le loyer est relativement beaucoup plus onéreux pour un petit que pour un grand établissement. A Paris, un magasin faisant pour 500 francs d'affaires par jour suppose un loyer d'environ 8 à 10.000 francs par an. Or l'un des tout premiers magasins de Paris dont le mouvement d'affaires dépasse en moyenne et depuis longtemps 500.000 francs par jour (*soit 1.000 fois plus que notre boutiquier*), était installé dans un local qui, avant de récents agrandissements, ne correspondait pas à une valeur locative mille fois plus élevée que le loyer de notre petit magasin, soit 10 millions. Cette valeur locative était d'un million par an seulement. *La charge du loyer était donc, toutes proportions gardées, dix fois plus lourde pour le petit magasin que pour le grand.* — Il en est de même pour le personnel moins nombreux proportionnellement dans le grand magasin que dans un ensemble de moyens ou de petits établissements réalisant le même chiffre d'affaires.

2° Le grand magasin achète par grandes quantités les marchandises qui lui sont nécessaires. Il oblige le fabricant à lui fournir, à des prix extraordinairement bas, l'importance de la commande suffisant à peine à dédommager quelque peu ce dernier de l'exïguité du bénéfice. — Le petit marchand, lui, achète relativement cher à des maisons de gros ou à des commissionnaires.

3° Le grand magasin, grâce à sa puissante organisation, parvient à écouler rapidement ses marchandises; il renouvelle ainsi plus souvent son stock et peut vendre à meilleur compte.

Exemple : soit un lot de marchandises valant 10.000 francs. Un petit établissement qui écoulera en trois mois ces marchandises avec 10 % de bénéfice net réalisera en un an et en renouvelant quatre fois son capital-marchandises, un profit égal à 1.000 $\times$ 4 = 4.000 fr.

Un grand magasin qui vendra en un mois ce même stock de marchandises à 5 % de bénéfice net réalisera un profit égal à : 500 $\times$ 12 = 6.000 francs, soit 33 % de plus que le petit magasin, avec un taux de bénéfice moindre de moitié. Renouveler souvent son stock, c'est la devise des grands magasins. « Il faut revoir sans cesse son argent », disait le directeur du Louvre à M. d'Avenel émerveillé [1].

4° Le grand magasin offre à sa clientèle un choix immense d'articles de tous les types et de toutes les qualités. Nous n'insistons pas sur cet avantage qui a déjà été étudié précédemment et pour le même motif nous rappelons seulement pour mémoire cette vérité incontestable : la variété de l'étalage allume ou avive chez le client — et bien plus encore chez la cliente — le désir d'acheter. Les grands magasins ne réaliseraient peut-être pas le quart du chiffre d'affaires qu'ils enregistrent, si leur clientèle se bornait à acheter les articles qui lui sont vraiment nécessaires ; leurs étalages font naître, cultivent et développent le goût des coûteuses superfluités.

5° Le grand magasin procure — *au moins en théorie* — une économie de temps à l'acheteur. Ce dernier trouve dans la même maison tout ce dont il a besoin, et comme le personnage d'une réclame célèbre, il pourrait, n'était la police, pénétrer dans le grand bazar sans aucun vêtement et en ressortir habillé à la dernière mode.

6° Le grand magasin proprement dit, type Louvre et Bon Marché, n'a généralement pas de succursales ;

1. *Le Mécanisme de la vie moderne*, t. I, p. 50.

mais il atteint la clientèle provinciale par ses catalogues envoyés nominativement à toutes les personnes un peu notables. Les Expositions, les fêtes de toute nature ou simplement les vacances de Pâques et de la saison d'été attirent à Paris quantité d'étrangères et de provinciales pour lesquelles la visite du Bon Marché, du Louvre, du Printemps, etc. est en quelque sorte une partie de plaisir obligatoire. Combien peu d'entre elles songent à entrer dans un modeste magasin de commerçant spécialiste!

7° Le grand magasin étend son rayon d'opérations sur la banlieue de la ville où il a son siège social; les camions automobiles des grands magasins parisiens livrent les marchandises dans les localités des environs soit chaque jour (c'est le cas par exemple pour Versailles), soit deux ou trois fois par semaine. Le commerce suburbain est à peu près étranglé par cette concurrence.

8° Au point de vue du crédit à recevoir le grand magasin est éminemment favorisé. Il impose aux fabricants ses volontés; il achète par exemple à condition et ne règle que les articles vendus; a-t-il besoin d'avances, les banques s'arrachent son papier à 3 ou 4 % ; le petit marchand, lui, est trop souvent la proie des usuriers.

Au point de vue du crédit à donner, le grand magasin — exception faite des maisons type Dufayel — ne vend qu'au comptant.

Il évite ainsi toute perte d'intérêt et tout risque de déconfiture du client. Le petit marchand est le plus souvent forcé de faire crédit: il lui faut élever son prix de vente en conséquence[1].

---

1. Nous ne faisons pas figurer parmi les avantages propres du grand magasin la vente à prix fixe et la faculté de rendre des objets achetés mais n'ayant pas servi. Ces facilités ont certainement contribué au succès des grands magasins, mais rien ne s'oppose à ce qu'un petit marchand les concède également à ses clients. Sur cette question des avantages que la concentration procure au grand magasin, voir VOUTERS,

Les avantages conservés par le petit commerce.

De son côté le moyen et le petit commerçant conserve vis-à-vis des grands magasins type Bon Marché un certain nombre d'avantages énumérés ci-après ; malheureusement pour lui d'autres grands magasins se sont fondés précisément en vue de lui enlever ces dernières chances de rendre la concurrence un peu moins inégale.

1° Le grand magasin ne compte en général qu'un seul local très vaste, un seul siège social. Par là même il ne donne pas satisfaction aux besoins de toute cette partie du public à laquelle des occupations trop absorbantes interdisent absolument tout déplacement et qui n'a pas non plus le loisir, ni le discernement nécessaire pour acheter sur le vu d'un catalogue et par correspondance. Souvent aussi un client ordinaire du grand magasin doit se procurer immédiatement un objet ; il ne traversera pas exprès tout Paris pour aller acheter au Bon Marché ou au Louvre une cravate ou une paire de gants : petites affaires sans doute, mais qui, par leur répétition incessante, profitent au petit commerce.

Cet avantage tend du reste à se restreindre par suite de la multiplication des établissements à succursales. (Voir *supra*, chap. II.)

2° Le petit détaillant vit dans le voisinage immédiat de ses clients ; il les connaît pour la plupart ; il les retient par la force de l'habitude, par la connaissance qu'il a de leur goûts, de leurs manies mêmes.

3° L'obligation de faire crédit si elle est une charge à certains égards est à un autre point de vue un avantage. Tout le monde ne peut payer comptant. En vendant à crédit le petit marchand conserve une clientèle

Le Petit Commerce contre les grands magasins, p. 46 et suivantes. Voir aussi PASSAMA, *Formes nouvelles de la concentration*, 1910.

populaire qui autrement lui échapperait et que malheureusement pour lui, les maisons genre Dufayel lui
disputent maintenant activement.

4° Si la clientèle féminine est séduite et comme fas-
cinée par le grand magasin, l'homme échappe le plus
souvent à cette étrange attirance. L'homme en effet
est occupé; il n'a guère le temps de muser aux étalages; il lui déplaît d'être bousculé par la foule, as-
sourdi par le bruit, d'avoir à guetter un commis déjà
accaparé par deux ou trois acheteuses; il connaît
mal la topographie de ces grandes galeries et goûte
peu le singulier plaisir féminin qui consiste à circuler
indéfiniment par les rues de cette cité d'étoffes et de
bibelots. S'il se risque dans ces caravansérails, il se
hâte, son achat fait et réglé, vers une porte de sortie.
Monsieur serait pour le grand bazar un fort médiocre
client si Madame ne se chargeait assez fréquemment
d'acheter pour lui mouchoirs, faux cols, savons, papier
à lettres, etc. Nous avons, au cours de notre enquête,
recueilli bien des plaintes de commerçants détaillants
au sujet de cette usurpation de la femme se substituant à son mari pour l'achat d'articles de toilette nécessaires à ce dernier ; le grand magasin bénéficie
presque infailliblement de cette abdication masculine.

Tels sont les avantages que possèdent vis-à-vis l'un
de l'autre le grand magasin et le petit. Il n'est pas
douteux que le grand établissement ait pour lui les
meilleures chances. Le petit commerce est-il donc finalement condamné à végéter, sinon à disparaître? le
salut ne peut-il lui venir d'un secours extérieur ou ne
peut-il se sauver lui-même et comment?

Telle est la question qui s'impose maintenant à notre
attention.

CHAPITRE IV

LES UNIONS ET FÉDÉRATIONS DE COMMERÇANTS. ASSOCIATIONS ET SYNDICATS.

Les groupements qui défendent en France la cause du moyen et du petit commerce peuvent être divisés en deux catégories : les *associations* et les *syndicats*.

Les associations constituées entre commerçants de toutes professions s'occupent de préférence de la défense des intérêts communs à tout le commerce, de l'étude des questions d'intérêt général : législation fiscale et douanière, patente des grands magasins, concurrence déloyale, fraudes, enseignement commercial en général etc.

Les syndicats ont dans leurs attributions l'étude et la défense des intérêts strictement professionnels : organisation économique de la profession, placement, cours techniques spéciaux, achat ou vente en commun, contentieux, analyse des produits, arbitrages, secours mutuels etc.

Les Associations.

Les associations de moyens et de petits commerçants[1] se groupent surtout autour de trois Unions :

---

1. Nous laissons de côté les associations du haut commerce telles que la *Fédération des Industriels et commerçants*.

la Confédération des groupes commerciaux, la Ligue syndicale et Union fédérative, la Fédération des Détaillants.

La Confédération des Groupes commerciaux et industriels n'est pas l'Union la plus ancienne ; mais elle est actuellement la plus importante et sans aucun doute celle dont les ramifications sont les plus nombreuses en province.

La Confédération fut créée le 13 juillet 1901, sous le titre de *Parti commercial et industriel de France*. Elle devait poursuivre : la réforme de la législation des patentes, une réglementation rigoureuse du commerce des déballeurs et marchands ambulants, l'imposition à la patente des coopératives et des journaux faisant acte de commerce, l'interdiction pour les fonctionnaires de se livrer à un trafic, la suppression des économats etc. Le *Parti* organisa son premier Congrès en 1902 et prit en 1903 un titre nouveau : celui de *Fédération des Groupes commerciaux et industriels de France*. En janvier 1905, la Fédération comptait 61 groupes adhérents, représentant un effectif de 16.000 membres. — Renforcée en janvier 1907 par l'accession de la Ligue syndicale, la *Confédération* (c'était son nouveau titre) groupait 101 associations (27.314 membres). — Actuellement, malgré la retraite de la Ligue, plus de 200 groupes sont affiliés à la Confédération qui doit représenter au moins 70 à 80.000 commerçants.

Nous n'exposerons pas ici l'œuvre économique toute d'étude et de propagande accomplie par la Confédération ; cette œuvre sera par nous analysée de près dans les trois chapitres qui suivent. Aucune mine de renseignements n'est plus riche en ce qui concerne la question du petit commerce que la collection des Congrès de la Confédération et de son Bulletin mensuel.

La Confédération a eu pour président jusqu'en

1907 M. Robiquet, président de l'Union commerciale de l'Aube. M. Robiquet a été remplacé en 1908 par M. Boutmy, président de l'Union commerciale d'Amiens. Le président actuel est M. de Paloméra, président de la Fédération des Groupes commerciaux des Charentes et de Poitou; président adjoint M. Prevel (de St-Mandé); vice-présidents : MM. Cagé, Mience, Myard, Pescheux, Vaquin, Wicart; secrétaire : M. Aunis.

D'après ses statuts revisés en 1908, la Confédération se propose de représenter plus spécialement les aspirations du petit et du moyen commerce, de la petite et de la moyenne industrie; d'être l'organisme central des groupements adhérents, d'organiser leur action concertée; de centraliser leurs efforts; d'intervenir au besoin auprès des pouvoirs publics.

La Confédération est représentée et dirigée par une Assemblée confédérale composée de délégués mandatés par les groupes adhérents à raison d'une voix par 100 membres ou fraction de 100 membres, mais avec maximum de 5 voix par groupe jusqu'à 1.000 membres et à partir de ce chiffre une voix par 1.000 membres ou par fraction au-dessus de 1.000. L'Assemblée élit pour trois ans un Conseil de 51 membres lequel nomme le bureau.

Les ressources de la Confédération consistent en des cotisations payées par les groupes; le taux de ces cotisations est proportionnel à l'effectif de chaque groupe. Toutes discussions politiques ou religieuses sont interdites.

Il nous est impossible, on le conçoit, de passer en revue les 200 associations inscrites à la Confédération. Déjà plusieurs d'entre elles sont connues de nos lecteurs par les dépositions de leurs présidents dans notre enquête (ch. ii). Parmi les plus actives, citons seulement :

La Société des commerçants, magasiniers et industriels de Marseille (Président : M. Arnaud-Cat).

L'Union commerciale d'Amiens (M. Boutmy).

L'Union du Commerce et de l'Industrie de la Vienne (M. Caillaud).

La Chambre syndicale du Commerce et de l'Industrie de Niort (M. Clouzot).

L'Union syndicale des commerçants de Thouars (M. Thierry).

L'Union commerciale de la Côte-d'Or (M. Patriarche).

Le Syndicat commercial d'Auxerre (M. Pescheux).

L'Union commerciale de Laon (M. Nanquette).

L'Union du Commerce et de l'Industrie de St-Germain-en-Laye (M. Infortuné).

La Fédération des Groupes commerciaux des Charentes et du Poitou (M. de Paloméra).

L'Union Commerciale de Roubaix (M. Wicart).

Ces associations, et bien d'autres encore que nous ne pouvons citer, font preuve d'une louable activité ; elles éveillent ou entretiennent chez les commerçants le sentiment de la solidarité ; elles forment un faisceau des forces économiques dont dispose encore le commerce personnel et indépendant.

La Ligue syndicale et Union fédérative du commerce et de l'industrie est issue de la fusion de plusieurs fédérations.

Il est besoin ici de quelques explications.

La *Ligue syndicale pour la défense des intérêts du travail, de l'industrie et du commerce,* fut créée en 1886 par un homme envers lequel les petits commerçants ont contracté une dette de gratitude qui n'a pas encore été acquittée, par M. Christophe. Ce fut M. Christophe qui, sans souci des attaques ni des railleries, ouvrit le premier la campagne contre les grands magasins accapareurs, campagne à laquelle il sut intéresser des hommes politiques de divers partis : MM. Tirard, Terrier, Jamais, et Georges Berry[1]. Ce fut lui qui

1. Les deux premiers Congrès s'étaient réunis en 1895 et 1898. Sur cet historique voir BERNARD. *Du Mouvement d'organisation du petit commerce français,* 1906, p. 82 et suiv.

fonda en 1888 le journal *la Revendication*. Peut-être la Ligue eut-elle le tort de concentrer trop exclusivement ses efforts sur la question de la patente : mais d'une part le commerce spécialiste eut alors à souffrir au point de vue fiscal d'inégalités reconnues plus tard et corrigées, au moins en partie, par les lois de 1893 et de 1905; d'autre part cette revendication était la plus facile à faire valoir; elle était comme un cri de ralliement pour les petits commerçants; elle éveillait en eux la conscience de la solidarité des intérêts et rendait ainsi plus facile une collaboration ultérieure sur d'autres terrains.

La Ligue cependant grandissait. Au 3e Congrès (septembre 1900), elle groupait 39 chambres syndicales parisiennes et une centaine de syndicats et d'associations de commerçants des départements.

En 1901, M. Christophe, nommé président d'honneur. cédait la présidence à M. Marcoux. La Ligue continuait sa propagande, mais en janvier 1907, elle s'unissait, sans cependant qu'il y eût fusion véritable, à la *Confédération des Groupes commerciaux et industriels* à laquelle se rattachaient désormais directement ses groupes de province.

Après une union de quelques années, la Ligue a pris congé à l'amiable de la Confédération et est redevenue autonome. Elle a fusionné en 1910 avec deux autres associations :

1° avec l'*Union fédérative des commerçants détaillants*, créée par M. Gabriel Garreau en 1902 et qui, de 1906 à 1910, s'était à peu près fondue dans la *Fédération des commerçants détaillants* de M. Mauss pour revivre après la rupture survenue entre MM. Mauss et Garreau ;

2° avec la *Ligue économique du commerce et de l'industrie* (3 ou 400 membres), créée par M. Delpierre, lors de la grève des postes.

Depuis le 28 décembre 1910, le titre de la fédération

qui continue l'œuvre de ces diverses ligues et associations est le suivant : *Ligue syndicale et Union fédérative du Commerce et de l'Industrie de France réunies*. Le président est M. Lancel; le président-adjoint, M. Marcoux; le secrétaire, M. Garreau; elle compte 32 groupes adhérents et 9.000 membres.

La Fédération des Commerçants détaillants de Paris et du département de la Seine a été créée au mois d'août 1906, sous la présidence de M. Moreau, auquel succéda bientôt M. Mauss. La Fédération se proposait de réclamer, au nom de ses adhérents, une application large et libérale de la loi de 1906 sur le repos hebdomadaire. Nous étudions ailleurs l'action importante de la Fédération dans cet ordre d'idées. La Fédération prit en avril 1907 le titre de *Fédération nationale des commerçants détaillants de France* et organisa deux congrès (février et avril 1907) en vue de réclamer l'extension des dérogations prévues par la loi de 1906, de protester contre le projet de M. Caillaux (impôt sur le revenu) et d'étudier le projet sur le contrat de travail. Plus que toute autre, la Fédération a bénéficié de la large publicité de la presse. Les manifestations de son activité ont été très variées : organisation de nombreux banquets généralement présidés par M. Poincaré; voyages collectifs de 800 adhérents à l'Exposition de Londres (juin 1908), de 400 excursionnistes à l'Exposition de Bruxelles (février 1909); participation à la fondation d'une *Fédération d'Employés* à laquelle *le Journal* prêta un concours enthousiaste, mais dont la carrière fut néanmoins éphémère; création (8 janvier 1908) d'un *Office national du commerce* (21, rue du Château-d'Eau) qui recueille et fournit aux intéressés des renseignements d'ordre économique ou commercial. Un projet de Banque commerciale est à l'étude.

Le zélé président de la Fédération, M. Mauss, s'occupe actuellement d'améliorer encore par l'exécution d'un plan nouveau, le fonctionnement de l'association. Des centres fédératifs destinés à stimuler les efforts des sections locales seront créés à Lyon, Marseille, Dijon, Reims, Toulouse, Bordeaux, Clermont-Ferrand, etc.

D'autres associations existent ou ont existé. Le *Parlement commercial* est moins une Fédération qu'une sorte de congrès de commerçants se réunissant à certaines époques pour s'entretenir de leurs intérêts. Le Parlement commercial (Bourse de commerce, n° 148) a tenu, en octobre 1908, une session où sous la présidence de M. Farjon, député, ont été discutées les principales questions intéressant le commerce spécialiste : magasins à succursales, coopératives, etc.

L'INSTITUT INTERNATIONAL POUR L'ÉTUDE DU PROBLÈME DES CLASSES MOYENNES. L'ASSOCIATION FRANÇAISE DE DÉFENSE DES CLASSES MOYENNES.

Bien que ce livre n'ait pour but que l'étude du petit commerce français, nous ne pouvons passer ici sous silence l'œuvre considérable de l'*Institut international pour l'étude du problème des classes moyennes* (101, rue du Commerce, Bruxelles), Institut créé à Stuttgart le 1er septembre 1903, mais qui en réalité est l'œuvre des économistes belges dont on connaît la compétence en pareille matière. Sans doute les Brants, les Pyfferoen, les Stevens, les Lambrechts n'ont pas découvert ce problème des classes moyennes qui a été posé dans tous les grands Etats par la force même de l'évolution économique ; mais par leur savoir, leur expérience et leur persévérance, par leur courage aussi (il en fallait il y a quinze et vingt ans pour oser mettre en doute les bienfaits de la concentration chantés par les économistes sur les dix cordes de la lyre), ils se sont révélés des maîtres et des précurseurs. Nous n'oublions pas qu'en France même le petit commerce a trouvé depuis trente à quarante ans des champions : un Christophe sur le terrain de la lutte collective contre les grands magasins, un Georges Berry sur le terrain parlementaire, un du Maroussem sur le terrain de l'enquête critique. Mais nos voisins belges ont été les premiers à mettre à l'étude les moyens d'organisation économique propres à faciliter le relèvement des petites entreprises par leurs propres forces, à demander non plus seulement à l'Etat-législateur, mais à l'effort personnel des petits commerçants l'amélioration d'une situation compromise. A ce point de vue, des publications d'ordre pratique telles par exemple que celles de M. Lambrechts : *Un manuel pour syndicat d'achat de matières premières* (Bruxelles, 1901) ; — *Quelques notes pour contribuer à l'éducation des bouchers et des charcutiers* (Bruxelles, 1905) ; — *Quelques notes pour contribuer à l'éducation des marchands tailleurs* (Bruxelles, 1904) etc., présentent un intérêt évident [1].

L'*Institut international* (président, M. von Mayr, de Munich ; directeur du secrétariat, M. Stevens) a pour but « de réunir en un secrétariat central tous les renseignements relatifs à la situation des classes moyennes dans les divers pays, et aux mesures prises en vue d'améliorer leur condition, notamment : les actes des pouvoirs publics (lois, projets de loi, documents parlementaires), documents relatifs aux syndicats et associations de crédit. Il met à l'étude soit dans les assemblées plénières de ses membres, soit dans des Congrès internationaux, les diverses questions intéressant les classes moyennes.

Au premier des Congrès internationaux (Liège, 1905)

---

1. Bien d'autres ouvrages seraient à citer : H. LAMBRECHTS, *Le problème social de la petite bourgeoisie*, Bruxelles, Schepens, 1902. — *La capacité de concurrence des petits artisans*, Gand, 1908. — *Le crédit des classes moyennes en Allemagne*, 1909. — PYFFEROEN, *La petite bourgeoisie aux Pays-Bas*, Bruxelles, 1902.

furent étudiés : l'enseignement technique et professionnel, la transformation de l'outillage (petites machines, petits moteurs), l'organisation du crédit urbain et rural. Le recueil des travaux de ce Congrès forme un précieux répertoire à l'usage de quiconque veut se rendre compte de l'état actuel de ces questions. De 1905 à 1908 l'Institut fit preuve d'une louable activité. Un concours ouvert en 1906-07 aboutit au couronnement d'un mémoire de M. Lambrechts sur ce sujet : *Des moyens d'augmenter la capacité de concurrence des petits industriels tant par le concours de l'initiative privée que par l'action des pouvoirs publics.* Une commission internationale fut nommée avec mandat d'étudier la technique commerciale et financière des grands magasins (13 août 1907), etc. Plus récemment un Congrès s'est réuni à Vienne (octobre 1908).

L'Institut publie un *Bulletin mensuel* en français depuis 1904. Il a édité toute une série de volumes ou de brochures : H. LAMBRECHTS, *Le Crédit des classes moyennes en Belgique* (1908), *en Italie* (1908), *en Allemagne* (1909); COLLIEZ, *Le Crédit populaire en France* (1908), etc.

A l'exemple de l'Institut et en étroite collaboration avec lui, s'est constituée, en décembre 1908, une *Association française de Défense des Classes moyennes*, 21, place de la Madeleine; président M. Colrat; secrétaire M. Quentin. Cette association a rendu d'importants services à la cause des classes moyennes. Dans certains milieux de la haute bourgeoisie, de la haute finance et de la haute politique, le petit commerce et la petite industrie ne sont guère en faveur. L'*Association des Classes moyennes* a réagi très courageusement contre cet injuste discrédit et ce fut l'honneur de M. Maurice Colrat de prêter l'appui de son beau talent d'orateur à la défense d'une cause qui paraissait sans doute ingrate à une grande partie des auditeurs venus pour l'entendre, de démontrer, à l'encontre d'un vieux préjugé enraciné dans l'esprit des hommes de la génération précédente, la très réelle division de la société française en classes ou catégories économiques dont les intérêts sont distincts, d'organiser des réunions et des congrès dans lesquels des personnages aussi considérables dans l'Etat que MM. Loubet, Ribot, Aynard apportèrent leur adhésion à la campagne entreprise par l'Association.

Les associations de commerçants français qui désirent obtenir des conseils ou des informations techniques sur l'organisation du crédit, l'apprentissage, l'achat en commun, etc., ne pourront mieux faire que de s'adresser à l'*Institut international* de Bruxelles (101, rue du Commerce; cotisation : 12 fr. 50 par an), de même qu'elles sont assurées de trouver auprès de l'*Association française* un concours actif pour la défense de leurs intérêts généraux auprès des pouvoirs publics et de l'opinion.

Signalons enfin l'heureuse initiative de la *Société d'économie sociale* qui, sous l'inspiration d'un économiste très qualifié, M. Maurice Dufourmantelle, a organisé en 1910 un Congrès pour l'étude des questions intéressant les classes moyennes.

Syndicats et Fédérations de syndicats.

Nous avons déjà passé en revue, ch. ii, les principales organisations syndicales. Il suffira de citer ici les Fédérations les plus importantes.

L'*Union nationale du Commerce et de l'Industrie,* 10, rue de Lancry et le *Comité central des chambres syndicales,* 44, rue de Rennes, ne groupent guère que des syndicats de fabricants et de négociants en gros.

Le *Syndicat général du Commerce et de l'Industrie,* 163, rue Saint-Honoré ; 53 syndicats, 17.232 membres,

— est au contraire une *Fédération de syndicats de détaillants;* elle a créé des cours professionnels et une bibliothèque ; mais l'activité véritable est celle des syndicats

Les *Unions fédérales professionnelles de catholiques* (368, rue Saint-Honoré ; 32 syndicats et Unions) ont créé de nombreuses institutions que nous retrouverons en partie plus tard : service de placement, rentrée de créances litigieuses, renseignements commerciaux, société de crédit,' achat en commun. M. Alfred Perrin s'occupe activement, en qualité de secrétaire général, de ces diverses organisations.

Les principales Fédérations de syndicats de même profession sont : le *Comité de l'Alimentation parisienne,* 24, rue de Richelieu ; 26 syndicats, 29.718 membres ; — la *Fédération du Commerce en détail des boissons, des restaurateurs et hôteliers,* 39, rue des Vinaigriers ; 147 syndicats, 35.000 membres ; — la *Fédération des syndicats des charcutiers de France,* 10, rue Bachaumont ; 96 syndicats (président M. Jumin) ; — la *Fédération des syndicats de l'épicerie,* 32, rue du Renard ; 56 syndicats, 20.000 membres.

CHAPITRE V

La question des patentes des grands magasins, des maisons à succursales multiples et des coopératives. — L'impôt sur le revenu.

L'appel à l'État apparaît à un grand nombre de moyens et de petits commerçants comme leur unique ou tout au moins leur principal recours pour la défense de leurs intérêts menacés. N'est-ce pas à l'Etat en effet qu'il appartient, selon notre conception historique latine et française, de garantir à chaque citoyen le respect de son droit à la vie, de son droit au travail rémunérateur ?

L'un des défenseurs les plus dévoués, les plus persévérants, mais aussi, disons-le, les plus intransigeants de cette thèse de l'appel à l'Etat, M. Christophe, fondateur de la Ligue syndicale du travail, du commerce et de l'industrie, n'a cessé depuis plus de trente ans de soutenir cette idée dans les congrès et réunions de commerçants. La profonde conviction qui anime l'orateur, sa parole ardente, mais toujours claire et précise, sa logique inflexible qui lui assure la victoire contre quiconque admet les prémisses de son raisonnement, font de lui un polémiste redoutable. « Personne, dit en substance, M. Christophe, personne n'a le droit d'exercer plus d'une profession. Si vous laissez un grand magasin vendre tout : des tissus, des chapeaux, des bottines, des parapluies, des livres et des parfums, vous affamez les travailleurs que la vente de ces divers articles faisait vivre ; *vous me volez, à moi spécialiste, mon gagne-pain.* La liberté est limitée par le droit certain du prochain à la vie. Vous n'admettriez pas qu'un richissime spéculateur accaparât tous les blés, et par son refus de les vendre au-dessous d'un prix exorbitant, condamnât toute une population à mourir de faim. Vous ne pouvez pas, vous ne devez pas admettre qu'un grand bazar accapare la vente de tous les produits, condamnant à la misère les citoyens les plus actifs et les plus laborieux de la nation ! »

Tout en rendant hommage à la franchise et au zèle de M. Christophe, l'immense majorité des moyens et des petits commerçants ne croit pas pouvoir se rallier à une théorie aussi absolue et qui paraît contredire et infirmer directement le principe de la liberté du commerce. C'est avant tout la réforme de la législation sur les patentes qui est réclamée par les Fédérations et associations de commerçants, en vue de corriger des inégalités et des injustices non douteuses.

Il est certain cependant que l'action exercée par M. Christophe a été grande et plus d'une des propositions que nous aurons bientôt à analyser s'inspire très certainement, bien qu'indirectement, de cette thèse de la spécialisation si chère au vieux champion du petit commerce.

I. — La Patente des grands magasins.

Nous ne saurions songer à étudier ici toutes les lois (1er brumaire an VII, 25 avril 1844, 4 juin 1858, 15 juillet 1880) qui ont établi et réglementé l'impôt sur les patentes. Jusqu'à la loi de 1880 tous les établissements commerciaux, grands ou petits, n'acquittaient qu'un droit fixe nullement proportionnel à leur importance respective et un droit proportionnel à la valeur locative des locaux par eux occupés, indice unique et du reste fort trompeur (voir *supra*, p. 102) de l'activité commerciale et des bénéfices d'une entreprise.

La loi du 15 juillet 1880 inaugura un nouveau système. Les magasins tenant plusieurs espèces de marchandises de même que les magasins de vêtements, durent payer, s'ils occupaient plus de dix employés : 1° un droit proportionnel égal au dixième du loyer; 2° un droit fixe composé *a* d'une taxe déterminée (de 30 à 100 francs selon la ville); *b* une taxe par tête d'employé au-dessus de cinq (de 15 à 25 francs par employé selon la ville).

Ce système favorisait encore beaucoup les grands magasins. En effet, aux termes de l'article 9, un établissement vendant plusieurs espèces de marchandises n'était assujetti qu'à une seule taxe déterminée. Ainsi un établissement de ce genre, divisé en 30 rayons et dont le siège commercial était établi dans une ville de plus de 100.000 habitants, ne payait qu'une taxe déterminée de 100 francs (plus la taxe variable sur les employés). Or trente petits commerçants représentant chacun l'une des spécialités correspondant aux rayons séparés du grand magasin, eussent payé ensemble trente taxes déterminées. Ce régime unique accordait ainsi une prime très forte au grand magasin déjà si favorisé par la concentration. D'après M. Georges Berry, le Bon Marché qui réalisait à la veille de la loi de 1893 pour environ 156 millions d'affaires, représentait le trafic accumulé de 4.456 maisons de détail, faisant chacune en moyenne pour 35.000 francs d'affaires par an. Or ces 4.456 maisons payaient ensemble, au titre de la patente, plus de 3 millions de francs, le Bon Marché 933.000 francs seulement !

Dès 1888, M. Christophe protestait dans son journal *la Revendication* contre ces injustices; il avait trouvé dans M. Destréguil, directeur des *Affiches Tourangelles,* un lieutenant actif et dévoué; il avait su intéresser

à la cause du petit commerce des parlementaires :
MM. Tirard, Terrier, Le Veillé, Maurice Barrès, du
Saussay, Mesureur et Georges Berry [1]. Dès lors les
propositions se succédèrent. Citons : la proposition
de M. Delattre, tendant à établir un impôt de tant
pour cent sur le chiffre d'affaires des magasins faisant
plus de 500.000 francs d'affaires (séance du 17 juillet 1888) ;

la proposition à peu près analogue de M. Gomot
(séance de 8 avril 1889) ;

la proposition de MM. du Saussay et Maurice Barrès :
modification du tarif des droits fixes établi eu égard à
la population ; création d'une catégorie nouvelle pour
les villes de 50 à 80.000 habitants (24 février 1890) ;

la proposition de MM. Mesureur et Lockroy demandant que tout magasin où seraient réunis plus de quatre
commerces distincts, fût tenu d'acquitter le droit proportionnel autant de fois qu'il exercerait de commerces
au-dessus du nombre de quatre (24 février 1890).

Les petits commerçants remportaient bientôt un premier succès. La loi du 8 août 1890, dont il est inutile
d'analyser les dispositions qui ont depuis longtemps
cessé d'être en vigueur, relevait sensiblement le taux
de la taxe déterminée et de la taxe par tête d'employé.

Mais les commerçants aspiraient à un succès plus
décisif. M. Le Veillé avait demandé en leur nom un
tarif plus équitable et l'établissement d'un droit sur les
chevaux et voitures. Le gouvernement, alors représenté
par M. Tirard, présenta un projet qui discuté et amendé,
devint la loi du 28 avril 1893. Cette loi a soumis les
grands magasins occupant plus de dix personnes employées aux écritures, aux caisses, aux achats et ventes,
aux taxes suivantes :

1° Une taxe déterminée graduée d'après le nombre

---

1. M. Georges Berry a été depuis vingt ans, à la Chambre des députés,
le champion infatigable du petit commerce et s'est acquis auprès des
détaillants une grande et très légitime popularité.

des employés au-dessus de dix et d'après la population de la ville où est établi le grand magasin avec cette modification importante : au-dessus de 200 employés, *il était dû une taxe déterminée par chacune des 16 spécialités commerciales* (indiquées à un tableau annexe) *que vendrait le magasin*. Le principe de la répétition de la taxe pour chacune des spécialités apparaissait pour la première fois dans notre législation : son application était encore bien timide, mais l'affirmation du principe constituait pour le commerce spécialiste une réelle victoire : le législateur reconnaissait enfin l'injustice scandaleuse du système fiscal qui consistait à autoriser la gérance d'un grand magasin à n'acquitter qu'une taxe déterminée, même si celui-ci vendait des articles constituant une infinité de spécialités différentes séparément imposables si elles avaient été mises en vente dans des magasins distincts.

Le grand magasin devait encore acquitter :

2° Une taxe par employé dont le taux variait selon le nombre des employés et la population de la ville.

3° Un droit proportionnel fixé désormais selon le nombre des employés au 5ᵉ, au 7ᵉ, au 10ᵉ, au 15ᵉ ou au 20ᵉ de la valeur locative.

Encouragés par ce succès, les avocats du petit commerce s'enhardirent. M. Georges Berry proposa (8 juin 1895) que le droit proportionnel fût répété sur le loyer autant de fois que le patenté exercerait de commerces distincts mentionnés au tableau annexe, si toutefois ce magasin occupait plus d'un certain nombre d'employés (plus de 6 dans les villes de 100.000 habitants et au-dessous, plus de 11 dans les villes de 100.001 à 200.000 habitants, etc.). Le 21 janvier 1896 le même député proposait d'élever de 16 à 45 le nombre des spécialités.

Nous arrivons à la loi du 23 avril 1905, loi encore en vigueur. Essayons de l'analyser avec quelque clarté : l'entreprise n'est pas facile.

Les magasins tenant plusieurs espèces de marchandises seront soumis aux taxes suivantes établies d'après les distinctions ci-après.

A. *Taxe déterminée*. — Elle n'est plus due que par les établissements occupant :

A Paris, moins de 51 employés ; elle est alors de   300 francs

dans les villes de plus de 100.000 âmes : moins de 26 employés ; elle est alors de................ 250   —

dans les villes de 100.000 âmes et au-dessous ; moins de 16 employés ; elle est alors de............. 150   —

Au-dessus de ce nombre d'employés fixé par catégorie, un établissement ne paie plus de taxe déterminée, mais la *taxe par spécialités*. — Cette taxe est due pour chacune des 24 spécialités commerciales indiquées au tableau annexe à la loi. La quotité de la taxe est déterminée par l'application au nombre des employés occupés dans le magasin, du coefficient de chaque spécialité mentionnée au tableau.

Toutefois ce coefficient ne doit être appliqué à Paris que pour moitié aux 50 premiers employés et pour trois quarts aux 50 employés suivants ;

dans les villes de 100.001 habitants ou plus, pour moitié aux 25 premiers employés et pour les trois quarts aux 25 suivants ;

dans les autres villes, pour moitié aux 15 premiers employés et pour les trois quarts aux 15 suivants.

Nous empruntons à l'étude d'un spécialiste [1], l'exemple suivant qui fixera les idées :

Soit un magasin occupant 112 employés dans une ville de plus de 100.000 âmes, et mettant en vente les spécialités désignées au tableau sous les n⁰ˢ 1, 2, 5, 6, 17, 22 et 23 ; les taxes seront ainsi calculées :

Somme des coefficients : 2,60 + 2,60 + 2,60 + 2,00 + 1,80 + 3,20 + 3,20 = 18.

1. *La Nouvelle loi sur les Patentes*, Commentaire de la loi du 19 avril 1902 par un fonctionnaire, Paul Dupont, 1906, p. 42.

Pour les 25 premiers employés $\dfrac{18 \times 25}{2}$ = 225 francs.

Pour les 25 suivants .... $\dfrac{18 \times 3 \times 25}{4}$ = 337 fr. 50

Pour les 62 suivants......... 18×62 = 1.116 francs.

1.678 fr. 50

B. *Taxe par voiture et par cheval.* — Le taux de cette taxe varie selon les villes et le nombre de voitures possédées. Ainsi à Paris le patenté propriétaire de une ou deux voitures paiera 30 francs par voiture et 15 francs par cheval; le propriétaire de 3 à 5 voitures paiera le double : 60 et 30 francs; de 6 à 15 voitures on paiera 100 et 50 francs, etc.

C. *Taxe par employé.* — Le tarif est le même que sous l'empire de la loi de 1893, sous cette réserve qu'une catégorie spéciale a été créée pour les villes de 100.001 habitants et au-dessus qui jusqu'alors étaient confondues avec Paris. Le droit est pour ces villes de 20 francs par personne pour la première centaine, moins les dix premiers; il croît ensuite de 10 francs par centaine.

D. *Droit proportionnel.* — Il n'est plus fixé en relation du nombre des employés mais d'après un tableau gradué en raison : d'une part du chiffre du loyer et d'autre part de la population de la ville, chaque branche de ce loyer n'étant imposée qu'au tarif applicable à cette fraction; par exemple ce droit sera à Paris :

de 1 à 25.000 francs.................... du 20°
de 25 à 50.000 francs.................. du 15°
de 50 à 75.000 francs................. du 12°
de 75 à 150.000 francs............... du 10°

La progression continue jusqu'à 500.000 francs. Au-dessus de ce chiffre, le droit proportionnel est du tiers du loyer.

Ce sont là d'importants succès obtenus par le petit commerce. Ces succès peuvent se résumer ainsi :

1° Les magasins de plusieurs espèces de marchandises n'occupant pas plus de 200 employés ne payaient, sous le régime de 1893, en fait de *taxe déterminée* qu'un droit variant de 100 à 300 francs. Désormais cette faveur est restreinte à ceux de ces magasins qui n'occupent que 50 employés ou moins (à Paris), 25 ou 15 dans les autres villes. Un grand nombre de maisons qui échappaient à la taxe par spécialités (taxe beaucoup plus lourde) sont donc soumises à cette taxe qui tient lieu pour eux de taxe déterminée.

2° Le nombre des spécialités est élevé de 16 à 24, et la taxe par spécialité est établie sur des bases nouvelles (par l'addition des coefficients des spécialités pratiquées avec certaines modérations). Il s'ensuit une surcharge pour les grands magasins.

3° Une taxe nouvelle et progressive est créée sur les voitures et les chevaux. Cette taxe n'atteint pas les tout petits établissements qui font livrer par des garçons de courses et pèse au contraire sur les grands établissements.

4° L'assiette de la taxe par employé est modifiée en faveur des magasins des villes de 100.001 âmes et au-dessus. Ces magasins, grands ou petits, sont ainsi placés dans une situation un peu moins défavorable par rapport à leurs plus dangereux concurrents : les grands établissements parisiens.

La loi du 19 avril 1905 n'a cependant pas donné complète satisfaction aux petits commerçants[1]. Les revendications se renouvellent périodiquement et sont

---

1. Sur les résultats pratiques de cette loi lire le très intéressant travail de M. Destréguil (*Bulletin de la Fédération des Groupes Commerciaux*, septembre 1906). M. Destréguil a comparé la patente de plusieurs grands bazars de province avant et après la loi de 1905. Il y a en général augmentation. Ainsi un bazar de Rennes (24.000 francs de loyer, 60 employés et 19 spécialités) paie 11.653 fr. 12 au lieu de 6.500 francs. Un autre magasin de Troyes (71 employés, 52.000 francs de loyer) paie 18.057 fr. 25 au lieu de 8.928 fr. 40 en 1902. Le Grand Bazar de Tours paie 10.796 fr. 65 au lieu de 4.860 fr. 68. M. Destréguil estime ces augmentations insuffisantes.

soutenues avec une inlassable ardeur. On peut dire que l'accord de tous les petits commerçants s'est établi sur le principe des réformes suivantes qui tendent surtout à *l'augmentation du nombre des spécialités et à l'extension de l'application de cette taxe par spécialités.*

Au lendemain même de la loi du 19 avril 1905, le Congrès de la Confédération des Groupes commerciaux et industriels (17-18 octobre 1905) demandait que le nombre des spécialités commerciales afférentes à l'alimentation fût porté de 3 à 10 et M. Georges Berry, se constituant le défenseur de ce vœu, obtenait de la Chambre des députés le vote d'un amendement élevant de 24 à 31 le nombre des spécialités par suite de la création des sept nouvelles spécialités de l'alimentation. Ce vote demeura du reste purement platonique.

Le plus récent Congrès de la Confédération des Groupes commerciaux et industriels de France (6-11 mars 1911) a formulé les vœux suivants qui reproduisent à peu près le texte d'un amendement à la loi de finances déposé (après rectification de texte) par M. Néron dans la séance du 7 novembre 1910.

Tableau B.

I. — Les dispositions concernant les magasins de plusieurs espèces de marchandises sont remplacées par les dispositions suivantes :

Magasin de plusieurs espèces de marchandises — ou pour la rente en demi-gros ou aux particuliers de vêtements confectionnés — ou pour la vente en demi-gros et en détail de quincaillerie, de ferronnerie et articles de ménage — ou pour la vente en demi-gros ou en détail d'épicerie, liqueurs et conserves (tenant un).

Lorsqu'il occupe habituellement plus de dix personnes employées aux écritures, aux caisses, à la surveillance, aux achats et aux ventes intérieures ou extérieures.

Le droit fixe comprendra :

1° Soit une taxe déterminée, soit des taxes par spécialités;

2° Une taxe par voiture pouvant être attelée et par cheval;

3° Une taxe par employé.

Sont compris comme employés, tous les employés des deux sexes, sans aucune exception, quel que soit leur emploi.

1° TAXE DÉTERMINÉE OU TAXES PAR SPÉCIALITÉS

A. — *Taxe déterminée.*

Pour tout magasin occupant habituellement, aux attributions ci-dessus spécifiées, un personnel total de
moins de 26 employés à Paris,

- — de 21 — dans les villes de plus de 100.000 âmes,
- — de 19 — — de 50.001 à 100.000 âmes,
- — de 15 — de 20.001 à 50.000 âmes,
- — de 13 — de 10.001 à 20.000 âmes,
- — de 11 — — au-dessous de 10.000 âmes,

il sera dû une taxe déterminée, laquelle sera :

	Francs
A Paris.	600
Dans les villes de plus de 100.000 âmes.	500
— de 50.001 à 100.000 âmes.	400
— de 50.000 âmes et au-dessous.	300

B. — *Taxes par spécialités.*

Au-dessus du nombre de 25 employés à Paris, de 20 employés dans les villes de plus de 100.000 âmes, 18 dans les villes de 50.000 à 100.000, 14 de 20.000 à 50.000, 12 de 10.000 à 20.000 et de 10 dans les villes au-dessous de 10 000 âmes, il ne sera plus dû de taxe déterminée, mais il sera dû une taxe pour chacune des spécialités commerciales indiquées au tableau ci-après que comprendront les ventes effectuées dans le magasin.

La quotité de cette taxe est déterminée par l'application au nombre des employés occupés dans le magasin du coefficient de chaque spécialité indiquée au dit tableau.

Lorsque la taxe par spécialités, ainsi calculée, donnera un chiffre d'impôt inférieur à la taxe déterminée que comporte la population de la commune où est situé le magasin, c'est la taxe déterminée qui continuera d'être appliquée.

II. — La désignation des spécialités commerciales établies par la loi du 19 avril 1905 et les coefficients y applicables sont modifiés conformément au tableau ci-après :

Suit un tableau qui porte de 16 à 61 le nombre des spécialités et augmente notablement les coefficients. Ainsi le coefficient de la spécialité appareils de chauffage est doublé pour

Paris, 3 francs au lieu de 1 fr. 45 ; celui de la bonneterie (Paris) est porté de 2 francs à 2 fr. 50, etc.

Le taux de la taxe par voiture et par cheval serait notablement majoré ainsi que celui de la taxe par personne employée.

Enfin le taux du droit proportionnel, tableau D, est notablement augmenté pour les magasins de plusieurs espèces de marchandises ; une échelle nouvelle est établie.

Ces propositions correspondent dans leur ensemble aux désirs de la grande majorité des moyens et des petits commerçants, encore que sur tel ou tel point des divergences puissent être constatées [1]. Il est certain que toute classification a un caractère relatif : tel établissement de moyenne importance se plaint de la concurrence du grand magasin et sera lui-même l'objet des plaintes de très petits commerçants. A quelle limite exacte la taxe déterminée doit-elle être remplacée par la taxe par spécialités ? l'échelle dressée d'après le nombre des employés et la population de chaque ville peut paraître assez fragile : n'est-il pas un peu arbitraire d'exiger la taxe par spécialités à Paris du magasin occupant 26 employés et d'en exempter le magasin qui en compte 25 etc. ? Sans doute, mais on peut en dire autant de toute démarcation, de toute différenciation. A partir de quelle taille précise un homme est-il grand ou petit ? à quelle nuance précise une chevelure cesset-elle d'être blonde et devient-elle châtaine ? à quel degré exact du thermomètre n'est-il plus permis de

1. Signalons seulement la motion défendue par M. Christophe au Congrès de la Confédération de 1909. Dans les villes dont la population excède 5.000 habitants, aucun magasin ne pourrait vendre plus de cinq espèces de marchandises ; encore ces magasins paieront-ils autant de droits fixes et proportionnels qu'ils vendront de marchandises de diverses espèces. C'est toujours la thèse : *Un homme, un métier.* M. Christophe tient le même langage que Delacroix, le défenseur des corporations en 1776 : « Où est donc le mal que l'acheteur ne trouve pas un chapeau dans la boutique d'un cordonnier, des toiles chez un épicier, que chaque objet du commerce soit divisé ? Il en résulte plus de sûreté pour le consommateur, plus d'égalité pour le commerçant. » Voir notre *Histoire des Corporations de métiers,* 2e édition, p. 575.

dire qu'il fait chaud ou froid? — Et cependant ces distinctions sont incontestables : il est des hommes grands et d'autres petits; il en est de blonds et de bruns; le froid et le chaud sont des réalités sensibles à notre organisme.

Une autre proposition a souvent été formulée : on a demandé la répétition du droit proportionnel. Ce droit, on le sait, est calculé en fonction du chiffre du loyer et de la population de la ville où le magasin a son siège. Mais une fois établi d'après ces éléments, le droit proportionnel ne varie plus quel que soit le nombre des spécialités. Les auteurs de la proposition demandaient que ce droit fût *répété,* c'est-à-dire perçu pour chacune des spécialités vendues par l'établissement.

Cette proposition a été combattue notamment par M. Destréguil (*Bulletin de la Fédération des Groupes industriels*, août-septembre 1906). En effet le système proposé, comme l'observe M. Destréguil, assujettit à une taxe uniforme toutes les spécialités dont la puissance commerciale est pourtant fort inégale. Sa base d'évaluation n'est pas en rapport avec les bénéfices commerciaux. Ainsi le Bon Marché, alors qu'il réalisait seulement pour 172 millions d'affaires, acquittait un loyer de 900.000 francs, soit 1 franc de valeur locative par 200 francs d'affaires, tandis que le Printemps avait un loyer de 377.000 francs pour 38 millions d'affaires, soit 1 franc de loyer par 100 francs d'affaires. L'impôt proportionnel assis sur le loyer frappait donc inégalement ces deux grands magasins : en le répétant on aggraverait cette injustice. Ces considérations déterminèrent, en 1905, le rejet de la proposition qui, malgré un succès éphémère devant le Congrès en 1906, n'a plus été reproduite parmi les vœux des derniers Congrès et ne paraît pas actuellement pouvoir rallier une majorité.

II. — La Patente des établissements
à succursales multiples.

Les établissements à succursales multiples sont, comme il a déjà été dit, pour le petit commerce, des concurrents plus dangereux encore que les grands magasins. Il n'est donc pas surprenant que depuis longtemps les défenseurs du petit commerce se soient efforcés d'obtenir l'augmentation de la patente de ces établissements. Dès 1895, M. Georges Berry déposait à la Chambre des députés un amendement d'après lequel le patentable ayant pour la vente au détail ou en gros plusieurs établissements, boutiques ou magasins de même espèce ou d'espèces différentes serait, quel que fût le tableau auquel il appartenait, passible des droits fixes et proportionnels établis comme si tous ces établissements réunis ne formaient qu'un seul et même local et en prenant pour base de l'impôt celui de ces établissements soumis au tarif le plus élevé.

Le Congrès de la Confédération des groupes commerciaux a émis en 1911 le vœu suivant reproduisant, en l'amendant, le texte d'un récent projet de loi déposé par M. Klotz, alors ministre des finances (séance du 23 décembre 1910, annexe n° 642) :

« Lorsqu'un patentable exploite plus de 10 établissements, boutiques ou magasins, pour la vente de denrées ou marchandises, le droit fixe de chacun de ces établissements est augmenté de *moitié* si leur nombre ne dépasse pas vingt, *doublé* s'il est compris entre vingt et un et cinquante et *triplé* s'il est supérieur à cinquante.

« Seront considérées comme *succursales* des établissements, boutiques ou magasins et assujetties au taux spécifié ci-dessus, les maisons de commerce pour la vente en détail de denrées ou marchandises portant soit sur leurs enseignes, voitures de livraison, soit sur leurs réclames ou factures, le nom d'une autre maison de détail dont elles annonceraient la vente des produits ou marchandises [1].

1. Nous faisons toutes réserves en ce qui touche cette partie du vœu.

« Le taux du droit proportionnel sur la valeur locative des établissements, boutiques ou magasins compris dans le § 1er de l'art. 4 et situés dans n'importe quelles communes de France sera calculé sur l'ensemble des locaux occupés et appliqué suivant les tarifs du tableau D, sans toutefois que ce chiffre puisse être inférieur : au 10e à *Paris*, au 8e dans les villes de plus de 100.000 âmes et au-dessous. »

Au Congrès de la Confédération de 1906, M. Destréguil demanda l'imposition à la patente des journaux mercantiles, des artistes-peintres, sculpteurs, graveurs, dessinateurs. Fort légitime en ce qui concerne les journaux qui se livrent à un réel trafic de primes et de soi-disant concours ou loteries, cette proposition ne nous paraît pas devoir être accueillie dans sa partie relative aux artistes qu'un impôt sur le revenu peut atteindre, mais qu'il est difficile d'assimiler à des commerçants.

III. — La Patente des coopératives.

Jusqu'en 1905, les coopératives ne vendant qu'à leurs membres et se bornant à répartir entre leurs sociétaires acheteurs des ristournes (sans distribuer de dividendes) étaient exemptées de la patente. La loi du 19 avril 1905 a supprimé cette dispense, sauf en ce qui concerne les sociétés qui n'ont pas de magasins de vente et qui se bornent à grouper les commandes de leurs membres. Les sociétés de ce type sont fort rares, et en fait, la grande majorité des coopératives sont maintenant patentées. En réalité, le succès ainsi obtenu par le petit commerce est assez médiocre : une coopérative tant soit peu viable ne périra pas parce qu'elle sera imposée à la patente, et M. Gide lui-même loin de

Il nous paraît tout à fait excessif de décréter l'assimilation à une succursale d'un établissement qui se borne à vendre les produits de telle marque, fût-ce de Potin, mais qui conserve à tous autres égards son entière autonomie.

protester contre la loi nouvelle a émis cet avis « que les coopératives auraient avantage à payer la patente. Elles y trouvent la liberté : liberté de vendre au public et liberté de disposer de leurs bonis ». Le petit commerce pourrait dans plus d'un cas regretter d'avoir ainsi rendu à ses concurrents leur franchise d'allures et leur liberté de manœuvre que ne contrebalance pas une légère surcharge fiscale.

La loi de 1905 a résolu la principale question relative à la patente des coopératives. Des questions accessoires se sont cependant posées. Ainsi certaines brasseries coopératives, sociétés à la fois de production et de consommation ne vendent en théorie qu'à leurs actionnaires, mais font en réalité des livraisons à tout consommateur qu'un des actionnaires leur désigne, cet actionnaire étant responsable du paiement. Le syndicat des brasseurs de Roubaix a demandé que ces actionnaires qui rétrocèdent ainsi les produits de la société à des tiers soient individuellement patentés[1]. La prétention paraît être juste, car il y a eu deux achats et deux ventes ; mais les brasseries en question peuvent bien aisément parer cette attaque en payant elles-mêmes la patente et en vendant directement à ces tiers.

Projets d'impôts sur le chiffre d'affaires ou sur le revenu.

Diverses propositions ont été formulées en vue du remplacement de la patente par d'autres impôts. M. Vinay a proposé un impôt sur le chiffre d'affaires (*l'Épicerie française*, 16 mars 1906). Mais comment connaître exactement le chiffre d'affaires ? Au surplus la révélation de ce chiffre ne permettrait pas d'évaluer les bénéfices. Avec un chiffre d'affaires égal, deux

---

1. Rapport de M. Bont au 8° Congrès national de la Confédération des Groupes commerciaux (octobre 1909).

maisons de commerce réalisent souvent des profits très inégaux [1].

Nous arrivons à l'impôt sur le revenu qui jusqu'ici n'a été proposé sous une forme nettement précisée que par M. Caillaux, auteur du projet de loi voté par la Chambre des députés et actuellement soumis au Sénat. Nous ne pouvons ici reproduire le texte intégral des articles 30 à 36 relatifs à l'impôt sur les bénéfices industriels et commerciaux. Il suffira de rappeler que cet impôt est établi annuellement à raison du revenu moyen des trois années précédentes, le revenu imposable étant constitué par l'excédent des recettes brutes sur les dépenses inhérentes à l'exercice de la profession (loyer compris). Le montant de chaque cote est fixé d'après la déclaration du contribuable, déclaration obligatoire si le revenu excède 5.000 francs, sinon par une évaluation d'office faite par le contrôleur des contributions à l'aide de tous les éléments dont il dispose (actes, jugements, pièces, titres, etc.). La taxe est doublée sur la portion des revenus dissimulée, si toutefois l'insuffisance dépasse un cinquième du revenu réel ou la somme de 10.000 francs.

Ce projet a été, on peut le dire, très mal accueilli par la presque unanimité des commerçants grands, moyens ou petits. La presque totalité des Chambres de commerce et 1.500 groupes ou syndicats consultés par l'Association d'Études fiscales et commerciales ont émis des avis défavorables au projet Caillaux. Il en a été de même de la Confédération des Groupes commerciaux (Congrès d'octobre 1909), de la Fédération des commerçants détaillants et du Parlement commercial. — Une protestation contre l'impôt sur le revenu a été adressée sous forme de pétition à la Chambre des députés par les présidents des grandes fédérations et

---

1. Voir aussi le projet de M. Bellamy (rapport au 8e Congrès de la confédération, Bulletin, septembre 1910).

syndicats du commerce : l'Épicerie française (M. Beauvais), la Fédération des Débitants de boissons de France (M. Girardin), la Fédération des charcutiers (M. Jumin), le Syndicat national des vins et spiritueux (M. Mandeix), le Syndicat de la presse de l'Alimentation (M. Mazand), le Syndicat de la Boucherie française (M. Seurin).

C'est surtout l'obligation de la déclaration du revenu moyen qui a motivé ces protestations. Cette déclaration peut, en effet, ne pas être acceptée par le contrôleur et dans ce cas le contribuable est exposé à des inquisitions et des tracasseries de toutes sortes [1].

Les moyens et petits commerçants français sont-ils seulement hostiles au projet Caillaux, ou repoussent-ils tout projet d'impôt sur le revenu quel qu'il soit? Il est difficile de répondre à cette question. Les commerçants sont gens pratiques et n'ont guère le loisir d'entreprendre des études théoriques ; ils ne se prononcent d'ordinaire que sur des projets fermes, élaborés avec précision. Il se pourrait qu'un système d'impôt général sur le revenu où la cote du contribuable serait déterminée d'après des signes extérieurs équivalents à ceux actuellement admis pour l'établissement de la patente fût accueilli par le moyen et le petit commerce sans trop de défiance, peut-être même avec faveur, car, en définitive, il est peu juste que le commerce supporte

1. Dans une conférence donnée le 24 mai 1909 dans la salle du *Petit Journal*, M. Aimond, sénateur, a sous une forme humoristique mis en évidence les inconvénients qui pourront résulter de la procédure instituée par le projet Caillaux. « Par un renversement du droit commun, c'est vous qui allez être obligés de démontrer que c'est le contrôleur qui se trompe. Vous ne ferez cette preuve qu'en apportant vos livres, en publiant ce que vous tenez à cacher. Si vous êtes un débutant, si vous avez emprunté des sommes considérables pour vous établir, vous allez faire connaître cela à tout le monde. Votre crédit tombera à des taux inférieurs!

« Je ne veux pas dire de mal des contrôleurs; mais ils vont être appelés à vous dire : « Vous ne déclarez pas assez, vous avez un certain train de vie ; vous avez reçu à dîner tant de fois cette année » (*Rires*).

— Vous riez, Messieurs, mais cela s'est passé en Allemagne... »

un impôt spécial sur le revenu (celui des patentes),
impôt auquel échappe la généralité des citoyens exer-
çant des professions lucratives (fonctionnaires, employés, agriculteurs) ou vivant de leurs rentes. Il n'est
pas juste que les plus laborieux, les plus industrieux
soient les moins bien traités. Mais l'opinion dans
les milieux industriels et commerçants paraît redouter,
non sans motifs, qu'une revision fiscale intégrale ne
serve de prétexte à de nouvelles augmentations d'impôts, qu'un impôt sur le revenu soit moins une taxe
de remplacement qu'une taxe de superposition. Le
vœu général paraît donc être plutôt que la réforme
soit partielle et s'accomplisse par étapes en commen-
çant par une modification de la législation des patentes
conformément au programme exposé au cours de ce
chapitre.

CHAPITRE VI

I. La protection contre la concurrence déloyale ou illégale. — Les déballages et les liquidations fictives.

Il n'existe pas en France comme en Allemagne
une loi spéciale sur la concurrence déloyale[1]. Mais

---

1. La loi allemande est du 27 mai 1896. Elle interdit cinq catégories
d'actes : 1° abus de la réclame : il peut y avoir abus par suite d'alléga-
tions mensongères sur la nature, le mode de production, l'origine des
produits, sur la cause ou le but de la vente (liquidations fictives), sur
l'usurpation de fausses qualités ou l'indication de fausses distinctions ;
2° tromperies sur les quantités. Ainsi la laine à tricoter se vend en
écheveaux, l'unité de poids est la livre divisée en 10 écheveaux de
50 grammes ; un marchand peu scrupuleux tirera de la livre 12 écheveaux d'environ 42 grammes chacun ; 3° imputations préjudiciables aux
concurrents. Par exemple un teinturier répand le bruit calomnieux
que son concurrent emploie des substances toxiques ; 4° abus des
noms et des firmes ; 5° divulgations de secrets de commerce ou de
fabrication (corruption d'un employé pour connaître la liste des clients

un grand nombre d'actes constitutifs de la concurrence déloyale sont punis par des lois spéciales. Il en est ainsi tout d'abord des *déballages et liquidations fictives.*

Les déballeurs et entrepreneurs de ventes sur liquidations prétendues et en réalité fictives sont des concurrents très dangereux pour le petit commerce.

Les déballeurs sont des marchands ambulants qui transportent dans des roulottes des lots de marchandises variées, déballées ensuite sur la place ou sur une voie publique d'une petite ville ou d'une bourgade. Les déballeurs annoncent la mise en vente de leurs marchandises à haute voix (*cri public*). Ils indiquent pour chaque article soit un prix fixe, soit un prix susceptible d'être baissé directement ou au moyen de l'adjonction gratuite d'autres objets grossissant le lot offert; parfois enfin ils mettent les marchandises aux enchères.

Les auteurs d'une bonne étude sur les ventes publiques de marchandises neuves, MM. Marion et Chevalier (Suppl. au *Bulletin de la Confédération des Groupes commerciaux*, juin 1907), distinguent deux sortes de déballages forains :

Le déballage au simple boniment; le déballage à la liquidation fictive.

Le simple boniment, tout le monde l'a entendu à peu près tel que le citent MM. Marion et Chevalier :

C'est d'abord le cri public : « Voyez, Mesdames, ces superbes marchandises... ce coupon de calicot,... ce

d'un concurrent). — Contre ces pratiques le commerçant lésé ou l'association de commerçants investie de la capacité juridique peut intenter une action en cessation du fait dommageable (*Unterlassungsklage*) qui aboutit à une injonction judiciaire avec astreinte. Une action en dommages-intérêts peut éventuellement être exercee. Dans certains cas les délinquants peuvent être poursuivis correctionnellement et punis d'amende et de prison. Voir G. EECKHOUT, *La Répression de la concurrence déloyale en Allemagne.* Étude présentée à la Commission belge de la Petite Bourgeoisie. Bruxelles, 1905.

nécessaire et cette pièce de dentelle... d'une valeur d'au moins 10 francs. »

Puis c'est le prix proclamé : « Tout le lot pour 3 francs! »

Puis vient le *rabais* : « Pas d'amateurs? Eh bien! ce ne sera que 2 francs.

Ou : « Eh bien! nous y joignons ce mètre de drap et ce couteau. Et ce ne sera toujours que 3 francs [1]. »

Parfois c'est la mise aux enchères. La mise à prix est volontairement très basse; tout le monde est tenté. Un badaud couvre la mise à prix; un autre, jaloux de son voisin qui va faire un bon marché, met une enchère; un compère surenchérit. Au pis aller, le marchand risque seulement de conserver l'objet que son compère lui rapportera aussitôt la vente finie; mais il a de grandes chances d'étourdir quelques naïfs et de leur vendre l'article bien au-dessus de sa valeur véritable.

Ces déballeurs sont souvent d'assez malhonnêtes gens et leurs marchandises tant vantées sont bien fréquemment de mauvais aloi. Mais alors même qu'il n'en serait pas ainsi, leur trafic constitue une concurrence très dommageable pour le commerce local. Aussi les mesures législatives prises contre eux sont anciennes : la loi du 25 juin 1841 (art. 1) interdisait déjà

---

1. Il y a quelques années, nous avons été témoin à Pralognan (Savoie) d'une scène de ce genre. Le déballeur, véritable charlatan, avait su, grâce à sa faconde intarissable, attirer et retenir autour de sa parade tout un public disparate : paysans et paysannes, guides, touristes en villégiature dans cette haute station alpestre. Notre homme égayait son boniment de facéties et de lazzis assez comiques. L'un de ses effets habituels consistait justement à mettre en vente un objet, puis aucun acheteur ne se présentant, à offrir 1, puis 2, puis 3, puis 4 et jusqu'à 7 ou 8 autres objets les plus divers, chacune de ces concessions provoquant l'hilarité générale, car on se demandait où s'arrêteraient ses sacrifices. A la fin, quelque bonne femme ou un étranger se laissait tenter et obtenait un vrai succès en emportant son stock d'achats hétéroclites. Personne ne songeait à se dire que chaque augmentation du lot prouvait combien eût été volé celui qui aurait accepté la première offre.

toute vente au détail de marchandises neuves à cri public soit aux enchères, soit au rabais, soit à prix fixe proclamé avec ou sans l'assistance d'officiers ministériels. Pénalités : la confiscation des marchandises et une amende de 50 à 3.000 francs.

Toutefois il existait quelques exceptions à la règle. La prohibition ne s'appliquait ni aux ventes comestibles, ou d'objets de valeur minime dits de *petite mercerie,* ni aux ventes en détail ayant une cause légitime : ventes sur saisie ou après faillite ou décès, ou après cessation de commerce ou en cas de nécessité et avec autorisation du tribunal de commerce.

Ces dispositions d'exception furent largement mises à profit par les déballeurs. Un homme d'esprit disait en 1871, qu'aussitôt après avoir passé la station frontière on ne trouvait plus dans le train venant de Cologne que des Alsaciens. De même, après la loi de 1841, tous les déballeurs se sont transformés en liquidateurs; jamais on n'a tant liquidé après faillite hypothétique ou cessation de commerce conjecturale. Les Unions commerciales finirent par s'émouvoir. Dès 1893, M. Chiché, député de Bordeaux, proposa de soumettre les ventes dites par liquidation à une autorisation préalable. Un premier succès fut obtenu par la loi du 19 avril 1905 qui oblige les déballeurs à déposer leur patente à la mairie et qui réduit à huit jours la durée du temps pendant lequel ils peuvent exercer leur commerce dans la même ville sans être assujettis à un supplément de taxe. Mais ce fut la loi du 30 décembre 1906 qui consacra la victoire des commerçants sédentaires. Cette loi dispose *que les ventes de marchandises neuves non comprises dans les prohibitions de la loi du 25 juin 1841 sur les ventes aux enchères ne pourront être faites sous la forme de soldes, liquidations, ventes forcées ou déballages sans une autorisation spéciale du maire de la ville où la vente doit avoir lieu.*

Pour obtenir cette autorisation, le demandeur sera tenu de fournir un inventaire détaillé des marchandises à liquider, en indiquant leur importance en numéraire et le délai nécessaire pour leur écoulement. Il pourra être tenu de justifier de la provenance des marchandises par la production de ses livres et de ses factures...

Pendant la durée de la liquidation il lui sera interdit de recevoir d'autres marchandises que celles figurant à l'inventaire pour lequel l'autorisation aura été accordée [1].

L'interprétation de cette loi a donné lieu à certaines difficultés.

1° *La loi s'applique-t-elle aux commerçants sédentaires ?*

La jurisprudence a admis l'affirmative, « attendu que la loi de 1906 en complétant les dispositions de la loi de 1841 n'a pas modifié la qualité des personnes qui y sont soumises ». Or la loi de 1841 ne distinguait pas entre les commerçants nomades et les sédentaires. Cours d'appel de Douai 31 mars 1908 (Dalloz P. 1909.2.155) et d'Amiens, 5 février 1909 (*Bulletin de la Confédération*, mars 1909).

2° La loi de 1906 s'applique non seulement aux marchandises neuves, mais encore aux marchandises défraîchies. Ces mots « *marchandises neuves* » doivent s'entendre de toute marchandise objet de négoce ne sortant pas des mains du consommateur, qu'elle soit ou non défraîchie. Amiens, 5 février 1909, précité.

3 La loi ne distinguant pas et visant *toutes les ventes de marchandises neuves* (tandis que la loi de 1841 ne visait que les ventes aux enchères), le délit de mise en vente de marchandises neuves existe même lorsque la vente a eu lieu de gré à gré, si la vente non autorisée a eu lieu par grandes quantités sous forme

---

1. M. Bertauld, avocat à la Cour d'appel de Douai et conseil de la Confédération des groupes commerciaux, a publié dans le Bulletin de cette Confédération (1er décembre 1908), un commentaire de la loi du 30 décembre 1906.

de liquidation, solde, vente forcée ou déballage (Douai, 31 mars 1908, précité).

4° Le délit créé par la loi de 1906, est-il un délit ordinaire ou un délit contraventionnel? Au premier cas il n'y aura délit que si la mauvaise foi est prouvée ; au second cas la seule mise en vente de marchandises dans les conditions précisées par la loi constitue un délit, même si le contrevenant est de bonne foi.

Il y a ici controverse. *Première opinion.* — Il s'agit d'un délit contraventionnel. La loi de 1906 ne fait qu'élargir le champ d'application de la loi de 1841. Or le rapporteur de cette loi a déclaré à la Chambre des députés (7 avril 1841) que pour l'application des pénalités, il n'est pas exigé que la vente soit opérée de mauvaise foi : il s'agit ici d'un délit contraventionnel. — En ce sens LABORDE (*Revue des Lois Nouvelles,* 1907, p. 133), BERTAULD, article précité. — Cour d'Amiens, 5 février 1909 précité.

Seconde opinion. — Le délit n'est pas un délit contraventionnel, mais un délit *ordinaire.* Cette solution ressort très nettement de l'échange d'observations intervenu au Sénat (séance du 26 décembre 1906).

« M. Leydet : Je demande à M. le rapporteur si la bonne foi ne sera pas admise. Il est dit dans le rapport à la Chambre des députés que la bonne foi ne doit pas être admise, étant donné que nous sommes en matière de quasi-délit.

« M. Ermant, rapporteur : Nous nous trouvons en présence non d'un délit-contravention comme en matière d'octroi ou de régie, mais d'un délit précisé par une loi spéciale. Si la bonne foi est prouvée et admise, c'est l'acquittement. »

Dans ces conditions il nous paraît certain que l'interprétation du rapporteur s'impose. Que M. Ermant se soit trompé en attribuant au délit établi par la loi de 1841 le caractère d'un délit ordinaire, c'est évident. Mais il est non moins évident que son opinion en contradiction directe avec celle du rapporteur de la Chambre a force de loi. Car il est de règle en matière pénale que l'interprétation restrictive s'impose en cas de doute, et à plus forte raison lorsque l'une des deux Chambres a manifestement entendu ne voter un projet de loi qu'avec ce sens restrictif. En ce sens Lyon, 3 décembre 1907 (Dalloz 1908, 2.247).

Toutefois il est manifeste que l'ignorance de la loi par le délinquant ne peut en aucun cas être invoquée par lui comme suffisant à prouver sa bonne foi. *Nemo legem ignorare censetur*. Même arrêt.

En fait, la bonne foi ne sera donc admise que bien rarement. Il est même difficile d'imaginer une hypothèse où elle se rencontrerait, sauf peut-être au cas où le prévenu justifierait avoir demandé l'autorisation du maire et avoir pu, de très bonne foi, par exemple à la suite d'une conversation avec le secrétaire de la mairie, croire à tort que cette autorisation lui était accordée.

5° La tentative du délit est punissable comme le délit consommé (art. 2 de la loi du 30 déc. 1906). Mais à quels signes peut-on reconnaître qu'il y a eu commencement de tentative? Sur une question posée par M. Leydet, le ministre du commerce M. Doumergue répondit au Sénat (séance du 26 décembre 1906) que le préjudice commençait pour les négociants et industriels au moment où la mise en vente en solde, liquidation etc., était annoncée. L'annonce de la mise en vente suffit donc à constituer la tentative, même si la vente n'est pas commencée.

6° Le maire a-t-il le droit de refuser son autorisation, même si les pièces justificatives prévues par la loi lui sont fournies?

L'affirmative est généralement admise (Douai, 31 mars 1908 précité. Laborde, *Revue des Lois Nouvelles,* 1907, p. 133 et Bertauld, loc. cit.). La loi, il est vrai, est muette à ce sujet; mais aux termes de la circulaire ministérielle du 17 juillet 1907, « l'application de la loi du 30 décembre 1906 est presque entièrement remise aux mains de l'autorité municipale : c'est à elle qu'il appartient d'en assurer l'exécution *dans l'intérêt du commerce sédentaire* ». Ces derniers mots semblent bien signifier que l'autorité municipale n'a pas seulement à vérifier si la demande du déballeur est régulière en la forme, mais doit s'inspirer de l'intérêt du commerce sédentaire et peut, dès lors, refuser son autorisation en vertu de son pouvoir discrétionnaire. Le Conseil d'Etat est saisi de cette question d'interprétation.

Les associations commerciales légalement constituées et jouissant de la capacité juridique sont recevables à demander réparation du préjudice causé à l'ensemble de leurs membres par les contrevenants à la loi (Cour de Nîmes, 24 décembre 1908).

Au Congrès de la Confédération des groupes commerciaux de 1908, le rapporteur demandait que l'autorisation en matière de ventes publiques de marchandises neuves fût donnée non par la municipalité, mais par le tribunal de commerce, — ce qui nous paraît inadmissible, car les juges du tribunal consulaire qui sont tous des commerçants sédentaires ne peuvent être juges et parties.

Le même rapporteur demandait que l'autorisation fût accordée seulement aux marchands sédentaires ayant depuis un an au moins un magasin dans la ville où la vente aurait lieu. C'était la suppression des déballages, même lorsqu'ils ont une cause licite. Très sagement le Congrès a repoussé ces propositions et réclamé seulement une plus stricte application de la loi de 1906.

Les ventes dites sur warrants[1].

On peut rapprocher des liquidations fictives les ventes de marchandises annoncées le plus souvent faussement, comme provenant des *warrants*. On sait que la loi du 28 mai 1858 sur les magasins généraux autorise le dépôt dans ces magasins des marchandises qui ont fait l'objet de prêts sur nantissement. L'emprunteur-déposant reçoit un récépissé et le créancier gagiste reçoit un document dit warrant qui l'autorise à faire vendre la marchandise warrantée huit jours après protêt et sans formalité. Ces ventes ont lieu par le ministère de courtiers de marchandises et par lots d'au moins 100 francs ; les prix de vente sont ou passent pour être assez bas. Aussi des trafiquants avisés se font-ils une bonne réclame en annonçant qu'ils tiennent à la disposition du public des marchandises dites warrantées ou provenant de ventes sur warrants. Le Congrès de la Confédération des Groupes Commerciaux de 1909 a demandé — et ici nous nous associons pleinement à ce vœu très légitime — qu'il fût interdit de mettre en vente des marchandises dites warrantées si la preuve de la provenance ainsi indiquée n'était rapportée.

Les Colporteurs.

Les simples colporteurs (qu'il ne faut pas confondre avec les marchands forains et étalagistes) ne sont soumis qu'à une patente inscrite au tableau C, et fixée sans avoir égard à la population, selon que le colporteur est un simple porte-balle (8 francs), ou qu'il a une bête de somme ou une voiture à bras (15 francs). Les commerçants sédentaires deman-

---

1. Voir le rapport de M. Myard (*Supplément au Bulletin officiel de la Confédération des Groupes commerciaux*, septembre 1909).

dent que les municipalités soient autorisées à établir des taxes municipales de colportage afin de rétablir l'égalité des charges communales. Ce vœu a été adopté par le Congrès de 1909 de la *Confédération des Groupes commerciaux*. Le but poursuivi est surtout d'arriver à permettre aux municipalités d'atteindre les agents ambulants et roulottiers des maisons de vente du type Planteur de Caïffa. Il est certain que les incursions de ces agents à travers de multiples communes causent au commerce local un tort sérieux. Encore conviendrait-il de limiter le pouvoir des municipalités en fixant un maximum que ne pourrait dépasser la taxe municipale; sinon on pourrait craindre que certains maires eussent en vue non pas seulement l'égalisation des charges fiscales, mais l'établissement, par voie indirecte, du monopole des transactions, au profit du commerce local, monopole inadmissible et que ne tolérerait pas le grand public consommateur.

Les fonctionnaires commerçants.

Depuis plus de vingt ans, les Unions commerciales protestent contre l'immixtion des fonctionnaires dans les opérations commerciales. Des circulaires ministérielles des 25 février 1895, 22 mai 1897, 30 juillet 1904 ont prescrit formellement aux fonctionnaires de s'abstenir de tout trafic commercial. Ces instructions ont été renouvelées en 1908 par une circulaire de M. Cruppi, ministre du commerce, et en janvier 1909 par une circulaire de M. Clémenceau, ministre de l'intérieur.

Malgré tout, les fonctionnaires trafiquants sont nombreux. Sans doute quelque tolérance est admissible en pareille matière. Qu'un instituteur de village vende à ses élèves quelques cahiers ou quelques livres, leur évitant ainsi un coûteux déplacement à la ville la plus prochaine, qu'un concierge de collège vende aux élèves internes des billes ou des tablettes de chocolat, il n'y a pas là de quoi s'indigner outre mesure. Mais cette tolérance doit cependant avoir des limites. Il importe de ne pas oublier que les commerçants paient patente et qu'il est peu loyal à l'État d'encaisser le produit de cet impôt tout en permettant à ses agents de faire concurrence aux détaillants contribuables. Ces derniers sont certainement fondés à se plaindre lorsqu'un employé des contributions se fait placier en vins, lorsqu'un professeur de lycée se transforme en courtier en librairie [1], lorsque maîtres tailleurs et maîtres bottiers de régiment recherchent la clientèle civile.

Les opérations commerciales des syndicats agricoles.

Les syndicats agricoles ont-ils le droit de faire des actes de commerce? La négative n'est pas douteuse. L'article 3 de la loi du 21 mars 1884 dispose en effet que les syndicats professionnels ont exclusivement pour objet l'étude et la défense des intérêts économiques, industriels, commerciaux et agricoles. D'autre part, le rapporteur de la loi de 1884 a déclaré dans son rapport du 15 mars 1881 que les syndicats professionnels deviendraient comme les sociétés mères de toutes sortes de sociétés et d'institutions professionnelles, de *sociétés coopératives;* mais ils ne peuvent eux-mêmes et directement se transformer en coopératives. M. Waldeck-Rousseau disait plus clairement à la Chambre, le 20 juin 1882, que les syndicats professionnels *ne sont pas des sociétés de commerce et ne sont même pas des sociétés.*

Il suit de là que tout syndicat qui se livrerait à des opérations commerciales, fonctionnerait illégalement. Mais que faut-il entendre exactement par ces mots « opérations commerciales, actes de commerce » ?

---

1. Exemple cité au Congrès des Papetiers, 19 mars 1903.

Incontestablement, il y a opération commerciale lorsqu'un syndicat agricole achète ou vend des denrées ou des marchandises étrangères à l'agriculture, par exemple des articles d'épicerie, des vêtements, etc.

Il n'y a pas, par contre, opération commerciale si le syndicat, sans rien acheter lui-même, se borne à s'entremettre auprès des marchands d'engrais ou des fabricants de machines agricoles en vue d'obtenir en faveur de ses membres, des remises ou des avantages spéciaux.

Mais que décider si le syndicat achète pour les revendre à ses membres, des matières premières ou des produits nécessaires à l'agriculture (graines, semences, engrais, machines agricoles)?

Il faut distinguer.

Le syndicat se borne-t-il à grouper les commandes de ses membres et à acheter, même directement, les produits ainsi commandés pour les répartir ensuite entre les sociétaires donneurs d'ordre sans prélever aucun bénéfice, — il n'excède pas son droit. Cette solution est nettement proclamée dans le rapport de M. le conseiller Atthalin à la Cour de cassation, rapport rédigé préalablement à l'arrêt dont il va être parlé. « La répartition pure et simple de marchandises entre les diverses personnes au nom desquelles et pour lesquelles l'achat a été effectué ne peut constituer une revente, disait M. Atthalin, puisque ce sont les acheteurs eux-mêmes qui prennent livraison des marchandises et qui les consomment. Alors le syndicat a rempli un mandat gratuit dans les termes de l'article 1986 du Code civil; il peut (art. 1999) réclamer à son mandant les avances et les frais qu'il a faits pour l'exécution de son mandat. » — (En ce sens encore Bordeaux, 16 avril 1888. Dalloz P. 90.2.70; — Toulouse, 26 mars 1889. Dalloz P. 90.2.144.)

Par contre, si le syndicat au lieu de se borner à grouper et à exécuter les commandes des sociétaires achète par avance des denrées ou des marchandises qu'il revend à ses membres au fur et à mesure de leurs besoins [1], — ou encore s'il prélève un bénéfice si modique qu'il puisse être [2], il fait un acte de commerce et contrevient à la loi (Nancy, 27 novembre 1907 et sur pourvoi Cassation, 29 mai 1908. Dalloz P. 1908.1.25).

Le retentissement de ce dernier arrêt a été considérable. La jurisprudence inaugurée par l'arrêt de Cassation du 29 mai 1908 inquiétait en effet les syndicats agricoles, car non seulement elle condamnait les pratiques des *syndicats dits épiciers* qui fournissent à leurs adhérents toutes sortes de marchandises et de denrées même étrangères à l'agriculture, mais en déniant aux syndicats agricoles le droit de prélever sur les produits qu'ils procurent à leurs membres un bénéfice quelconque, même pour couvrir leurs frais généraux, ces décisions rendent pratiquement très difficile aux syndicats toute opération ayant pour objet l'approvisionnement de leurs membres en engrais, semences, graines, tourteaux, instruments agricoles, etc.

Aussi, dès le 19 juin 1908, M. Ruau, ministre de l'agriculture, déposait un projet de loi ayant pour but de permettre aux syndicats agricoles, à la condition d'être gérés gratuitement et de ne pas réaliser de bénéfices commerciaux, de servir d'intermédiaires à leurs

---

1. « Considérant, dit l'arrêt de Nancy, que si l'art. 9 de la loi du 19 avril 1905 exempte de la patente les syndicats agricoles : lorsqu'ils se bornent à grouper les commandes et à distribuer dans leurs magasins de dépôt les denrées et produits qui ont fait l'objet de ses commandes, il n'autorise pas les syndicats à acheter et vendre *sans groupement*, dans le cas même où les syndicats se soumettraient à payer patente. » — *A contrario*, le syndicat agricole qui se borne à grouper les commandes agit donc dans la limite de son droit.

2. Dans l'espèce, il était fait un simple prélèvement de 5 % pour couvrir les frais généraux. Mais l'arrêt de Nancy et celui de la Cour de Cassation déclarent qu'il importe peu que le bénéfice réalisé fût de minime importance, l'art. 632 du Code de commerce réputant acte de commerce tout achat de denrées ou de marchandises pour les revendre.

membres : 1° pour l'achat en commun des engrais, machines, instruments, appareils et outils, semences et plants, animaux et matières alimentaires pour le bétail, produits divers utiles à l'exploitation du sol, destructeurs des insectes, etc. ; 2° et pour la vente en commun des produits agricoles, récoltés exclusivement par leurs membres.

Ce projet[1] n'est guère que la confirmation de la jurisprudence actuellement en vigueur, avec cependant cette nuance qu'il exclut seulement la réalisation de *bénéfices commerciaux* et qu'il paraît ainsi autoriser implicitement le syndicat intermédiaire à se couvrir par un prélèvement, de ses frais généraux. — Ce projet fut bien accueilli par les agriculteurs et le 2° *Congrès national du Crédit mutuel et de la Coopération agricole* (Blois, juillet 1908) émit le vœu que le projet Ruau fût discuté le plus tôt possible[2].

Par contre, une campagne fut ouverte par diverses Unions commerciales et notamment par l'*Union de défense des intérêts commerciaux de Loir-et-Cher*, en vue de combattre le projet Ruau. Le Congrès de 1908 de la Confédération des Groupes commerciaux saisi de la question par un rapport de M. Pétré de Blois, émit le vœu que la loi du 21 mars 1884 ne fût pas modifiée dans le sens de l'accession à la capacité commerciale; que les sommes mises à la disposition des caisses de crédit agricole par la Banque de France ne pussent être utilisées par les syndicats agricoles pour l'achat direct des marchandises qu'ils revendent à leurs adhérents; que les syndicats ne pussent se livrer à aucun commerce.

Il nous paraît indispensable d'examiner cette ques-

1. Voir Chambre des Députés, *Doc. parlem.*, 1908, annexe n° 1801, p. 590.

2. Voir le rapport très lucide et très documenté de M. Louis Tardy (tirage à part sous ce titre : *Le Régime des syndicats agricoles*, Blois, 1908).

tion avec sang-froid et de parti-pris afin de ne pas aliéner au petit commerce la sympathie des agriculteurs et de tenir compte des intérêts légitimes de ces derniers. On ne saurait évidemment trop condamner ces syndicats agricoles, dits *épiciers,* qui vendent tous articles; on ne peut non plus admettre que ces syndicats trafiquent de denrées même agricoles. Mais aller jusqu'à leur interdire de servir d'intermédiaires désintéressés à leurs membres pour l'achat d'engrais, semences, machines et outils agricoles, n'est-ce pas dépasser le but? D'une part en effet, un syndicat agricole ne peut guère servir efficacement les intérêts de ses membres sans se livrer à ces opérations élémentaires. D'autre part, est-il bien habile de pousser à bout les agriculteurs qui ont un moyen fort simple de tourner la difficulté en créant partout sous la forme anonyme, à capital et personnel variables, des coopératives agricoles lesquelles pourront vendre de tout à leurs membres, non seulement des grains, des engrais et des charrues, mais des vêtements, des meubles, des articles d'épicerie, etc. Qui serait dupe alors? Le petit commerce.

Souvent la peur d'un mal nous conduit dans un pire.

Par contre, nous ne saurions admettre avec M. Rieul Paisant [1] qu'un syndicat agricole puisse entreprendre la fabrication des engrais chimiques ou la fabrication du beurre, même en ne mettant en œuvre que les produits provenant des exploitations agricoles de ses adhérents [2]. Il y a, en pareil cas, transformation, dénaturation du produit, c'est-à-dire une opération commerciale

---

1. *Congrès national de la Coopération agricole* (1908).

2. Sans doute un fermier qui fabrique du beurre avec son lait ne devient pas commerçant. Mais l'industriel qui achète du lait à plusieurs laitiers pour en faire du beurre et le revendre est un commerçant. Il en est de même du syndicat agricole dont la personnalité juridique est distincte de celles de ses membres.

qu'une coopérative peut entreprendre, mais non un syndicat.

Les fraudes dans la vente des marchandises.

La fraude dans la vente des marchandises n'est pas seulement une véritable tromperie commise au détriment de l'acheteur ; elle constitue en outre un acte caractéristique de concurrence déloyale au préjudice du *commerce honnête* qui s'interdit ces procédés indélicats.

La fraude commerciale se dissimule de nos jours sous mille formes. « En même temps que la technologie agricole faisait des progrès, disait M. Méline en 1898 dans l'exposé des motifs du projet devenu la loi du 1er août 1905, l'esprit inventif des fraudeurs était en éveil et découvrait parallèlement le moyen de réaliser de nouveaux bénéfices par des voies illicites : ici c'étaient des huiles de végétaux exotiques dont on tirait parti par d'habiles mélanges pour contrefaire nos fines huïles d'olive ; ailleurs on substituait à une partie du miel et de la cire de nos abeilles, des produits présentant le même aspect et tirés du règne minéral ou végétal ; ailleurs la poudre de corozo servait à falsifier les farines ; les semences étaient altérées de mille façons différentes... les viandes frigorifiées venaient se vendre comme viandes fraîches. » Est-il besoin de rappeler les fraudes si souvent dénoncées : beurres sophistiqués avec de la végétaline ou du beurre de cacao, lait conservé par de l'aldéhyde formique, vins fuchsinés ou travaillés à l'acide tartrique, pains gonflés avec de l'alun ou du carbonate d'ammoniaque, etc., etc.

Avant la loi récente de 1905, de très nombreux textes réglaient cette question de la fraude (art. 423 Code pénal, lois du 27 mars 1831, du 5 mai 1855, etc.). Mais il était nécessaire de reviser et de compléter ces textes. Ce fut l'œuvre de la loi du 1er août 1905 votée après sept ans de discussions laborieuses au cours desquelles MM. Georges Berry, Puech et Thierry combattirent la loi projetée ou s'efforcèrent d'en atténuer les rigueurs. La loi, disait M. Berry, est inutile, la législation antérieure suffisant à la répression de la fraude. Son application du reste serait bien difficile. — « Par suite des phénomènes de la nature, une marchandise saine se trouvera à un moment donné corrompue et cela sans la faute de celui qui la vendra, sans la faute de l'expéditeur. » Le commerçant ne pourra parfois pas savoir que la denrée par lui vendue est avariée. « Voilà un marchand qui reçoit une certaine quantité de boîtes de sardines dont quelques-unes sont gâtées. Allez-vous le rendre responsable de cette marchandise corrompue? Allez-vous lui dire : tu savais que cette marchandise était corrompue ou tu devais au moins le savoir [1] ? »

A ces critiques, les défenseurs de la loi répondaient qu'en prouvant sa bonne foi, un prévenu serait certain d'être acquitté. « C'est faire injure au commerce, disait M. Lasies (séance du 17 novembre 1904), que de croire que ceux qui veulent frapper la fraude et les fraudeurs sont ses ennemis. Le commerce honnête n'a rien à craindre de la loi que nous allons voter. Il n'y a que les mercantis fraudeurs qu'elle puisse inquiéter. »

Les dispositions essentielles de la loi sont les suivantes : — Sera puni de 3 mois à 1 an d'emprisonnement et d'une amende de 100 francs à 5.000 francs ou de l'une de ces deux peines seulement, quiconque aura trompé ou tenté de tromper le contractant soit sur la nature, les qualités substantielles, la composition et la teneur en principes utiles de toutes marchandises, soit sur leur espèce ou leur origine [2], lorsque d'après

---

1. Voir dans le même sens la protestation de M. Omer Decugis, président de la Chambre syndicale des commissionnaires en fruits et primeurs (*Officiel* du 11 novembre 1904, séance du 10, discours de M. Coulondre).

2. Dans la séance du 15 décembre 1904, M. du Périer du Larsan cita un

la convention ou les usages, la désignation de l'espèce ou de l'origine devra être considérée comme la cause principale de la vente ; soit sur la quantité des choses livrées ou sur leur identité.

L'article 2 permet au juge d'élever la durée de l'emprisonnement à deux ans dans certains cas : si le délit a été commis à l'aide de faux poids, fausses mesures, à l'aide de manœuvres tendant à fausser les opérations de l'analyse ou du dosage.

L'article 3 étend les pénalités de l'art. 1er à plusieurs catégories de fraudeurs, à ceux qui falsifient les denrées servant à l'alimentation de l'homme ou des animaux, des substances médicamenteuses, des boissons et des produits agricoles ou naturels destinés à être vendus ; à ceux qui exposeront, mettront en vente ou vendront les mêmes denrées ou marchandises qu'ils savent être falsifiées ou corrompues ; à ceux qui exposent, mettent en vente ou vendent sous forme indiquant leur destination des produits propres à effectuer la falsification des denrées servant à l'alimentation, des boissons et des produits agricoles ou naturels, et à ceux qui auront provoqué à leur emploi par le moyen de brochures, circulaires [1].

certain nombre d'exemples de fraudes caractéristiques consistant dans l'attribution d'une origine mensongère à des vins mis en vente. Un certain Grapin, domicilié au Pecq, près Saint-Germain-en-Laye, avait loué à Montblaru, commune du Médoc, une petite échoppe servant de buvette de la gare. Après avoir décoré cette boutique du nom pompeux de « Château Montblaru » ce quidam avait envoyé de tous côtés des circulaires et prix courants signés de M. Grapin de Saint-Germain en son château de Montblaru et offrant au prix de 80 francs la pièce des vins de sa propriété et des années 1899 et 1900. Or les vins de cette localité et de l'année 1900 sont cotés 400 francs la pièce dans le commerce. Une autre fois c'était un charlatan qui expédiait partout des circulaires racontant une navrante histoire de veuve persécutée par les créanciers de son mari, et qui proposait au prix de 130 francs la pièce de vin de sa propriété (imaginaire) du Chatelet Saint-Émilion 1er crû... Des attestations d'ecclésiastiques ou d'officiers (personnages fictifs) sont jointes à ces circulaires dont la préparation et l'expédition occupent à Bordeaux 250 employés.

1. On lira avec intérêt à l'*Officiel* du 17 décembre 1904, le discours de

L'article 4 punit (amende de 50 à 3.000 francs, emprisonnement de 6 jours à 3 mois ou l'une des deux peines) les détenteurs, sans motifs légitimes, de faux poids et mesures, de denrées alimentaires, boissons, etc., falsifiées, corrompues et toxiques.

Les articles 5 à 9 traitent des pénalités en cas de récidive, de la confiscation des objets vendus ou détenus en fraude, de l'affichage du jugement, et renferment diverses dispositions secondaires.

L'article 10 autorise le magistrat instructeur à ordonner en cas d'action pour tromperie ou tentative de tromperie la production des registres et documents des contributions directes et des entrepreneurs de transports.

L'article 11 a été vivement combattu. Cet article permet au gouvernement de statuer par des règlements d'administration publique sur les mesures à prendre pour assurer l'exécution de la loi en ce qui concerne la vente, la mise en vente, la détention des produits, les inscriptions et marques indiquant soit la composition, soit l'origine des marchandises, le choix des méthodes d'analyse, etc. M. Archdeacon protestait contre l'abdication du Parlement qui lui paraissait résulter de

M. Sarraut (séance du 16). Ce discours renferme un récit très documenté et pittoresque des procédés de certains œnologistes vendeurs de produits permettant de fabriquer des vins sophistiqués, de faire par exemple « avec un peu de vin et beaucoup d'eau des hectolitres entiers de vin rouge ». A cet effet, on recommande dans les prospectus divers colorants : colorine végétale par l'extrait de fruits concentrés, colorine minérale à 1 franc les 100 grammes ; colorants caramels rouges ; caramels colorants pour vins blancs ; teintures de safran. « On achète des vins moisis, piqués, avariés ; on les travaille avec de la saccharine, des fluorures, des fluoborates, de l'acide sulfurique coloré par le caramel, de l'acide salicylique. » Voulez-vous falsifier le vin de Champagne ? On vous en offre le moyen avec du sucre blanc raffiné, une composition secrète à acheter à « l'œnologiste », du bicarbonate de soude, de l'acide tartrique et, naturellement, de l'eau claire ». M. Armand Gautier (de l'Académie de médecine) a dénoncé il y a déjà longtemps ces fabricants de colorants pour fraudes, de « carottine », de « cramoisine » et autres « friponines » ainsi que les qualifiait très justement le célèbre chimiste.

ce texte. Le rapporteur, M. Dauzon, répondait en invoquant les précédents législatifs et en observant que les règlements ne pourraient s'écarter de l'objet même de la loi (*Chambre*, séance du 24 novembre 1904)[1].

Le règlement d'administration publique a été promulgué le 3 septembre 1907 et les prévisions des pessimistes ne se sont pas réalisées; sans doute certaines réclamations ont été formulées; certains procédés d'analyse ont été critiqués; mais les syndicats de commerçants se sont inclinés très franchement devant le principe de la loi et ont coopéré à son application. Il devait en être ainsi. Le commerce honnête ne saurait s'insurger contre une réglementation qui le protège autant que l'acheteur : car le fraudeur se double toujours d'un concurrent déloyal. Les gendarmes n'irritent que les filous.

II. — Réformes législatives récentes. La loi sur la vente et le nantissement des fonds de commerce[2].

La loi du 17 mars 1909 a dissipé des obscurités et comblé des lacunes qui subsistaient en ce qui touche la vente et le nantissement des fonds de commerce. Ne pouvant entrer dans l'examen détaillé des dispositions de cette loi, nous nous bornerons à mettre en évidence les réformes essentielles qu'elle consacre.

1° *Vente des fonds de commerce.* — Avant la loi du 17 mars 1909, le privilège du vendeur d'un fonds de commerce (art. 2102-4° du Code civil) et le droit de revendication sanctionné par le même article ne pou-

---

1. Sur l'interprétation de la loi de 1905, voir Popineau, *La loi du 1er août 1905*. Paris, Lois Nouvelles, 1908 et Nast (Alfred), *De la répression des fraudes commerciales*. Paris, Marchal et Billard, 1906.

2. Voir la proposition de loi relative à la vente et au nantissement des fonds de commerce, présentée par M. Cordelet (Sénat, *Doc. parlem.*, 1905, annexe n° 73, p. 151); le rapport de M. Cordelet, 25 janvier 1907 (Sénat, *Doc. parl.*, 1907, annexe n° 14) et le commentaire de M. Bouvier Banrgillon, *De la vente et du nantissement des fonds de commerce*, Paris, Lois Nouvelles, 1909.

vaient plus être exercés en cas de faillite de l'acquéreur. — En outre, la clandestinité de la cession des fonds de commerce avait souvent des conséquences désastreuses, tantôt pour le tiers acquéreur de bonne foi lorsque son vendeur ne s'était pas libéré envers le vendeur originaire lequel exerçait son privilège ou l'action en revendication, tantôt pour les créanciers du vendeur qui n'ayant pas connaissance de la vente du fonds ne pouvaient intervenir en temps utile pour se faire payer sur le prix de vente.

Depuis longtemps, le commerce réclamait l'organisation d'une publicité de la vente des fonds de commerce. Des vœux avaient été émis en ce sens par la Chambre de commerce de Dijon (6 avril 1882), par 35 chambres de commerce parmi lesquelles celles de Paris, Marseille, Rouen, le Havre, Amiens, Saint-Quentin et par diverses chambres syndicales parisiennes (tissus et matières textiles, épicerie en gros).

La loi nouvelle réalise cette réforme. Elle rend obligatoire la publication de toute cession de fonds de commerce dans un journal d'annonces légales et dans la quinzaine de la date, l'acquéreur qui négligerait cette formalité ne pouvant opposer aux créanciers de son vendeur le versement du prix fait à ce dernier. De même, le privilège du vendeur doit, à peine de nullité, être, dans la quinzaine de la vente, inscrit sur un registre tenu au greffe du tribunal de commerce.

2° *Le nantissement.* — La loi du 1er mars 1898 due à l'initiative de M. Millerand, avait déjà prescrit, à peine de nullité, l'inscription du nantissement d'un fonds de commerce sur le registre du tribunal de commerce. Mais cette loi avait été souvent critiquée. « Loin d'être favorable au commerce, est-il dit dans une délibération de la Chambre de commerce de Paris (2 mars 1904), cette législation nuit à ses intérêts, attendu :

« Que le crédit en matière commerciale est de toute nécessité et ne peut subsister sans la confiance ; qu'en général le commerçant n'arrive à donner son fonds en nantissement que lorsqu'il est gêné ; qu'il perd, ce faisant, le crédit dont il jouissait[1] ; qu'ayant perdu son crédit et donné son fonds en nantissement à un fournisseur, il se trouve à la merci de celui-ci pour les fournitures nécessaires à son commerce ;

« Qu'en cas de faillite, le créancier nanti conservera son privilège ; que le principe de l'équité entre créanciers en cas de faillite se trouvera violé ;

« Que dans la presque totalité des cas, les biens mis en gage constitueront tout l'avoir du failli ; que dans ces conditions, on ne saurait envisager l'éventualité d'un concordat ; qu'ainsi la ruine absolue du débiteur sera consommée. »

Voilà un réquisitoire bien en règle et qui semble présager une conclusion défavorable au principe même du nantissement[2]. La Chambre de commerce de Paris, cependant, ne se montra pas si radicale et se borna, très sagement, du reste, à demander :

1° Que le fonds de commerce pouvant être donné en nantissement ne comprît, nonobstant toute stipulation contraire, que l'enseigne, le droit au bail, la clientèle,

---

1. L'argument ne parait pas convaincant. Le commerçant qui engage son fonds perd son crédit vis-à-vis de ses créanciers éventuels, c'est possible, mais il a, grâce à ce nantissement, obtenu un crédit actuel peut-être très précieux auprès de son créancier gagiste. On ne peut tenir et courir. Le raisonnement de la Chambre de commerce prouverait par analogie contre l'hypothèque s'il était valable.

2. Cette solution radicale a été admise par M. Raynaud, président de la Chambre des liquidateurs judiciaires et syndicat près le tribunal de commerce de la Seine. On peut tenir pour acquis, a écrit M. Raynaud (cité par M. Cordelet, dans l'exposé des motifs dé sa proposition), que la loi du 1er mars 1898 a contre elle tout le commerce. « Qu'on ne dise pas que si le gros commerce est hostile à la loi, le petit lui est favorable puisqu'il en fait usage. Certes ce sont presque exclusivement les petits commerçants qui consentent des nantissements sur leurs fonds, mais lorsqu'ils s'y résignent ils obéissent à la pression du gros fournisseur qui, par ce moyen, se couvre d'un crédit déjà réalisé et devenu périlleux, alors que la foule des petits se trouve du même coup en cas de faillite exposée à une perte certaine et totale... Il faut abroger la loi *et non seulement l'abroger, mais en faire une pour prohiber le nantissement sur fonds de commerce.* »

les brevets, les marques de fabriques et autres droits similaires.

Cette réforme a été réalisée par l'art. 9 de la loi nouvelle qui permet toutefois de comprendre dans le nantissement en dehors de l'enseigne et du nom commercial, du droit au bail, de la clientèle et de l'achalandage, des brevets, licences, marques de fabrique, dessins et modèles industriels, le mobilier commercial et le matériel servant à l'exploitation du fonds. A défaut de stipulation précise, le nantissement ne comprend que l'enseigne et le nom commercial, le droit au bail, la clientèle et l'achalandage.

C'est très justement que le législateur a interdit implicitement de donner à gage les marchandises et les créances. Les marchandises sont le plus souvent vendues à terme et il était inadmissible que le vendeur encore impayé de ses marchandises se vît frustré de ses droits par un nantissement ultérieur. Quant aux créances elles ne doivent être engagées que conformément aux prescriptions de l'art. 2075, § 1, du code civil.

2° La Chambre de commerce de Paris avait demandé encore *que le nantissement fût constaté par un écrit authentique ou sous-seing privé dûment enregistré, et inscrit dans la quinzaine au greffe du tribunal de commerce.*

Ce vœu a été réalisé par l'art. 10 de la loi, mais le législateur n'a pas ajouté à ces formalités la publication dans un journal d'annonces légales, publication réclamée par la Chambre de commerce.

3° *Que l'inscription et la publicité du nantissement ne garantissent le privilège que pendant une durée limitée.* Cette durée a été fixée à cinq années par l'art. 28 de la loi. L'inscription garantit le principal et deux années d'intérêts.

4° *Que le greffier fût tenu de délivrer à tout requérant un état des inscriptions et des radiations.* Il en a été ainsi disposé par l'art. 32 de la loi.

5° *Qu'en cas de dation en nantissement, tout créancier antérieur, sa créance fût-elle à terme, eût un délai d'un mois du jour de la publication du nantissement dans le journal désigné, pour notifier sa créance au bénéficiaire du gage dont le privilège restera sans effet vis-à-vis de ce créancier antérieur.*

Ici le législateur n'a pas suivi l'indication donnée par la Chambre de commerce. « La commission, disait M. Cordelet dans son rapport au Sénat du 18 janvier 1907, n'a pas cru devoir reconnaître aux créanciers antérieurs un droit d'opposition qui rendrait le nantissement sans effet vis-à-vis d'eux. Le législateur de 1885 ne l'a pas fait pour l'hypothèque des navires. L'interdiction de comprendre les marchandises dans le nantissement d'un fonds enlève à la question beaucoup de son importance. » Toutefois l'inscription d'un nantissement rend exigibles les créances antérieures (art. 13, § 4). Le créancier même chirographaire peut alors poursuivre la vente du fonds aux enchères publiques et après remboursement des créanciers privilégiés ou gagistes, il peut se faire payer sur le solde du prix de vente (art. 15).

6° *Qu'en cas de vente par un propriétaire de ce fonds de commerce donné en nantissement, si le prix de cette vente était insuffisant pour désintéresser le créancier nanti, ce dernier pût exiger la mise en vente aux enchères publiques.*

Ce droit est consacré par l'art. 16. La vente peut avoir lieu huit jours après une sommation de payer demeurée infructueuse.

7° *Que l'acquéreur d'un fonds de commerce pût purger les nantissements qui le grèveraient.*

Il a été donné satisfaction à ce vœu par l'art. 22 de la loi ainsi conçu : « Les privilèges du vendeur et du créancier gagiste suivent le fonds en quelques mains qu'il passe.

« Lorsque la vente du fonds n'a pas eu lieu aux enchères publiques ..., l'acquéreur qui veut se garantir des poursuites des créanciers inscrits est tenu, à peine de déchéance avant la poursuite ou dans la quinzaine de la sommation de payer à lui faite, de notifier à tous les créanciers inscrits au domicile élu par eux les noms, prénoms, domicile du vendeur, la désignation du fonds, le prix, la date des ventes ou nantissements et des inscriptions prises; les noms et domiciles des créanciers, etc. »

Tout créancier inscrit peut requérir la mise aux enchères publiques en offrant de porter le prix principal à un dixième en sus et en donnant caution (art. 23).

La vente aux enchères publiques opère d'elle-même la purge des inscriptions. La surenchère du sixième n'est pas admissible en pareil cas (art. 5, § 3).

En somme la législation actuelle sur le nantissement des fonds de commerce a cessé de donner prise aux critiques dirigées jadis entre la loi de 1898. Si le créancier chirographaire est exposé à voir lui échapper par l'effet d'un nantissement le fonds de commerce lui-même, il lui reste la garantie des marchandises et des créances. Cette garantie suffit à couvrir les risques ordinaires et normaux. Si un fournisseur consent une plus large ouverture de crédit et s'il éprouve une crainte justifiée, il sera temps pour lui d'exiger une caution ou de se faire donner en gage tout ou partie des éléments du fonds de commerce.

La question de la faillite.

Les commerçants réclamaient depuis longtemps la revision des dispositions du Code de commerce relatives aux incapacités édictées contre les faillis, incapacités trop rigoureuses si l'on songe que souvent le failli est un très honnête homme auquel la chance n'a pas été favorable. Après la loi du 4 mars 1889, qui a créé le régime adouci de la liquidation judiciaire n'emportant pour le liquidé que l'incapacité d'exercer des fonctions électives, les lois du 31 décembre 1903 et du 23 mars 1908 ont atténué ces rigueurs à l'égard du failli [1]. Ainsi le failli simple n'est plus rayé qu'à titre temporaire (pour trois ans depuis la loi de 1908) de la liste électorale ; il n'est toutefois éligible qu'après réhabilitation.

Est réhabilité de droit le failli qui aura intégralement acquitté ses dettes en capital, intérêts et frais, sans toutefois que les intérêts puissent lui être réclamés au delà de cinq ans ; il en est de même de l'associé d'une maison de commerce tombée en faillite qui aura acquitté toutes les dettes sociales, même s'il a obtenu un concordat particulier (art. 604 C. commerce, nouveau texte).

Peut encore obtenir sa réhabilitation le failli concordataire d'une probité reconnue qui aura, au moment de la demande, intégralement payé les dividendes promis, comme aussi le failli qui justifie de la remise entière de sa dette par ses créanciers.

A ces dispositions de la loi du 31 décembre 1903 la loi du 23 mars 1908 a ajouté la suivante : lorsqu'il s'est écoulé dix ans depuis la déclaration de faillite ou la liquidation judiciaire, le failli non banqueroutier et le liquidé judiciaire sont réhabilités de droit sans remplir aucune des formalités prévues par les articles 604 à 611 du Code de commerce (ces dits articles revisés en 1903 et en 1908).

A notre avis, s'il était nécessaire d'adoucir la situation faite au failli par le Code de commerce, les lois ci-dessus analysées ont, sur plus d'un point, outré l'indulgence et risquent d'énerver les sanctions après tout nécessaires à la moralité publique en cas de faillite. Un failli peut être un honnête homme, c'est entendu. Il n'en a pas moins causé un préjudice grave à plusieurs de ses con-

1. Voir le rapport de M. Lauraine sur la proposition de loi relative à la réhabilitation des faillis (Chambre, Doc. parl., 1903, p. 960, annexe n° 1081, séance du 25 juin 1903).

citoyens, eux aussi dignes d'intérêt. Que le failli qui a remboursé intégralement ses créanciers soit réhabilité de droit, rien de plus juste. Que le failli concordataire puisse, comme l'avait établi la loi du 31 décembre 1903, obtenir *après un délai de cinq ans* sa réhabilitation s'il justifie avoir intégralement payé les dividendes promis et si le tribunal juge devoir lui accorder cette faveur, on peut encore l'admettre. Mais c'est dépasser la mesure que de réhabiliter *de plein droit*, après dix ans, un failli qui est peut-être un flibustier avéré et que de réduire à trois ans la durée de l'incapacité électorale du failli. Permettre à un individu dont la faillite a peut-être entraîné bien des ruines et scandalisé toute une population d'aller, fort de son audace, parader dans les réunions publiques et, peut-être, s'il est un habile parleur, y défier les honnêtes gens, ce n'est plus réformer la législation, mais la déformer. L'indulgence est une belle vertu; encore ne faut-il pas qu'elle devienne de la faiblesse [1].

Le Congrès de 1905 de la Confédération des groupes commerciaux a demandé l'établissement d'un régime de liquidation amiable (proposition Failliot).

Signalons sans insister une autre proposition de loi de M. Failliot tendant à reporter au troisième jour après celui de l'échéance, la date à laquelle un protêt peut être dressé et à interdire à l'huissier chargé de dresser protêt de représenter le porteur pour la présentation à l'échéance des effets de commerce. Cette proposition a pour but de mettre fin à certains abus : l'huissier de

---

1. Une réaction contre ces tendances amollissantes commence à se manifester. L'auteur d'un rapport présenté à l'Association générale des commerçants de l'Isère recommande aux créanciers des faillis de ne pas accepter des dividendes trop réduits et d'user un peu des sévérités que la loi laisse à leur disposition. « Ce serait, dit-il, d'un bon exemple pour les débiteurs trop enclins à dépouiller leurs fournisseurs » (*Bulletin de la Conféd. des Groupes Comm.* Supplément, septembre 1909). Traiter avec douceur l'honnête homme malheureux, c'est un devoir ; mais, par fausse sensibilité, amnistier tout le monde, le filou comme l'honnête homme, c'est duperie !

campagne, en effet, au lieu de se présenter deux fois
le jour de l'échéance et le lendemain (pour protêt) ne
vient qu'une fois le lendemain de l'échéance et n'en
réclame pas moins une indemnité de 6 à 8 francs pour
présentation de l'effet.

La suppression des économats
(Loi du 25 mars 1910).

La loi du 25 mars 1910 a réalisé une réforme réclamée
depuis longtemps par le petit commerce et par les
syndicats ouvriers. Un délai de deux ans est accordé
aux employeurs pour supprimer les économats existants. Les économats des chemins de fer demeurent
autorisés à certaines conditions (qu'ils ne procurent
aucun bénéfice, que le personnel participe à la gestion, etc.).

L'élection aux chambres de commerce
et les petits commerçants.

Depuis longtemps les petits commerçants se plaignaient de ne pas être représentés dans les chambres
de commerce [1]. Par analogie avec les dispositions de
l'art. 618 du Code de commerce qui prescrit de choisir
les électeurs aux tribunaux de commerce parmi les
commerçants recommandables par leur probité, leur
esprit d'ordre et d'économie, on avait admis en principe l'inscription sur la liste électorale : 1° des patentés
des trois premières classes du tableau A qui payaient

---

1. Voir toutefois en sens contraire les observations de M. Boutmy,
président de la Chambre de commerce d'Amiens. « Dans beaucoup de
villes de province, nous faisons entrer comme électeurs des personnes
ne payant pas les contributions pour les Chambres de commerce. A
Amiens, nous sommes arrivés à faire entrer deux représentants du
petit commerce. Il est inutile de changer la loi » (*Bulletin officiel de la
Fédération des Groupes commerciaux*, novembre 1905, p. 25). Voir
aussi *Affiches tourangelles*, n° du 2 novembre 1908, l'article de M. Destréguil.

dès lors des contributions spéciales pour la chambre de commerce ; 2° des patentés des tableaux B et C qui payaient également cette contribution. Lorsque le nombre de ces patentés était inférieur au nombre déterminé par la loi (le dixième des patentés de la circonscription), la liste était complétée par l'inscription de patentés choisis de préférence parmi les plus imposés.

Au Congrès de la Confédération des Groupes commerciaux de 1905, avait été émis le vœu que les électeurs consulaires qui paient une patente des cinq premières classes fussent électeurs aux chambres de commerce. En réalité, il y avait longtemps à cette date que la réforme était soumise aux délibérations parlementaires, puisque déjà le 27 février 1890, M. Tirard alors ministre du commerce avait déposé un projet sur la réorganisation des chambres de commerce, projet qui ne fut jamais discuté. M. Guillemet avait à son tour déposé, en novembre 1898, une proposition de loi sur le mode d'élection des chambres de commerce et des chambres consultatives des arts et manufactures. Votée par la chambre le 19 mars 1901, cette proposition fut l'objet d'une première délibération en 1902 puis, par une mauvaise fortune assez commune dans les annales parlementaires, elle demeura en suspens jusqu'au 5 novembre 1907, date à laquelle commença la seconde délibération [1].

La loi du 19 février 1908 à laquelle aboutirent ces travaux établit pour les élections aux chambres de

1. Le rapporteur du projet de loi eut pour expliquer ce retard de cinq ans une phrase vraiment charmante. « L'examen a été un peu long peut-être, mais il a comporté des enquêtes approfondies où nous avons apporté la plus grande complaisance, nous montrant aussi libéraux que possible vis-à-vis de ceux qui ont désiré être entendus. » Heureusement le défilé de ceux qui désiraient être entendus n'a duré que cinq années; sinon les membres de la commission, véritables esclaves du devoir, siégeraient encore se tenant à la disposition de quiconque aurait l'idée de leur parler de l'un ou l'autre des 8 articles de la loi...

commerce le même régime électoral que pour les tribunaux de commerce. Sont donc électeurs, tous les citoyens français, commerçants et associés en nom collectif patentés depuis cinq ans au moins. La loi nouvelle dispose que les sièges des chambres de commerce pourront être répartis soit entre des industries ou groupes d'industries et des commerces, ou groupes de professions commerciales, soit entre des groupements comprenant à la fois des professions industrielles et des professions commerciales en tenant compte du montant des patentes, de la population active et de l'importance économique de ces industries ou commerces.

Le classement de ces industries, commerces ou groupes et la répartition des sièges entre eux sont proposés au ministre du Commerce six mois avant le renouvellement de la chambre par une commission locale composée de délégués du conseil général, des tribunaux de commerce et de la chambre de commerce. Il est procédé au classement et aux répartitions définitives par décret d'administration publique (art. 4).

Cette loi du 19 février 1908 est une victoire pour le petit commerce auquel elle concède le droit d'être représenté dans les chambres de commerce. La division en sections des chambres de commerce est d'autant mieux justifiée que dans une même circonscription les industriels et les commerçants des diverses catégories peuvent représenter des intérêts fort différents et même contradictoires ; il importe, par exemple, qu'une majorité d'électeurs protectionnistes n'empêche pas telle importante corporation favorable au libre échange d'être représentée à la chambre de commerce[1].

Signalons encore à ce point de vue le vote par le Congrès de 1905 de la Fédération des Groupes commer-

---

1. Sur 143 Chambres de commerce, 87 ont demandé à être divisées en catégories professionnelles.

ciaux d'une résolution invitant les Unions commerciales à étudier le fonctionnement des Chambres de commerce allemandes et à se renseigner sur les avantages qui peuvent résulter pour les membres d'une même corporation de l'établissement de corps représentatifs [1].

Le délai de prescription des créances des marchands (art. 2272 C. civil).

Depuis longtemps, les associations de commerçants demandaient que le délai d'un an après lequel, aux termes de l'article 2272 du Code civil, est prescrite l'action des marchands pour les marchandises qu'ils vendent aux particuliers non marchands fût modifié et que la prescription ne fût acquise qu'après deux ans. Le Congrès de la Confédération des Groupes commerciaux avait émis en 1908 un vœu dans ce sens. La loi du 26 février 1911 (*Officiel* du 5 mars) a consacré cette nouvelle victoire des commerçants.

Enfin signalons la loi toute récente du 8 avril 1911 modifiant l'art. 1953 du Code civil et limitant à la somme de 1.000 francs la responsabilité des hôteliers et aubergistes en cas de vol d'espèces monnayées, de titres ou objets précieux non déposés entre leurs mains.

Beaucoup d'autres résolutions ont encore été adoptées par les associations de moyens et de petits commerçants. Nous citerons seulement les suivants :

Protestation contre l'homologation ministérielle du 24 août 1905, autorisant les Compagnies de chemins de fer à majorer les prix de transport de 167 catégories de marchandises à titre de compensation pour le

---

1. Cette idée de l'organisation professionnelle du travail a été défendue en principe et étudiée dans ses applications par l'école catholique sociale. Voir notamment EUGÈNE DUTHOIT, *Vers l'organisation professionnelle*, Paris 1910.

préjudice que leur a causé la loi du 17 mars 1905 d'après laquelle toute clause supprimant ou diminuant la responsabilité du voiturier en cas de perte ou avarie des objets à transporter est nulle. (*Congrès de la Confédération des Groupes commerciaux de* 1905.)

Le Congrès de 1911 a demandé la fixation d'un délai légal de 15 jours passé lequel un colis égaré serait réputé perdu et des dommages-intérêts pourraient être réclamés.

Réglementation des Monts-de-Piété. Abrogation du décret du 8 thermidor an XIII et application à tous les Monts-de-Piété de France du règlement du Mont-de-Piété de Paris.

Suppression des monopoles et privilèges. Le Congrès de la Confédération des Groupes commerciaux de 1909 a réclamé cette suppression et s'est déclaré opposé « à toute tentative de socialisation par l'État, les départements ou les communes d'une forme quelconque de l'activité nationale ».

Institution d'un régime de faillite civile réprimant, en cas de mauvaise foi, l'insolvabilité du débiteur non commerçant (voir ch. xi).

La *modification de l'article 1717 du Code civil* a été également demandée par le 7ᵉ Congrès de la Confédération des Groupes commerciaux (1908). Mais le Congrès de 1909 s'est refusé à renouveler ce vœu et à demander avec M. Thierry député que le bailleur qui refuse d'agréer un sous-locataire ou un cessionnaire du bail fût tenu de formuler devant les tribunaux compétents les motifs de son refus.

Le Congrès de 1911 a demandé en outre l'institution près des Cours d'appel d'une audience par semaine pour le jugement des appels commerciaux et la réduction à 30 jours du délai d'appel ;

l'institution d'une commission permanente de commerçants et d'industriels chargée de surveiller les ventes faites par les commissaires-priseurs ;

la suspension du vote du projet de loi sur le contrat de travail jusqu'à ce que la responsabilité effective des syndicats ait été organisée.

III. — La protection légale du travail et le petit commerce.

La protection légale du travailleur du commerce peut être étudiée à divers points de vue : repos hebdomadaire, limitation de la journée de travail, hygiène, accidents du travail. Nous passerons en revue ces diverses questions.

Le Repos hebdomadaire

(Loi du 13 juillet 1906).

Le repos du septième jour a été consacré de toute antiquité. Tel est le commandement de Moïse, interprète des volontés du Tout-Puissant (Exode, ch. xx, v. 8, 9, 10) :

« *Souvenez-vous de sanctifier le jour du sabbàt. Vous travaillerez durant six jours et vous y ferez tout ce que vous aurez à faire. Mais le 7ᵉ jour est le jour du repos consacré au Seigneur votre Dieu. Vous ne ferez en ce jour aucun ouvrage : ni vous, ni votre serviteur, ni votre servante, ni vos bêtes de somme, ni l'étranger qui sera dans l'enceinte de vos villes.*

Le Livre saint traduit ici en commandement une nécessité primordiale de l'organisme humain. Il est superflu d'insister à ce sujet : l'expérience tentée par la Révolution d'une suppression du repos dominical remplacé par le repos du décadi (dixième jour), a été probante. On connaît la réponse des paysans du Beaujolais à ce représentant du peuple qui les exhortait à ne pas chômer le dimanche. « Nos bœufs eux-mêmes se refusent à labourer le septième jour ! »

Plus dociles cependant que les bœufs du Beaujolais, bien des travailleurs, ouvriers ou patrons, ont souvent, au grand dommage de leurs facultés morales et physiques, travaillé sans jamais se reposer, même le dixième jour, esclaves rivés à leur chaîne par l'âpre lutte pour la vie, par la cruelle loi de la concurrence. Ce n'est pas seulement dans la fable qu'Ixion tourne éternellement sur sa roue !

L'obligation du repos hebdomadaire — qui dans tous les États chrétiens s'identifie, en principe, avec le repos dominical — avait été réclamée déjà par la Conférence internationale du travail, réunie à Berlin (1890), par la *Ligue pour le repos du dimanche* et par de nombreux Congrès.

C'est seulement la loi du 13 juillet 1906 qui a réalisé en France cette grande réforme.

« A l'exception de l'Italie et de la France — disait dans son rapport à la Chambre, M. Georges Berry — toutes les nations ont légiféré sur le repos hebdomadaire. Les patrons et les travailleurs peuvent s'unir, s'entendre même ; on jurera de part et d'autre de respecter le pacte ; puis il suffira de la mauvaise volonté d'un seul homme pour tenir en échec dans une ville les bonnes volontés de tous les membres d'une profession commerciale. La loi au contraire impose à tous les mêmes charges ; avec elle les patrons ne risquent pas de voir leur générosité tourner à leur détriment et servir les intérêts de concurrents peu scrupuleux. »

Il ne saurait être question ici d'analyser la loi du 13 juillet 1906 et d'étudier en détail ses diverses dispositions [1]. Il suffira de rappeler ses données essentielles :

1° Interdiction d'occuper plus de six jours par semaine dans un établissement industriel ou commercial un même ouvrier ou employé.

---

1. Voir le livre de M. ARMBRUSTER, *Le Repos hebdomadaire*. Commentaire de la loi de 13 juillet 1906. Berger-Levrault. 2ᵉ édit., 1909.

2° Fixation en principe *au dimanche* du jour de repos avec faculté pour les préfets d'autoriser un chef d'établissement, au cas où le repos simultané du dimanche serait préjudiciable au public ou compromettrait le fonctionnement normal de l'établissement, à donner le repos hebdomadaire par roulement — ou tout autre jour que le dimanche — ou le dimanche midi au lundi midi — ou le dimanche après midi sauf repos compensateur d'une journée par roulement et par quinzaine.

3° Divers tempéraments sont apportés dans l'application à la règle du repos hebdomadaire, notamment en cas de travaux urgents nécessaires pour prévenir des accidents, organiser des mesures de sauvetage, etc. (art. 4); le repos hebdomadaire peut être suspendu quinze jours par an dans les industries de plein air et celles qui ne travaillent qu'à certaines époques (art. 6).

Personne n'a perdu la mémoire des difficultés auxquelles a donné lieu l'application de la loi du 13 juillet 1906, difficultés multiples et d'une variété presque infinie qui faisait dire au président de la 3ᵉ Commission du Congrès des Groupes commerciaux de 1906. « Chacun a son opinion et sa manière de comprendre le repos hebdomadaire... Je plains le rapporteur chargé de résumer les observations des uns et des autres ». A plus forte raison, conviendrait-il de plaindre l'auteur qui entreprendrait de donner une relation complète des protestations et des requêtes innombrables du petit commerce pour réclamer des adoucissements à la rigueur de la loi, adoucissements variables selon les localités et les professions. Ici on demandait l'autorisation de donner le repos par roulement, là au contraire on se prononçait pour le chômage uniforme du lundi. Les coiffeurs du centre de Paris optaient pour la fermeture du dimanche ; ceux des faubourgs entendaient demeurer ouverts le dimanche et fermer le lundi. Les employés de certains bazars et de plusieurs maisons de confections à l'usage de la classe laborieuse manifestaient contre les établissements qui persistaient à ouvrir le dimanche. On signait des pétitions, on organisait des réunions, on s'agitait pour ou contre la loi nouvelle.

Cette émotion se traduisit au point de vue parlementaire par le dépôt de multiples propositions de loi, notamment celle de M. Georges Berry (20 novembre 1906) d'après laquelle toutes les fois qu'il y aurait entente entre patrons et employés et ouvriers, les établissements commerciaux et industriels jouiraient de la faculté prévue à l'art. 2 : choix du mode de repos ;

celle de M. Cosnard réclamant l'extension des dérogations prévues par les art. 2, 3, 5 de la loi du 13 juillet 1906 ;

celle de M. César Trouin abrogeant les dispositions de détail de la loi de 1906 et les remplaçant par un texte accordant 1.248 heures de repos par année ;

celle de MM. Engerand et Alicot demandant le repos fractionné ou groupé suivant accord entre les intéressés, etc.

L'idée qui se dégage de la plupart de ces propositions tend à provoquer le plus possible une consultation des intéressés en ce qui touche le mode d'organisation du repos prescrit par la loi. C'est en ce sens également que se prononçait le Congrès de la *Fédération des groupes commerciaux et industriels* (octobre 1906).

Un autre groupement d'allure plus militante, la *Fédération des commerçants et détaillants de Paris et du département de la Seine*[1], présidée par M. Mauss, entrait énergiquement en campagne et devenait bientôt un centre de réunion des commerçants protestataires. Elle adressait pour réclamer l'extension des déroga-

---

1. Transformée en juin 1907 en Fédération nationale.

tions au repos dominical (roulement, choix d'un jour de semaine, etc.) une pétition au conseil municipal de Paris (3 novembre 1906), et une autre au Parlement (24 janvier 1907). Deux Congrès réunis par elle (janvier et juin 1907) dénonçaient l'application draconienne de la loi. Une grande assemblée convoquée par elle (2 avril 1907) se déclarait respectueuse de la loi du 13 juillet 1906 en ce qui concerne le repos hebdomadaire, mais affirmait la volonté des commerçants de défendre à tout prix les dérogations demandées et obtenues, « les considérant non comme des faveurs, mais comme des droits ».

Finalement la Commission du travail de la Chambre élaborait sur cette matière un projet de loi permettant aux employeurs et employés d'une même profession ou de professions connexes de choisir d'un commun accord par profession et par région, l'un des modes quelconques de l'application du repos hebdomadaire prévus par la loi.

A notre avis, le dimanche doit rester en principe le jour fixé pour le repos hebdomadaire et ce repos doit être autant que possible collectif. Le dimanche est par excellence le jour disponible pour la réunion de la famille dispersée, pour le repos et le délassement nécessaire après six jours d'effort. C'est aussi le jour où les cloches appellent les chrétiens à la prière, le jour où se groupent sur la place du village et de la bourgade, à la sortie de la grand'messe, les travailleurs des champs, le jour où l'employé et l'ouvrier des villes vont respirer, loin de l'atmosphère de l'usine ou du magasin, un peu d'air pur, se rafraîchir les poumons et se réjouir le cœur. Respectons et faisons respecter, si nous le pouvons, la trêve du travail qui est aussi la trêve de Dieu.

Toutefois, il n'est pas de règle sans exception. Le dimanche ne peut amener l'interruption complète de la vie sociale. On a faim et soif le dimanche ; on voyage le dimanche; on peut être malade le dimanche; il ne saurait donc être question de fermer ce jour-là les hôtels, les restaurants, ni toutes les pharmacies. Pour tous ces établissements et pour d'autres encore la solution du problème se trouve dans l'accord des employeurs et des salariés. Cette solution n'est pas impossible; mais elle exige de la part des employeurs un effort de générosité; de la part des employés un effort de modération; de la part de l'administration un effort de clairvoyance.

La journée de travail de l'employé de commerce.

La durée de la journée de travail de l'employé de commerce n'est limitée en France par aucune loi (sauf la loi de 1906 sur le repos hebdomadaire). La loi du 9 septembre 1848 ne limite à dix heures la journée légale de travail des adultes que dans les établissements industriels à moteur mécanique et dans les fabriques occupant plus de vingt ouvriers réunis en atelier. De même les lois du 2 novembre 1892 et du 30 mars 1900 qui fixent à dix heures au maximum la durée de la journée de travail dans les usines, manufactures, mines, minières, chantiers, ateliers dans lesquels sont employés des femmes ou des mineurs de 18 ans sont inapplicables aux magasins, boutiques, bureaux et autres locaux commerciaux.

Cette absence de toute protection légale a donné lieu dans quelques corporations à des abus; ces abus se rencontrent d'abord et surtout dans les grands bazars, ces ennemis du petit commerce. « La durée quotidienne du travail y est en moyenne de 12 à 14 heures. On commence à 8 heures jusqu'à 10 heures du soir; le samedi on va jusqu'à 11 heures et minuit. La veille de Noël et du jour de l'an on veille jusqu'à 1 heure et 2 heures du matin. Quelques maisons accordent deux heures pour déjeuner, la plupart une heure[1]. »

Dans les pharmacies le travail imposé aux préparateurs comporte une présence effective de 13 heures 1/2 au moins (de 7 h. 1/2 à 9 heures) mais qui parfois est de 15 heures et plus, de 7 heures du matin à 10 et même 11 heures du soir.

Mais c'est surtout en faveur des enfants employés dans des établissements de l'alimentation que se sont élevées des plaintes. L'Association nationale pour la protection légale des travailleurs a étudié en 1906 la condition de ces enfants et des faits regrettables ont été mis en lumière. « Pour les petits pâtissiers, disait M. l'abbé Mény[2], la durée de la journée de travail n'est jamais inférieure à 12 ou 13 heures, de 6 heures du matin à 8 heures du soir avec une heure pour le repas de midi. Quelques-uns, les dimanches, travaillent depuis 5 heures du matin jusqu'à 10 heures du soir, soit 16 heures. Quant aux veilles de fêtes surtout du 20 décembre au 7 janvier, c'est terrible. Cette année Noël était précédé d'un dimanche. Durant ces deux jours ils n'ont plus que trois heures de repos par 24 heures. »

M. l'abbé Mény poursuivait : « Chez les bouchers le travail est très dur. Il commence entre 4 et 5 heures du matin et finit à 7 ou 8 heures du soir. Le repos hebdomadaire n'existe pas et la seule chose que les garçons bouchers aient pu obtenir c'est la fermeture le dimanche soir à 4 ou 5 heures. Comme profession annexe, j'indique celle du charcutier. Le charcutier a une durée de travail plus longue encore que le boucher : la journée commence entre 4 et 5 heu-

---

1. ARTAUD, *La question de l'employé en France*, 1909, p. 33. V. aussi DELPÉRIER, *La protection de la santé des travailleurs du commerce*, Rousseau, 1910.

2. *La protection légale des travailleurs.* — Discussions à la section française de l'Association internationale pour la protection légale des travailleurs. 3ᵉ série, 1907, p. 250. — A lire aussi le résumé par M. PIOT de l'enquête de l'Association catholique de la jeunesse française, *ibid.*

res du matin et, d'octobre à mars, ne se termine jamais avant 10 heures du soir. »

On dénonce encore la mauvaise hygiène des locaux affectés au travail. « Rentrés dans les cuisines avec une atmosphère de 45° en été, respirant un air chargé d'odeur écœurante, les petits pâtissiers doivent être à la disposition des cuisiniers qui ne leur ménagent pas les taloches. Logés dans des chambrettes étroites, entassés en grand nombre dans un espace de quelques mètres carrés où il n'y a place que pour les lits serrés les uns contre les autres, ils n'ont que rarement une couchette individuelle et neuf fois sur dix, couchent deux ou trois dans le même lit. Les lieux où ils couchent manquent d'air : dans telle maison les enfants sont obligés de mettre leurs souliers sur leurs lits afin qu'ils ne moisissent pas pendant la nuit, tant le sol laisse suinter l'eau [1]. » Et le rapporteur continue, en citant à la charge des employeurs maint exemple d'incurie et d'installations antihygiéniques déplorables à tous égards, constatées dans des logements d'employés et dans les pièces où s'exécute le travail.

Il importe pour étudier ces questions avec méthode, de distinguer entre la réglementation sur l'hygiène des établissements commerciaux et la question de la limitation de la journée légale du travail.

En ce qui concerne l'*hygiène*, la protection légale des travailleurs du commerce est acquise en principe. La loi du 11 juillet 1903 a en effet étendu à tous les établissements commerciaux (magasins, bureaux, boutiques, etc.) les dispositions de la loi du 12 juin 1893 sur l'hygiène et la sécurité des travailleurs dans les établissements industriels.

Les employés ont donc reçu satisfaction au point de

---

1. *Ibid.* Enquête de *l'Association catholique de la jeunesse française,* p. 283. Voir aussi DELPÉRIER, *op. cit.*

vue législatif ainsi que le reconnaît leur représentant au conseil supérieur du travail, M. Artaud (*La question de l'employé en France*, p. 217). Des abus cependant se produisent encore, notamment dans les industries de l'alimentation, ainsi que l'a établi la discussion à l'Association pour la Protection légale du travail. Il appartient à l'inspection du travail de réprimer ces abus ; elle en a le droit et le devoir. Il serait toutefois excessif de généraliser et de rendre tous les commerçants responsables d'abus qui sont reprochables seulement à certains employeurs.

On peut considérer comme du domaine de l'hygiène les lois et décrets ci-après :

La loi du 29 décembre 1903 sur les sièges. Cette loi dispose que les magasins, boutiques ou autres locaux affectés à la vente doivent être munis d'un nombre de sièges égal à celui des femmes qui y sont employées. L'honneur d'avoir saisi l'opinion de cette question et d'avoir tenté les premières d'éviter aux vendeuses des grands magasins les inconvénients et les dangers de la station verticale prolongée appartient à deux femmes de cœur : Mmes Henri Lorin et de La Tour du Pin qui, dès 1888, avaient adressé aux directeurs des grands magasins une requête inspirée par ce généreux souci ;

la loi du 12 avril 1906 qui a étendu aux employés de commerce le bénéfice de la loi du 9 avril 1898 sur les accidents de travail (voir *infra*) ;

le décret du 28 décembre 1909 fixant les limites des charges qui peuvent être portées, traînées ou poussées soit par des enfants et adolescents de moins de dix-huit ans, soit par des femmes de tout âge, employés soit dans des manufactures, fabriques, usines, chantiers, ateliers, soit dans des magasins, boutiques, bureaux, entreprises de déchargement ;

le décret du 17 février 1910 supprimant les veillées des femmes ouvrières majeures de dix-huit ans sauf dans les industries de confection de chapeaux et vêtements de deuil pour femmes et enfants. Dans ces dernières industries, les femmes et filles âgées de plus de dix-huit ans pourront être employées jusqu'à 11 heures du soir pendant 60 jours par an sans que le travail effectif puisse jamais dépasser douze heures par vingt-quatre heures.

Durée de la journée de travail. — Nombreuses sont les propositions qui depuis 1892 ont eu pour but de limiter la durée légale de la journée de travail : proposition Piérard (8 mai 1893), proposition de la Commission du travail tendant à fixer un âge d'admission des apprentis et à interdire le travail de nuit des enfants (1895), proposition Lavy tendant à comprendre les bureaux et magasins parmi les établissements soumis à la loi de 1892 (16 juin 1896). Cette extension de la loi de 1892 aux établissements commerciaux fut demandée (4 juin 1901) par le Conseil supérieur du Travail qui toutefois admit comme tempérament la faculté pour l'inspecteur du travail d'accorder des dispenses relativement au repos hebdomadaire et à la durée légale du travail.

M. Doumergue, alors ministre du travail, avait déposé un projet de loi sur le contrat de travail, projet qui réduisait à douze heures la durée du travail effectif des ouvriers adultes dans les établissements qui n'étaient antérieurement soumis à aucune limitation légale. Cette durée serait réduite à onze heures dans un délai de deux ans (art. 13).

Plus récemment, M. le comte de Mun prenait l'initiative d'une proposition limitant à dix heures par jour le travail quotidien dans les établissements commerciaux. Les samedis et veilles de fêtes, le travail ne devrait pas dépasser huit heures par jour ni se prolonger au delà de quatre heures de l'après-midi. Ces établissements devraient fermer obligatoirement le dimanche.

Dans la discussion qui eut lieu devant le Conseil

supérieur du travail (juin 1901) [1], M. Heurteau disait :
« Il y a des raisons de principe qui s'opposent à ce qu'on puisse édicter des règles générales et uniformes pour la durée du travail dans les établissements commerciaux [2]. C'est qu'il n'y a pas entre eux de commune mesure et que les conditions du travail sont très variables d'un établissement à un autre. Dans l'industrie, il est facile de constater les heures d'entrée et de sortie des ouvriers; la durée du travail effectif comprend tout le temps de présence dans l'usine et est ainsi facile à mesurer. Il n'en est pas de même dans les maisons de commerce. Dans une petite ville, le mercier qui attend le client sur le pas de sa porte est présent, mais en réalité, il ne travaille pas et l'intensité du travail dans ces petits commerces, dans ces petites boutiques n'est pas la même à durée de présence égale que dans les grands magasins. Comment voulez-vous appliquer à ces deux cas une même réglementation du travail quand les conditions mêmes du travail sont si différentes?... Il n'y aurait pas de difficultés pratiques à réglementer la durée du travail dans les grands magasins. Cela n'est d'ailleurs pas bien nécessaire attendu que, d'une manière générale, il ne s'y produit pas d'abus. Ce n'est pas d'eux, en réalité, qu'il s'agit. Il s'agit des magasins situés dans les faubourgs et qui doivent rester ouverts à de certaines heures le matin et le soir, pour permettre aux ouvriers de faire des achats; il s'agit des petites maisons du commerce de l'alimentation qui restent ouvertes 10 ou 12 heures, et même plus, mais dont les employés en attendant le client, ne travaillent pas effectivement. »

Il y a une grande part de vérité dans ces observations,

---

1. Conseil supérieur du travail. Dixième session, 1901 (p. 8).

2. C'est cependant en faveur de cette limitation uniforme de la journée de travail à dix heures, plus le temps des repas, que s'est prononcé le Congrès de la Fédération des Employés de Rouen (1908).

et nous estimons pour notre part irréalisable, quant à présent du moins, une limitation à 10 heures de la journée de travail dans les magasins et boutiques. Comme il serait impossible de contrôler exactement le temps de travail effectif de chaque employé, cette limitation ne serait applicable que si on obligeait le commerçant à n'ouvrir son établissement que dix heures, par exemple de 8 heures du matin à 6 heures du soir. Or, pour un grand nombre de branches du commerce, une telle réglementation est absolument impossible.

Plus récemment, le ministre du Travail a déposé sur le bureau de la Chambre (8 juillet 1910) un projet de loi d'après lequel dans les magasins, boutiques et bureaux du commerce et de l'industrie le travail journalier de toute personne employée doit être suivi d'un repos ininterrompu dont la durée ne peut être inférieure à 11 heures (par exception 10 heures pour certaines catégories d'établissements déterminées par un règlement d'admininistration publique). Le conseil municipal pourrait, à la demande des trois quarts des chefs d'établissements, décider la fermeture à une heure déterminée d'une ou plusieurs catégories des magasins de la commune comprenant tous les établissements faisant le même genre d'affaires et s'adressant à la même clientèle.

Le régime établi par ce projet paraît moins difficile à réaliser que celui en faveur duquel s'est prononcé le Conseil supérieur du travail. Il laisse en effet aux commerçants la faculté de conserver leur personnel 13 heures (et dans quelques spécialités 14 heures par jour). Or la grande majorité des professions commerciales ne comportent pas une plus longue ouverture des magasins et boutiques, et la réglementation ainsi adoptée mettrait un terme aux abus signalés, abus qui ont été surtout relevés à la charge des grands bazars.

— Certaines lois de protection particulière pourraient

être en outre votées, après une enquête approfondie et impartiale, en faveur des enfants et adolescents employés dans certaines industries de l'alimentation ou dans certains commerces. Mais on ne saurait trop le répéter : une législation uniforme sur la durée du travail dans les établissements commerciaux est impossible, excepté sous forme de fixation d'un minimum d'heures de repos coïncidant avec la fermeture obligatoire des établissements. Encore, d'après les usages et les exigences de la vie moderne, ce minimum ne saurait-il actuellement être élevé au delà du temps prévu dans le projet qui vient d'être analysé.

D'autres réformes d'ordre législatif sont encore réclamées par les employés de commerce[1]. Nous ne pouvons ici que les énumérer. Ces réformes seraient :

1º *La fixation d'un délai-congé* d'un mois en cas de congédiement de l'employé et de huit jours en cas de départ volontaire de l'employé. Le congédiement serait en principe réputé injustifié, sauf à l'employeur à faire la preuve contraire. L'indemnité due en cas de renvoi injustifié serait d'une journée de salaire par chaque mois de travail pour les ouvriers et employés engagés à la journée, à la semaine ou à la quinzaine, et d'un mois de traitement pour chaque année de services pour les ouvriers et employés engagés au mois. Une proposition conçue dans ce sens avait été déposée en 1906 au Conseil supérieur du travail par MM. Artaud et Besse. Le Conseil la repoussa et demanda que *pour les cas où le chiffre du préjudice ne pourrait être établi*, le taux de l'indemnité fût d'un jour de salaire par mois de travail accompli dans l'établissement.

2º *L'interdiction et la prohibition de toutes retenues ou amendes infligées pour retard à la rentrée dans les magasins et bureaux ou pour infraction aux rè-*

---

1. Pour une étude détaillée voir Artaud, *La question de l'employé,* et Besançon, *La protection légale de l'employé de commerce.*

glements. Il n'est guère possible de souscrire à cette demande. L'autorité du chef d'établissement deviendra illusoire si tout pouvoir disciplinaire lui est refusé.

3° *La suppression de la guelte individuelle remplacée par un rehaussement du salaire fixe* (9e Congrès de la Fédération nationale des Employés, Lyon, 1904).

4° *La suppression du cautionnement.* Ici le vœu des employés se rencontre avec celui des petits commerçants qui ont si souvent dénoncé les abus auxquels a donné lieu le cautionnement des gérants de succursales.

Les accidents du travail et l'assurance mutuelle.

La loi du 12 avril 1906 a étendu à toutes les entreprises commerciales la législation sur la responsabilité des accidents du travail. Cette loi renferme certaines dispositions transitoires relatives aux contrats d'assurance en cours et fixe à un centime et demi du principal de la patente des exploitations commerciales la taxe pour le fonds de garantie.

Un certain nombre de sociétés d'assurances mutuelles contre les accidents du travail ont été constituées avant ou après la loi de 1906. Nous citerons :

L'*Alimentation*, 24, rue de Richelieu, société fondée en 1899 par feu M. Marguery. Cette société a remboursé à ses sociétaires de 1904 à 1910 des sommes s'élevant à 149.584 fr. 10. Elle n'assure que les risques des professions de l'alimentation. Une société jumelle dite aussi l'*Alimentation* assure, moyennant une prime inférieure de 20 % à celle des Compagnies à primes fixes, contre les risques d'incendie, d'explosion du gaz, la chute de la foudre.

Le *Syndicat de garantie de la Fédération des Syndicats de charcutiers de France* (avril 1906). Chaque sociétaire verse un droit d'admission de 12 à 24 francs par tête d'employé assuré selon la catégorie (voir *infra*), de 20 francs par cheval-vapeur ou par animal employé. La cotisation est fixée, pour les employés dont le salaire n'excède pas :

1.600 francs par an (1re catégorie), à 0 fr. 50 pour 100 francs de salaire.

2.000 francs (2e catégorie), à 0 fr. 80 pour 100 francs ; enfin à 10 francs par cheval-vapeur.

Un barème a été établi d'après les données de la loi et de la jurisprudence. Soit un employé payé 30 francs par mois plus la nourriture et le logement évalués 90 francs. Le salaire réel est donc de 120 francs par mois ou 4 francs par jour. Si cet employé est victime d'un accident entraînant une incapacité de travail de 20 jours, le syndicat rembourse au patron assuré le montant de l'indemnité versée à l'employé, soit moitié du salaire journalier, c'est-à-dire 2 francs $\times$ 20 = 40 francs.

La *Mutualité industrielle* (6, rue d'Athènes) a été créée sous les auspices de l'*Alliance nationale du Commerce et de l'Industrie*. Elle assure tout à la fois les industriels et les commerçants contre les risques mis à leur charge par les lois du 9 avril 1898 et du 12 avril 1906. Le nombre des ouvriers et employés assurés était, au 31 décembre 1909, de 190.000, et les cotisations payées pendant cette même année s'élevaient à 4.000 000 de francs. Les salaires assurés représentaient 225.000.000 de francs.

CHAPITRE VII

L'INITIATIVE LIBRE. — COMMENT LA DIRIGER?
L'ENSEIGNEMENT COMMERCIAL.

Nous avons achevé l'étude longue et plutôt aride des revendications du petit commerce dans l'ordre législatif. Mais, on l'a dit souvent avec raison, l'appel à l'Etat n'est pas le chef-d'œuvre d'une politique syndicale. *Aide-toi, le ciel t'aidera!* Moyens et petits commerçants se sont-ils assez souvenus de cet adage? Ont-ils, et dans quelle mesure, fait preuve d'énergie et de persévérance lorsqu'il s'est agi de défendre par eux-mêmes leur propre cause, de s'organiser pour sauvegarder leurs intérêts et leur patrimoine menacés?

C'est à ces questions que nous allons tenter de répondre. La logique exige qu'une telle étude débute par l'examen des méthodes de formation technique et pratique dont l'ensemble constitue :

L'enseignement commercial.

Tout a été dit sur la nécessité d'un enseignement commercial pour le grand et le moyen commerçant. « Le commerce, a écrit fort justement M. Franck[1],

---

1. *Revue économique*, 15 mai 1897, cité dans le *Compte rendu du 2ᵉ Congrès international de la petite bourgeoisie* (Namur, 1901), t. 1, p. 199.

est devenu une science exacte dont la connaissance exige des études multiples embrassant à la fois la production, la consommation, l'industrie et ses transformations, la statistique, la situation économique et financière et les éléments de nature à la modifier, la question du crédit, le droit commercial et bien d'autres notions auxiliaires telles que les banques, les assurances, les armements, les affrètements, les transports, la commission, etc. Que de pertes, que de ruines ne sont que la conséquence de l'imprévoyance, de l'oubli des lois de l'offre et de la demande, du défaut de renseignements sur la statistique, sur les stocks visibles ou invisibles, sur la faculté d'absorption du marché! »

Mutatis, mutandis, ces observations sont applicables même au petit commerce. Nous avons précédemment (ch. III, p. 94) rappelé toutes les qualités qui sont indispensables au plus petit marchand s'il veut réussir ou du moins défendre sa chance. A une époque de concurrence commerciale extraordinairement âpre et acharnée, le succès ou l'insuccès tient souvent à très peu de chose : une erreur de comptabilité, une fausse appréciation des goûts du consommateur, une mauvaise présentation de la marchandise, une méprise sur les variations probables du marché des prix, l'ignorance des procédés à employer pour se renseigner sur la solvabilité des clients, ce sont là autant d'éléments préjudiciables à la bonne conduite d'une entreprise, autant d'agents de ruine qui, avec plus de prudence et d'expérience, eussent pu être aisément éliminés. Sans doute aucune science acquise ne suppléera à certains dons personnels, à certaines facultés innées sans lesquelles il n'est pas de bons commerçants[1] ; mais, à égalité de dispositions natu-

---

1. Ces prédispositions se manifestent de bonne heure. Il est des enfants timides, rêveurs et tendres dont on peut prédire qu'ils sont voués aux carrières à but idéal, qu'ils seront poètes, philosophes ou pré-

relles, le commerçant instruit, renseigné et mis en garde se trouve par rapport à son concurrent ignorant, mal averti et aveugle, dans une situation de supériorité comparable à celle du soldat européen armé d'un fusil à répétition qui, dans une expédition coloniale, combat des sauvages armés de lances et de flèches.

Comment est organisé en France l'enseignement commercial? — Cet enseignement se subdivise comme il suit : enseignement supérieur, secondaire, primaire.

L'enseignement supérieur est donné à l'École des hautes études commerciales, à l'Ecole pratique supérieure de commerce de Paris, à l'Institut commercial et dans douze écoles supérieures des départements. Toutes ces écoles sont gérées sous le contrôle des Chambres de commerce, des municipalités ou des associations de commerçants, mais relèvent du ministère. 1.264 élèves reçoivent cet enseignement en 1910 [1]. Nous n'avons pas à nous occuper ici de cet enseignement destiné à former des chefs de grandes maisons de commerce, des banquiers ou des consuls. Notre étude ne s'élève pas jusqu'aux hautes régions où habitent ces puissants personnages [2].

Au-dessous des établissements d'instruction dont il vient d'être question, nous trouvons les écoles

---

tres, mais non pas financiers ou industriels ; tels les écoliers solitaires dont Sully Prudhomme nous a redit les mélancolies :

> *Ils sont doux, ils donnent leurs billes,*
> *Ils ne seront pas commerçants.*

Par contre, d'autres enfants manifestent dès le plus jeune âge de singulières aptitudes au négoce.

1. Rapport sur le budget du Ministère du commerce pour l'exercice 1911, par M. Lauraine, Chambre des députés, *Doc. parl.*, 1910, n° 372, p. 371.

2. Voir à ce sujet Astier et Cuminal, *L'Enseignement technique industriel et commercial en France et à l'Etranger*, Roustan, 1909, ch. iii, p. 147 et suiv. — V. aussi Jacques Siegfried, *L'Enseignement commercial*, Revue des Deux-Mondes, 1er septembre 1906.

pratiques de commerce et d'industrie créées par la loi de finances du 26 janvier 1892 et placées sous le contrôle du ministère du commerce. Ces écoles sont destinées à former des employés de commerce aptes à être utilisés immédiatement au comptoir (circulaire ministérielle du 20 juin 1893).

Le régime de ces écoles est l'externat. Plusieurs cependant reçoivent aussi des élèves internes. L'enseignement qui dure trois ans est gratuit et les élèves doivent, pour être admis, avoir 12 ans accomplis. Le programme d'instruction prévoit par semaine 45 heures de cours et d'études. Les élèves y apprennent le français, la physique et la chimie, le dessin, l'arithmétique et l'algèbre, la législation commerciale, l'économie commerciale, l'histoire et la géographie, la comptabilité, la sténo-dactylographie, les langues étrangères, l'hygiène et même la morale [1]. A chaque école est annexé un *bureau commercial* qui a la prétention d'être l'image du bureau dans lequel un commerçant opère. L'élève y est initié à la confection des pièces comptables usitées dans le commerce ou la banque (factures, carnets de notes de commission, effets de commerce, etc.). Le mouvement quotidien d'une maison de commerce y est reproduit d'une manière un peu factice, mais non sans utilité [2]. Les écoles pratiques de commerce et d'industrie comptent 12.500 élèves environ [3]. Il convient d'ajouter à cet effectif environ 1.300 élèves des sections commerciales des écoles primaires supérieures. — Ce sont là les seules ressources offertes par l'enseignement public.

L'enseignement commercial libre organisé par les syndicats patronaux et ouvriers ou par des associa-

---

1. Une demi-heure par semaine suffit du reste à l'enseignement de cette morale officielle.

2. Voir dans la *Revue internationale pour l'Enseignement technique* (Berne), n° 2, décembre 1909, p. 47, le Rapport de M. Beauvais : *Les Ecoles pratiques de commerce en France.*

3. Rapport Lauraine précité (1910), p. 5.

tions diverses vient joindre ses efforts à ceux de l'enseignement officiel. Les cours de ces écoles ont une valeur très inégale. Un bon juge, M. de Ribes Christofle[1], cite parmi les plus importantes :

L'École professionnelle de la *Chambre syndicale du papier* créée en 1868 (5.000 apprentis). « La perfection de cette organisation si complète, ses heureux résultats montrent que si dans toutes les industries on avait agi de même, il n'y aurait pas de crise d'apprentissage. »

La *Chambre syndicale des corsets sur mesure* a créé une école pratique d'apprentissage. Les apprenties externes placées dans de bonnes maisons assistent aux cours du dimanche et sont payées 0 fr. 50 par jour au début de la première année. Leur salaire s'élève progressivement à 2 fr. 25 (seconde année) et 3 fr. 25 (troisième année). — Les apprenties internes âgées de 13 ans au moins ne reçoivent aucun salaire, mais sont logées et nourries. Après trois ans elles reçoivent 100 francs et sont placées dans de bonnes maisons où elles peuvent gagner de 3 à 4 francs par jour. « Elles n'ont rien coûté à l'établissement, nous disait M. Thomas, président de la Chambre syndicale ; elles ne nous doivent rien ; nous leur avons simplement fait une avance. » C'est trop de modestie ; car cette avance bienfaisante a donné à ces jeunes filles un gagne-pain.

La *Chambre syndicale des libraires-détaillants* a organisé des cours et conférences à l'usage des commis en librairie. Ces conférences ont pour objet l'étude de la fabrication du livre : papier, clichage, brochage, reliure ; la vente, l'assortiment des genres, la littérature etc.

Les syndicats patronaux ne sont pas seuls à favo-

---

1. Chambre de commerce de Paris. Étude sur l'enseignement technique en France et à l'étranger, Paris, 1910, p. 259.

riser l'enseignement commercial. Le *Syndicat des Employés du commerce et de l'industrie* (24 *bis*, boulevard Poissonnière), association catholique fondée en 1887 et qui compte aujourd'hui près de 6.000 membres, a créé d'excellents cours de comptabilité, de sténo-dactylographie, d'anglais, d'allemand, d'espagnol, de droit commercial, cours destinés à former de bons employés dont un certain nombre pourront devenir plus tard de bons commerçants.

Tous ces efforts parviennent-ils à assurer au plus grand nombre des jeunes gens le bénéfice d'une sérieuse instruction professionnelle? Il s'en faut de beaucoup.

D'après le *Recensement professionnel de 1901*, on comptait environ 875.000 mineurs de dix-huit ans (des deux sexes) occupés comme ouvriers ou employés dans des établissements industriels ou commerciaux. Sur ce nombre, les écoles pratiques de commerce et d'industrie en instruisent 12.500 ; les écoles professionnelles de la Ville de Paris et les écoles privées 8.500. Les cours professionnels comptent environ 50.000 élèves recevant un enseignement utile. « C'est à l'apprentissage, dit le rapporteur du budget du commerce en 1910, M. Lauraine, que le reste, soit 800.000 adolescents vont demander leurs connaissances techniques. Sur 11 jeunes ouvriers et employés de moins de dix-huit ans, 10 ne reçoivent donc pas d'enseignement technique ailleurs qu'à l'atelier et au bureau[1]. »

---

1. Cette statistique est commune à l'industrie et au commerce. Il n'existe pas de statistique spéciale au commerce. Ici la proportion des jeunes gens suivant les écoles et les cours doit être plus forte. On compte seulement en effet 70.226 jeunes gens et 30.624 jeunes filles de moins de dix-huit ans employés dans des établissements de commerce. Bien qu'il soit impossible de faire le départ exact entre les élèves des écoles et cours selon qu'ils suivent un enseignement industriel ou commercial (les programmes sont trop souvent mixtes, la délimitation est trop vague), on peut admettre, le niveau intellectuel de l'employé étant supérieur à celui de l'ouvrier, que la proportion des employés de commerce recevant un enseignement commercial est très supérieure à un onzième. Peut-être pourrait-on l'évaluer à un cinquième (20.000).

Quelle est donc la valeur de l'enseignement donné ainsi exclusivement à l'atelier et au bureau?

Il n'est pas possible, hélas! de conserver des illusions à cet égard.

Le rapport de M. Briat au Conseil supérieur du Travail résumait ainsi en 1902 les constatations de l'enquête de l'Office du Travail sur l'apprentissage : « Les deux tiers des avis constatent la décroissance de l'instruction professionnelle. — Sur 1.283 avis émanant de 150 professions différentes, les neuf dixièmes constatent que dans leurs professions le contrat d'apprentissage est purement verbal. » Or un contrat purement verbal ne présente guère de garanties.

La partie de l'enquête spéciale au commerce est intéressante à analyser, bien qu'extrêmement incomplète. Un certain nombre de syndicats locaux déposent que l'apprentissage écrit est encore usité ; mais à peu près partout on réclame des réformes. Pour les employés de banque et de commerce, un conseil de prud'hommes (Ouest) demande que l'enfant suive des cours professionnels complémentaires du travail du bureau. — Une chambre de commerce du Sud-Est formule le même vœu en ce qui concerne les comptables; elle demande l'ouverture d'écoles professionnelles pour comptables et sténo-dactylographes. — Chez les bouchers, il y a unanimité à demander l'adoption de mesures propres à relever le niveau de l'enseignement professionnel. « La disparition de l'apprentissage amène, dit le syndicat patronal de Besançon, le déclin de l'industrie, la baisse des salaires et l'augmentation du chômage. »

Comment améliorer ou plutôt restaurer chez nous l'enseignement commercial ? Un rapide coup d'œil jeté sur les pays étrangers facilitera l'examen de cette question.

Dans un premier groupe d'Etats, le principe de l'obligation de l'enseignement professionnel a prévalu :

Allemagne, Autriche-Hongrie, Danemark, Norvège, cantons suisses de Zurich, de Fribourg, etc.

En Allemagne, l'art. 120 du Code Industriel a permis à chaque commune ou association de communes, d'instituer pour les ouvriers ou employés des deux sexes l'obligation de fréquenter une école de perfectionnement (*Fortbildungsschule*). On comptait, en 1905, 522 de ces écoles (dont 237 à fréquentation obligatoire) instruisant 50.000 élèves. Les cours ont lieu de 7 heures à 9 heures du matin et de 3 à 5 heures du soir; il existe aussi des cours du soir. Les horaires sont généralement combinés de manière à permettre aux élèves de travailler dans des maisons de commerce. « Les écoles de commerce, écrit M. Georges Blondel (*L'Éducation économique du peuple allemand*, 1908, p. 61), ont été fort utiles pour préparer non seulement de bons employés de commerce, mais encore les commis voyageurs qui ont collaboré si utilement à l'essor économique du pays. Faute de représentants en nombre suffisant, nous sommes obligés au contraire de nous adresser aux négociants du pays où nous voulons faire des affaires et ceux-ci servent mal nos intérêts [1]. »

En Autriche l'apprentissage est strictement obligatoire. L'apprenti qui n'a pas obtenu le certificat de capacité d'une école de perfectionnement doit fréquenter régulièrement les cours industriels, sinon la durée de son apprentissage est prolongée. Les cours ont lieu 3, 4 ou 5 fois par semaine le dimanche matin et en semaine le soir de 6 h. 1/2 à 8 h. 1/2. A Vienne, la population scolaire qui suit ces cours de perfectionnement industriel ou commercial et les cours professionnels préparatoires atteint 40.000 auditeurs. En Hongrie,

---

1. Voir sur l'enseignement commercial en Allemagne G. BLONDEL, *op. cit.* — TORAU-BAYLE, *L'Enseignement commercial à ses divers degrés en Allemagne*, 1901. — et l'*Étude de la Chambre de commerce sur l'enseignement technique en France et à l'étranger*, Rapport de M. Henry, Paris, 1910, p. 217.

les communes qui comptent au moins 50 apprentis sont tenues d'instituer pour eux un cours spécial.

En Suisse, l'enseignement professionnel est obligatoire à Fribourg, à Glaris, dans le Valais, à Berne, à Bâle, à Zurich. — A Zurich, par exemple, l'enfant suit obligatoirement de six à douze ans l'école primaire. L'apprenti suit de treize à quatorze ans un cours postscolaire. A quatorze ans il doit, tout en entrant à l'atelier ou au bureau, suivre un cours professionnel et le patron doit à cet effet lui accorder quatre heures de liberté par jour.

D'autres pays : la Belgique, l'Angleterre, les États-Unis ont reculé devant l'obligation et cependant ont organisé un enseignement commercial sérieux et fort solide. La France est à ce point de vue en retard sinon sur toutes les nations, du moins sur les grandes nations industrielles [1].

A quel système se rallier ? La Chambre des députés est saisie, on le sait, d'un projet de loi élaboré par le Conseil supérieur de l'Enseignement technique et qui peut s'analyser comme il suit :

Cours professionnels et obligatoires pour les jeunes gens de moins de dix-huit ans apprentis ou non, employés de commerce ou d'industrie.

Les communes où les cours professionnels obligatoires seront organisés seront désignées par arrêté du Ministre du Commerce. Il sera institué dans ces communes des commissions locales professionnelles chargées d'organiser ces cours qui pourront être les cours publics ou privés déjà existants s'ils sont reconnus suffisants; sinon les cours seront organisés par la municipalité et à ses frais.

---

1. Pour les divers pays étrangers voir ASTIER et CUMINAL, *op. cit.* — CO-HENDY, *L'enseignement obligatoire dans les pays étrangers,* Guillaumin, 1904. — Le rapport précité à la Chambre de commerce de Paris, 1910, et les divers rapports présentés aux Congrès de la Petite Bourgeoisie (Anvers. 1899 ; — Namur 1901 — Liège, 1905 (rapport Breycha pour l'Autriche, Callegari pour l'Italie).

Le chef d'établissement devra laisser à ses jeunes ouvriers le temps nécessaire pour fréquenter ces cours dont la durée obligatoire ne pourra dépasser deux heures par jour, ni huit heures par semaine.

« Après chaque année un examen sera passé par les élèves et ceux qui le subiront avec succès seront affranchis de toute obligation scolaire. Ceux qui seront reconnus absolument inaptes à bénéficier de cet enseignement en seront exempts après un an ». — Il faudra toujours des manœuvres et l'infériorité intellectuelle ne saurait empêcher un homme de gagner sa vie.

Dans son ensemble ce projet de loi paraît très heureusement conçu. Le principe de l'obligation s'impose à notre avis, les appels à l'initiative individuelle ou syndicale n'ayant, sauf d'honorables exceptions, pas été suffisamment entendus. Toutefois une double réserve doit, à notre avis, être faite. 1° Des garanties formelles doivent être données à l'enseignement professionnel libre ; 2° ce n'est pas aux municipalités qu'il faut confier la mission de diriger le futur enseignement, c'est à la profession organisée tout entière.

On nous excusera de reproduire ici la conclusion d'un précédent travail[1]. « L'enseignement professionnel, disions-nous, ne doit pas être un rouage bureaucratique de plus; il doit être organisé par ceux-là même à qui il doit bénéficier. Les syndicats ouvriers et patronaux seront naturellement les principaux agents de cette organisation ; mais ils ne la monopoliseront pas ; car si le syndicat est la charpente de la profession, il n'est pas la profession elle-même. » Dans la pratique il suffirait de dire qu'au lieu d'être composée de fonctionnaires, d'industriels et d'ouvriers nommés par le préfet, les commissions locales seront

---

1. *La crise de l'apprentissage et la réforme de l'enseignement professionnel*, Semaine sociale de Marseille, août 1908. — (Lyon, Chronique sociale, et Paris, Roustan).

élues directement par les patrons et les ouvriers ou employés intéressés auxquels on adjoindrait des délégués de la commune et du préfet. Les écoles à créer seraient surveillées par ces commissions ; des subventions de l'Etat, des départements et des communes, des contributions à verser par tous les membres de la profession, patrons, et ouvriers, couvriraient les frais [1].

1. Le Congrès de 1909 de la Confédération des Groupes commerciaux a émis, — et nous en sommes très heureux, — un vœu de principe analogue au nôtre en demandant que l'apprentissage dans le commerce et l'industrie soit organisé par les diverses professions qui auront à en supporter les frais concurremment avec l'Etat, les départements et les communes. Les chambres de commerce et les syndicats organiseraient et surveilleraient l'apprentissage.

CHAPITRE VIII

L'approvisionnement en commun. — Les syndicats d'achat de matières
premières ou de marchandises.

« Demander la suppression des grands magasins,
des maisons à succursales multiples ou des coopératives par mesure législative, c'est impossible; demander des mesures fiscales qui tendraient indirectement
à ce but, serait inefficace pratiquement, sinon dangereux.

« Les coopératives sont dangereuses pour nous parce
qu'elles intéressent les consommateurs au succès de
l'entreprise en leur faisant espérer des prix d'autant
meilleurs qu'il y aura plus d'adhérents ; tâchons d'intéresser le consommateur en lui prouvant que la coopérative n'est pas un bien, même pour le consommateur modeste, en lui promettant des prix aussi
réduits...

« Les grands magasins sont une menace parce
qu'ils vendent bon marché et qu'ils offrent des commodités aux consommateurs ; instaurons chez nous
ces commodités et atteignons chez nous aux prix de
vente des grands magasins.

« *Comment atteindre ce but ? Par l'achat en commun et par l'achat en commun organisé sur des bases solides.* »

C'est en ces termes que M. Georges Caillaud, l'un

des champions les plus militants du petit commerce, exposait au 1ᵉʳ *Congrès de l'Association de défense des Classes moyennes* (novembre 1909) ses idées sur la tactique à adopter pour permettre aux commerçants spécialistes de soutenir la concurrence des grands magasins. Ces grands magasins, le fait est notoire, imposent à leurs fournisseurs des conditions de vente très dures, les réduisent à la portion congrue, les obligeant à se contenter d'un bénéfice extrêmement restreint par unité de vente sous peine de perdre le bénéfice d'une commande considérable.

Pourquoi les commerçants spécialistes n'obtiendraient-ils pas par le groupement des commandes, par l'achat en commun et par grandes quantités, des avantages comparables à ceux que savent si bien s'assurer les grands commerçants?

A première vue l'idée est séduisante; sa réalisation n'est cependant pas toujours facile et les promoteurs d'organisations d'achat en commun ont dû répondre à bien des critiques et faire face à bien des difficultés.

Il est tout d'abord des adversaires intransigeants de la méthode. Pour certains genres de commerce, tels que la papeterie, la bijouterie, la quincaillerie, écrivait M. Pescheux, président du syndicat commercial d'Auxerre (*Bulletin de la Fédération des Groupes commerciaux,* janvier 1906), « il existe des articles « qui sont réclamés par la clientèle, mais qui ne sont « pas de vente assez courante pour permettre d'en « avoir un stock important en magasin. D'un autre « côté les fabricants de ces articles ne font des con- « cessions avantageuses qu'aux acheteurs prenant cer- « taines quantités. Dans ce cas il est naturel qu'un « groupe d'amis ou de commerçants faisant le même « commerce dans des villes assez éloignées les unes « des autres s'entendent ou se réunissent pour acheter « en commun les dites marchandises. Mais on ne peut

« conclure de ces quelques exceptions que nous de-
« vons favoriser l'achat en commun ; je crois que nous
« ferions de très mauvaise besogne en entrant dans
« cette voie. A mon avis cette manière d'opérer est la
« négation de l'essence même du commerce, la sup-
« pression de l'intelligence et de l'initiative indivi-
« duelle ». Et M. Pescheux poursuit en articulant
griefs sur griefs contre le système de l'achat en commun qu'il accuse de n'être que l'une des formes de
l'idée coopérative détestée par les petits commerçants
et qu'il serait illogique d'emprunter à des adversaires [1].
Le comité chargé de l'achat en commun ne s'occu-
pera que du bon marché, la qualité des articles ne
sera considérée que très accessoirement. Enfin ce
système sera la ruine des petits industriels ; car pour
acheter à meilleur compte, les commerçants associés
s'adresseront sans doute à de grands fabricants. —
Nous avons, au cours de notre enquête, entendu plus
d'une fois exprimer ces mêmes idées, particulièrement
chez les hôteliers.

A notre avis, ces critiques ne sont pas fondées. L'a-
chat en commun ne détruit nullement l'esprit d'initiative du petit commerçant qui aura toujours le droit
d'indiquer ses préférences, qui continuera à acheter
ce qui lui plaît, mais qui l'achètera à meilleur compte.
— La société d'achat ainsi créée sera, dit-on, *coopérative ?* Et quand cela serait ? D'abord cette coopérative
entre commerçants est toute différente par nature de
la coopérative entre simples consommateurs ; elle vient
en aide à des travailleurs, elle seconde un effort per-

---

1. Cette critique se retrouve dans un discours d'un éminent ennemi
du petit commerce, M. Gide. « Les commerçants qui reprochent aux
coopératives de vouloir leur mort viennent apprendre d'elles le moyen
de vivre : *fas est ab hoste doceri*. En effet, pour lutter contre les coopératives, ils n'ont trouvé rien de mieux que de se constituer eux-mêmes
en coopératives soit pour acheter en commun leurs fournitures, soit
pour organiser la vente de leurs marchandises. » (*Réforme sociale* du
16 oct. 1910).

sonnel et continu; elle ne dispense pas, comme la société de consommation, de tout effort. Ensuite, ainsi que le disait M. Caillaud, pour soutenir la concurrence de la coopérative de consommation, n'est-ce pas une bonne tactique que de vendre à aussi bon marché qu'elle? est-il habile de repousser *a priori* toute combinaison propre à diminuer les prix de vente par la réduction des prix de revient, de s'avouer les partisans de la vie chère et du maintien de tous les intermédiaires *même inutiles et coûteux?* — Sans doute on pourra nuire ainsi à quelques marchands de gros, à certains fabricants mal outillés, mal approvisionnés, incapables de consentir aucuns rabais sur leurs prix élevés. Leur sort sera fâcheux; mais il n'est pas toujours possible de sauvegarder les intérêts de tout le monde et de ce que les commerçants ne sont pas, comme on le leur a reproché, des *parasites* dont l'élimination s'impose, il ne suit pas qu'il n'y ait autour de notre organisation économique actuelle aucune de ces végétations parasites dont l'élimination pourrait être profitable ou même nécessaire. Il est des branches d'industrie comme la métallurgie où la concentration est déjà définitivement acquise; il en est d'autres où elle apparaît comme inévitable; le petit commerce ne peut évidemment alors, — ce serait se lier à un cadavre, — se solidariser avec les derniers petits fabricants qu'une évolution incoercible condamne à disparaître, ou sacrifier ses intérêts à ceux de ces commissionnaires ou négociants en gros qui l'ont parfois cruellement exploité [1].

Au surplus l'organisation de l'achat en commun n'exclut pas toujours nécessairement, il s'en faut de beaucoup, l'existence d'une classe de négociants en gros ou de petits fabricants. Ces derniers peuvent s'entendre, pour partager entre eux les fournitures.

---

1. Par exemple dans le commerce de la boucherie.

Parfois ce partage aura lieu tout naturellement; toutes les maisons ne vendent pas en effet les mêmes articles; il y a des spécialités. Souvent encore, certaines maisons de gros fournissant les grands magasins ou limitant leurs opérations aux Grands Magasins se désintéresseront de ces fournitures au petit commerce syndiqué. Par l'achat en commun du reste le négociant en gros est affranchi du risque d'insolvabilité; il réalise des économies sur la publicité.

Comment l'achat en commun peut-il être organisé? Cette question a été étudiée par divers spécialistes : en Allemagne par le Dr Crüger et M. Jäger[1], en Belgique par M. Hector Lambrechts[2], en France par M. Caillaud[3].

Et d'abord, l'achat en commun est-il toujours possible? M. Lambrechts le pense. « Sans doute certains articles ne peuvent être achetés en gros, tels les produits sujets à la mode ou exposés à un dépérissement rapide, les étoffes d'ameublement, les fantaisies pour vêtements. Mais le groupement des commandes n'en est pas moins toujours possible et rémunérateur. Car toutes ces marchandises proviennent de quelques grandes fabriques ou de maisons dépositaires. » Cette opinion n'est pas partagée par la plupart des commerçants dont nous avons recueilli l'avis. L'achat en commun, même sous forme de groupement des commandes, leur paraît très difficile à organiser pour les marchandises et produits comportant un grand nombre de types et de variétés.

« L'achat en commun est possible en théorie, nous disait un tapissier, pour les étoffes unies et les dou-

---

1. *Rohstoffsgenossenschaften der Handwerker*, Berlin, Guttentag, 1896, brochure, et CRÜGER, *Einfuhrung in das deutsche Genossenschaftswesen*, Guttentag, 1907, volume in-8, p. 210, 287, 294 et suiv.

2. *Les Syndicats pour l'achat des matières premières*, Bruxelles, 1907, brochure.

3. *Bulletin de l'Association de défense des classes moyennes*, novembre 1909.

blures ; mais en ce qui concerne les étoffes à dessins, il n'est guère praticable. L'association en participation n'obtiendrait une remise du fabricant que si elle achetait ferme et d'avance un lot important d'étoffes, lot dont elle n'est pas certaine d'avoir le placement. Du reste, même si elle opérait ainsi, elle ne pourrait réunir le choix qu'offrent les maisons de gros. »

Mais dans la grande majorité des cas, l'achat en commun, soit en gros, soit par groupement des commandes, est réalisable et s'il n'a pas été réalisé, c'est par suite des préjugés ou de l'individualisme opiniâtre qui prévaut encore dans les milieux commerciaux[1], par suite aussi de l'opposition des fabricants qui s'emploient, et c'est assez naturel, à faire échouer les combinaisons proposées.

Sous quelle forme juridique peut être organisé l'achat en commun ? — Sous l'une ou l'autre des quatre formes suivantes : l'association en participation, — la commandite par actions, — la société anonyme ordinaire (capital fixe), — la société anonyme à capital et personnel variables.

L'association en participation, on le sait, ne jouit pas de la personnalité civile. C'est une pure convention valable seulement entre les contractants, mais non opposable aux tiers (art. 48 du Code de commerce). L'un des commerçants syndiqués achète en gros non seulement pour lui, mais pour ses collègues. Le négociant en gros ou le fabricant qui lui vend ne connaît que lui et n'est payé que par lui ; après avoir pris livraison, il livre à chacun de ses commettants le lot de marchan-

1. Le Dr Hans Crüger et M. Jäger constatent eux aussi pour l'Allemagne les difficultés créées souvent par l'indifférence du grand commerçant qui déjà personnellement achète en gros, et par l'ignorance du petit commerçant qui se méfie. « Ce qui fait défaut, c'est la bonne volonté, l'esprit corporatif, l'enseignement corporatif. Les difficultés ne résident pas dans le système, mais dans les circonstances externes. Dès lors, ces difficultés doivent être vaincues. » *Rohstoffgenossenschaften der Handwerker*, p. 3.

dises acheté pour son compte et que celui-ci lui rembourse.

C'est là un mode d'organisation fort imparfait. Le lien établi entre les coacheteurs est très lâche et, comme l'observe M. Caillaud, les fournisseurs, en présence de telles ententes, ont pour tactique d'en désagréger les éléments par des offres avantageuses faites aux commerçants les plus importants faisant partie de la combinaison. C'est ce qui a eu lieu, nous a-t-il été dit, chez les merciers et les tailleurs parisiens. Cependant il existe des exemples prouvant que cette combinaison peut réussir (papetiers parisiens, voir *infra*, p. 208).

« La commandite par actions ne se recommande, dit M. Lambrechts (*Les syndicats d'achats de matières premières*, 1907, p. 15), que parce qu'elle permet de mettre en évidence l'homme actif du syndicat ; elle l'associe au succès de l'entreprise ; elle met en jeu son honneur commercial. Mais l'intervention des membres est réduite à son minimum et l'on peut se demander si c'est là une formule qui relève de l'esprit syndical et qui a la portée d'une œuvre sociale. » C'est aussi l'avis de M. Caillaud (*op. cit.*, p. 47). La situation prépondérante du gérant risque d'éveiller des jalousies et des défiances.

La société anonyme à capital fixe ou variable paraît être la forme la mieux appropriée au but poursuivi par les commerçants acheteurs en commun. La responsabilité de chaque sociétaire y est limitée au montant de sa mise, ce qui inspire confiance et facilite les adhésions[1]. Un capital d'une certaine importance peut être ainsi constitué dès le début et la société se trouve ainsi avoir les moyens d'action nécessaires.

La société anonyme à capital fixe serait préférable,

---

1. « En général le besoin de crédit pour une société d'achat n'est pas assez grand pour que la responsabilité illimitée des sociétaires soit nécessaire. La responsabilité limitée avec émission d'actions d'une valeur pécuniaire moyenne suffira et permettra de faire participer des maîtres-artisans aisés, des rentiers, à l'achat de ces parts. » CRUGER, *op. cit.*, p. 4.

car elle assure à l'entreprise commune plus de stabilité
en la mettant à l'abri du risque que font parfois courir
à la société à capital variable la retraite d'une grande
partie des sociétaires et l'affaiblissement consécutif
du fonds social. Mais la société anonyme à capital fixe
ne pourra pas toujours être créée. Les promoteurs de
l'entreprise par exemple ne prévoient pas dès l'origine le développement qu'elle pourra prendre. Ils
sont assurés du concours d'un groupe de confrères;
mais la plupart des commerçants de la profession se
réservent; ils veulent, comme on dit, *voir venir*. Ce
sont des adhérents possibles de demain, d'après-de-
main; aujourd'hui ils gardent une attitude expectante.
On fondera dans ce cas une société à capital et personnel variables; l'élasticité de cette forme ouvrira à la
société des perspectives d'avenir sans l'obliger à trop
risquer dans le présent.

Il est impossible de délimiter à l'avance l'importance
du capital à constituer. Le chiffre de ce capital variera
selon le genre d'opérations, selon la valeur plus ou
moins élevée des marchandises à acquérir, selon le
mode de règlement convenu entre la société et ses
fournisseurs d'une part, la société et ses acheteurs associés d'autre part (paiement au comptant ou à crédit
plus ou moins long).

Il n'est pas possible non plus d'étudier ici avec précision les méthodes extrêmement variables qui au point
de vue de la comptabilité des achats à faire, des ventes
à réaliser, du crédit à consentir, peuvent être recomman-
dées ou déconseillées aux sociétés d'achat. Une réglementation uniforme en pareille matière est inadmissible,
et une grande prudence s'impose en ce qui touche
l'option à faire entre les divers procédés et systèmes
usités ou proposés. Nous ne pouvons à cet égard qu'in-
viter le lecteur à se reporter à l'excellente brochure
de M. Lambrechts ci-dessus signalée; l'auteur s'est
borné à donner des indications générales suggérées

par l'expérience et à établir quelques points de re-père pour jalonner la route qui s'ouvre devant les fondateurs de sociétés d'achat ; c'est là le seul concours — déjà très précieux — que des écrivains spécialistes peuvent apporter aux moyens et petits commerçants.

Mais plus instructive que la théorie, l'observation des faits peut être d'un grand secours. Il paraît donc utile et intéressant d'examiner les principaux exemples d'associations ayant pour but l'achat en commun qui se sont constituées à l'étranger et en France.

Ces associations d'achats en commun sont nombreuses en Allemagne. M. Lambrechts a analysé dans la *Réforme sociale* (n° du 1er septembre 1910) l'une de ces associations : l'*Erwerb und Wirthschaft Genossenschaft* de Weimar. Cette association a pour but « l'achat en commun et l'échange réciproque de l'expérience ; elle se propose d'assurer à ses membres des avantages tels qu'ils soient en état de soutenir la lutte contre les établissements disposant de forts capitaux, de faire pratiquer une gestion commerciale conforme aux règles du droit et de la justice chrétienne, de combattre la concurrence déloyale, de représenter les intérêts de la profession ». Le syndicat est en réalité une société à responsabilité limitée dont le capital social est divisé en actions de 1.000 marks ; nul ne peut en posséder plus de dix.

Le syndicat revend à ses membres les marchandises (étoffes, lainages, tissus divers) au prix de revient. Les primes concédées par les fabricants sont ristournées au prorata des achats. Afin de faire face aux frais généraux, chaque adhérent verse une cotisation proportionnelle au chiffre de ses achats.

Un associé ne peut exploiter deux magasins à la fois et c'est là une règle excellente. Par contre, nous ne saurions approuver la clause d'après laquelle l'association n'accepte pas plus d'un adhérent pour une ville de moins de 50.000 habitants. Une telle association devrait être largement ouverte et non servir égoïstement certains intérêts particuliers. Mais il serait facile de supprimer une telle clause.

La direction commerciale envoie aux membres les échantillons des articles de mode ; ceux-ci choisissent et font parvenir leurs commandes. Tous les six mois, la direction organise une exposition d'échantillons. Les modèles envoyés par les fabricants y sont vus par les commerçants ; le paiement des factures a lieu par l'intermédiaire du syndicat. Dès 1901 (quatre ans après la fondation), le chiffre d'affaires atteignait 15 millions de marks.

Signalons encore les associations suivantes : à Eisenach l'Association d'achat des articles de luxe, porcelaine, faïence, verrerie, articles d'éclairage, de ménage et de cuisine fondée en 1904. Elle compte 130 membres. Son chiffre de ventes en 1902 atteint 5.936.448 marks.

L'Association d'achat des horlogers berlinois a vendu en 1909 pour 287.000 marks de marchandises ; elle distribue chaque année 6 % de dividende à ses sociétaires [1].

Les associations d'achat en commun sont surtout répandues dans les corporations suivantes [2] :

Boulangers. — 35 associations ayant réalisé en ventes de marchandises et locations de machines un chiffre d'affaires de 7.573.276 marks et groupant 1.386 membres. La plupart de ces associations distribuent des dividendes : en moyenne 4 % plus des ristournes variables : 1/2 %, 1, 1 1/2, 2 1/2 % .

Tailleurs. — 43 associations ayant réalisé en 1909 en ventes et locations de machines un chiffre d'affaires

---

1. La principale fédération des associations de petits industriels et commerçants est le *Hauptverband der deutschen gewerblichen Genossenschaften*, Berlin, Schellingstrasse, 2.

2. Les chiffres qui suivent sont extraits de la *Geschäftsjahr Statistik für 1909* publiée par le *Hauptverband*

de 886.599 marks. 24 de ces associations ont distribué des dividendes : 3, 4 ou 5 %.

Cordonniers. — 48 associations. Chiffre d'affaires 2.240.869 marks. Toutes ces sociétés, sauf 14, ont réparti des dividendes : 4, 5 et même 6 %. Taux des ristournes : 4, 5, 6, 7 et même 10 %.

Il existe des associations d'achat des marchands proprement dits. Ainsi l'association des marchands de denrées coloniales de Francfort-sur-le-Mein a fait pour 1.268.252 marks d'affaires en 1909. Dividende 6 %. Ristourne aux commerçants-acheteurs 1/2 %.

Au total les opérations d'achat de matières premières et de marchandises des industriels et marchands représentent une valeur de plus de 20.000.000 de marks ou 25 millions de francs, résultat d'autant moins négligeable qu'à de rares exceptions près ces associations ont été créées depuis douze ans au plus.

En France citons en première ligne la Société auxiliaire de l'Alimentation (*Sadla*). La Sadla fut créée en 1899 par un groupe d'épiciers de province en vue de lutter contre les grandes épiceries parisiennes (Potin et autres) et contre les roulottiers (Planteurs de Caïffa, Debray).

Au début la Sadla ne comptait que 79 adhérents. Elle en compte 800 en 1910.

Au début la Sadla n'était qu'une coopérative d'achat au capital de 500.000 francs, dont un quart versé, et elle se bornait à grouper les commandes des sociétaires. Mais l'expérience (nous disait M. Lepère, l'actif et intelligent gérant de la Sadla) a prouvé que pour acheter dans de bonnes conditions il fallait acheter *ferme* un stock de marchandises. La société a donc élevé son capital jusqu'à 5 millions de francs. Elle a créé un entrepôt où sont conservées les marchandises acquises en gros et destinées à être revendues aux sociétaires. Tant que la société s'est bornée à servir d'intermédiaire entre les fabricants et les détaillants, les commandes reçues et transmises au fur et à mesure de leur réception n'étaient souvent pas assez importantes pour permettre d'obtenir des remises avantageuses. En constituant un approvisionnement, la société put acheter en gros, donc à bon compte, et revendre au demi-gros.

Les achats aux fournisseurs sont réglés comptant ; les détaillants-acheteurs règlent à 30 ou 60 jours.

Le bénéfice brut sur les ventes n'est en moyenne que de 2 1/2 % ; le bénéfice net que de 0,60 % ; et néanmoins la Sadla a pu pour les derniers exercices distribuer aux actionnaires des dividendes de 18 à 20 % sur le capital versé.

La Sadla se recrutant presque exclusivement parmi les commerçants des départements n'a pas hésité à engager à Paris la lutte contre les grandes épiceries (Potin, Damoy, Couté etc.), sur le terrain même des opérations de ses concurrents. Elle a consacré plusieurs centaines de milliers de francs à la reprise et à l'agrandissement d'une épicerie, 40, boulevard Voltaire ; elle a ouvert, 68, avenue de Neuilly, une deuxième succursale et enfin elle fait construire au coin du boulevard Raspail et de la rue de Sèvres un vaste édifice dont elle louera les étages supérieurs, mais dont le rez-de-chaussée et les sous-sols seront aménagés pour l'installation d'un grand magasin de vente et de ses dépendances.

La Sadla favorise l'apprentissage par l'octroi de bourses destinées à assurer aux jeunes gens le bénéfice d'une sérieuse éducation professionnelle.

Des sociétés filiales dites *Unions sadlistes* se sont créées chacune au capital social de 10.000 francs divisé en actions de 100 francs. Ces Unions rendent des services multiples : surveillance de l'apprentissage, vérification des feuilles d'impôts, prêts, ouvertures de crédit, escompte du papier de commerce de leurs membres.

CHIFFRES D'AFFAIRES DE LA SADLA.		DIVIDENDES (pour 125ᶠ versés sur chaque action de 500ᶠ).	
Du 1ᵉʳ novembre 1899 au 28 février 1900 (4 mois).	271.000	1900-1901	9 %
Du 1ᵉʳ mars 1900 au 28 février 1901..........	2.491.000	1902-1903	10 %
		1904-1905	17,36 %
Du 1ᵉʳ mars 1906 au 28 février 1907..........	5.424.000	1906-1907	25 %
Du 1ᵉʳ mars 1907 au 28 février 1908..........	5.368.000	1907-1908	22 %

La corporation des pâtissiers est l'une de celles qui ont le plus intelligemment organisé l'achat en commun. Parallèlement au syndicat des pâtissiers de Paris, mais indépendantes de ce syndicat, se sont formées deux organisations. La *Glacerie parisienne,* 16, rue Hérold, société anonyme de production en commun, fabrique les glaces, sorbets, rafraîchissements. Le nouveau sociétaire acquiert une action qui lui est cédée par un ancien sociétaire détenteur d'un fort stock de titres. Dès lors il a droit aux fournitures sociales. Chaque membre du conseil d'administration dirige à son tour la société pendant un an. L'entreprise rapporte 40 % de bénéfices nets alors que le bénéfice net d'un pâtissier fabriquant isolément n'atteint pas 20 % .

La *Confiserie-chocolaterie* (105, boulevard de Charonne) fabrique le chocolat dit des pâtissiers. Elle fournit des matières premières pour gâteaux, pâtes et poudres d'amandes, fondants, effilés etc. Elle est gérée par chacun des membres du conseil à tour de rôle.

Chez les charcutiers l'organisation de la fabrication et de l'achat en commun est des plus perfectionnées.

Nous avons, dans un précédent chapitre, analysé l'œuvre des syndicats parisiens d'abatage des porcs et de fabrication des jambons. Il existe en outre une société dite d'approvisionnement des charcutiers de France (3, rue Turbigo) qui importe directement les jambons anglais, irlandais, canadiens, de Hambourg, etc., qui achète en gros les saucissons, les foies gras, les truffes et aussi les conserves alimentaires de toutes sortes vendues accessoirement par le charcutier : petits pois préparés et au naturel, flageolets, haricots verts, tomates. Cette société fait un chiffre d'affaires de 2.000.000 de francs ; elle permet aux détaillants de réaliser sur les prix des maisons de gros une économie de 10 % et ces maisons ont dû baisser notablement leurs prix par suite de cette concurrence. Bien que vendant par suite de cette baisse forcée à peu près au prix du commerce, la société distribue chaque semestre à ses adhérents une ristourne de 4 à 5 % sur les prix de livraison.

L'achat en commun a été organisé par une association de restaurateurs-limonadiers de Paris et de la banlieue, la *Parisienne* (12, rue Française), pour le charbon, le lait et les pâtes alimentaires. Tous les ans la *Parisienne* s'informe des prix du charbon, recueille les commandes et achète en gros en garantissant une fourniture de 7 à 800.000 kilogs par mois. La remise obtenue est de 5 % environ, soit 2 francs de rabais sur le cours marchand de 42 à 43 francs les 1.000 kilos. Le lait est payé (été 1910) 23 à 24 centimes le litre. Ristourne : 1/2 centime ; la *Parisienne* achète 1.500 à 2.000 litres de lait par jour. Le vin n'est pas acheté en commun, 1° pour éviter des frais d'entrepôt, de gérance ; 2° parce qu'il existe trop de types de vins et parce qu'il serait difficile de satisfaire une clientèle dont la demande serait trop variée ; 3° parce que nombre de négociants en gros commanditent des restaurateurs et se réservent le monopole de la fourniture.

La *Parisienne* obtient enfin à ses sociétaires des conditions spéciales de la part de certains fournisseurs en gros, d'épicerie, de vin de champagne, etc.

L'achat en commun des vins a été organisé par l'*Union des détaillants*, société au capital social d'un million de francs, 74, rue de Fleurus, à Vincennes. L'*Union des détaillants* réalise pour 500.000 francs d'affaires par an et procure à ses adhérents 6 % d'économies sur leurs achats de vins. L'Union achète aux syndicats agricoles le vin qu'elle revend au détaillant. Elle offre un excellent exemple de suppression d'intermédiaires inutiles.

Il existe une importante société coopérative d'achat en gros pour les fournitures de coiffeurs (41, rue du Temple). Cette société a pour adhérents les neuf dixièmes des coiffeurs syndiqués. Elle achète et revend de tout : lotions, parfum, alcools.

Chez les marchands de couleurs l'achat en commun existe depuis 1907, mais il fonctionne sous la forme rudimentaire de l'association en participation. Sur 500 marchands parisiens, 200 opèrent ainsi leurs achats en commun par l'entremise de quelques-uns d'entre eux.

Cette même forme de l'achat en commun par simples ententes se retrouve chez les pharmaciens et chez les papetiers. Divers groupements d'arrondissement se sont formés pour l'achat en gros des matières premières ou des spécialités pharmaceutiques non réglementées. Un produit payé 2 fr. 25 par le pharmacien isolé revient ainsi à 2 francs. L'économie réalisée suffit souvent à abaisser le prix de vente au niveau du prix coté par les grandes pharmacies.

Chez les papetiers le système pratiqué est le suivant. Un papetier désigné achète en gros certains articles et les revend à ses collègues au prix d'achat moins une commission de 2 % pour ses frais et démarches ; plusieurs de ses collègues opèrent de même pour d'autres articles. L'économie brute réalisée doit être au moins de 10 %

(8 % avec la commission); elle atteint parfois 20 %. On n'achète pas en commun le papier à écrire; le bénéfice trop médiocre 3 à 5 % ne compenserait pas, dit-on, les embarras de ce trafic. Mais on opère sur les fournitures de bureau : encre, plumes, crayons, papier de musique; l'intermédiaire acquiert en général un stock qu'il écoule au fur et à mesure des demandes.

Une société dite *Comptoir d'achat de la chaussure,* capital social 30.000 francs, a été créée par M. Dreyfus (de Belfort) en vue de faciliter aux cordonniers l'achat en commun. Siège social : 187, rue du Temple, Paris.

L'*Union des Crémiers* (84, rue de l'Université, Paris) est une société anonyme à capital et à personnel variables fondée en mai 1910 par divers crémiers : MM. Frénard, Muloteau, Lavallette, etc. Le capital actuel, 126.000 francs, va être porté à 200.000 francs. La société a pour but d'affranchir les crémiers détaillants de la domination des laitiers en gros : Société des Fermiers réunis et Laiterie Centrale. Ces deux grandes entreprises ont absorbé la plupart des petites maisons de laiterie en gros et leur puissance cimentée par leur étroite alliance, a inquiété les détaillants qui ont créé la dite société pour l'achat en gros du lait. La société est propriétaire à Palisot (Aube) d'un grand établissement pour le traitement du lait (pasteurisation, réfrigération, mise en pots, etc.). Elle a passé avec des coopératives agricoles (Loiret, Eure-et-Loir etc.) des marchés pour l'achat du lait à un prix convenu d'avance pour une durée de cinq ans. Le lait est expédié chaque jour en wagons plombés et livré par l'*Union* à ses adhérents. Sur les bénéfices nets il est prélevé : 5 % pour le fonds de réserve légal; 20 % pour un fonds de réserve et de prévoyance extraordinaire jusqu'à ce que ce fonds atteigne la moitié du capital social tel qu'il existe à la fin du dernier exercice. 50 % sont remis aux actionnaires à titre de dividende. 20 % sont répartis au prorata des achats et 5 % attribués aux administrateurs

Il existe, toujours chez les crémiers parisiens, une coopérative d'achat en commun des pâtes alimentaires, légumes secs et œufs. Cette société paie comptant ses achats qui représentent une valeur de 150.000 francs. Elle procure à ses membres une économie de 5 %.

La *Chambre syndicale des Grands Hôtels* (rue Jean-Jacques-Rousseau) se charge pour le compte de ses membres d'acheter les lampes électriques et leur obtient des conditions de faveur.

La *Chambre syndicale des charbonniers de Paris et de la Seine* a pris l'initiative d'organiser l'achat en commun de la houille non pas directement, mais par l'entremise d'une société dite des Charbonniers en détail réunis, 46, quai de la Loire. Cette société achète directement à la mine, d'où une économie de 20 %. Une autre société anonyme pour l'achat en commun du bois de chauffage a son siège, 7, rue Rouelle, à Grenelle. Les 3.000 charbonniers syndiqués sont presque tous clients de ces sociétés.

A côté des succès il faut mentionner les échecs dont quelques-uns du reste ne sont pas définitifs, car de nouvelles tentatives sont annoncées dans diverses corporations.

Chez les quincailliers l'achat en commun a été essayé dans quelques localités de province ; mais il ne s'est pas développé, ces initiatives ayant été combattues par les fabricants très puissants dans les Chambres syndicales. Le motif ou plutôt le prétexte invoqué est que, par suite du rabais résultant de l'achat en gros, les détaillants seraient amenés à vendre meilleur marché ; les prix seraient avilis. Prétexte absurde : car si la baisse de prix a lieu, ce qui paraît fort équitable, le client devant profiter, dans une certaine mesure, de l'économie réalisée, cette baisse provenant de concessions faites par le fabricant ne coûtera rien au détaillant.

Vers 1900 le syndicat parisien des fleuristes avait créé

une société d'achat pour tenir en respect les commissionnaires en fleurs aux Halles qu'il accusait de vendre
à vil prix les fleurs aux revendeurs à la brouette peu
avant le son de cloche de fermeture du marché. On
espérait aussi limiter la culture florale et éviter la surproduction. Cette société dite l'*Approvisionnement
fleuriste* (capital 37.000 francs) a été tuée par les commissionnaires, toujours par le même procédé : baisse
temporaire des prix.

Chez les tapissiers l'achat en commun n'a pas réussi ;
il serait possible en théorie pour les doublures et les
étoffes unies, mais les petits tapissiers craignent de dévoiler par la modicité de leurs commandes le peu d'importance de leurs maisons.

Un essai d'achat en commun chez les merciers a également avorté. Un commerçant intelligent et zélé, M. Duru,
avait pris la responsabilité de cette organisation qui, en
ce qui concerne les bas spécialement, procurait des
avantages sérieux à ses adhérents. Mais ses efforts ne
furent pas secondés. Tel commerçant craignait de révéler le peu d'activité de sa maison par la faiblesse
de sa commande ; tel autre s'empressait d'aller trouver
le négociant en gros et de lui demander un rabais temporairement concédé. Un mercier en gros servait d'intermédiaire pour les achats ; il dut refuser son concours
pour ne pas être mis à l'index par les fabricants.

Chez les tailleurs, un syndicat d'achat des tailleurs
sur mesure avait été créé en vue surtout de l'achat en
commun, le 1er mars 1894. La commission d'achat était
nommée chaque année par le Conseil. Cette commission devait rechercher les fabricants offrant les meilleures conditions de prix et de qualité, demander les collections, établir une référence unique avec prix indiqué,
mais sans mention d'origine. Les adhérents faisaient
leur choix sur la collection d'échantillons déposée au
bureau du Conseil. L'ordre d'achat était remis à la
commission. Les achats étaient portés directement au

débit de chaque acheteur et au crédit de chaque vendeur. Tout fournisseur devait s'engager à ne pas vendre au détail au même prix que celui consenti au syndicat.

Tout syndiqué devait verser un dépôt de garantie de 250 francs au minimum et 3.000 francs au plus; moitié du dépôt pouvait être fourni en traites payables mensuellement. Les fonds du compte de dépôt portaient intérêt à 4 %.

Il était accordé à chaque adhérent un crédit à découvert fixé au double du capital de garantie. Tous les premiers mercredis du mois, il y avait une exposition des échantillons avec mention des prix coûtants et des prix de vente.

Cette société avait groupé 50 adhérents et réalisait pour 300.000 francs d'affaires par an. N'achetant que sur commande, elle procurait à ses membres une économie de 25 à 30 % sur les belles étoffes (velours, soie) et de 15 à 20 % sur les draps ordinaires. Mais faute d'un esprit de solidarité et de persévérance parmi ses membres, l'entreprise périclita, puis fut dissoute. Son créateur, M. Coulon, s'occupe en ce moment de la reconstituer sous la forme d'une société anonyme à capital variable[1]. Provisoirement il opère seul pour le compte de ses cointéressés. Il tient une collection complète de draps, soieries et ouvre à chaque client un compte courant spécial. Le client s'engage à donner ses commandes six mois d'avance : du 1ᵉʳ janvier à fin février pour la saison d'été, du 1ᵉʳ juillet au 15 août pour la saison d'hiver.

Nous citerons seulement en passant le système d'échange mutuel entre commerçants qui imaginé, paraît-il, à Paris en 1818 où un sieur Menzel le réalisa un

---

1. Toutes les marchandises sont majorées de 10 % pour payer les frais généraux. En fin d'année, les bénéfices seront répartis ainsi entre les membres ayant acheté au moins pour 3.000 francs d'étoffes : 40 % aux adhérents au prorata des achats; — 15 % à la caisse de réserve; — 20 % au personnel; — 25 % au capital.

moment en 1829[1], fonctionna cinq ou six ans (1897-1902) dans la corporation des marchands de meubles parisiens. Le système est simple. Un marchand de meubles a besoin d'étoffes ou de bois. Il souscrit un billet à ordre par lequel il s'engage à remettre gratuitement au porteur pour 300 ou 500 francs ou 1.000 francs de marchandises, de meubles puisqu'il en vend. En échange il reçoit un bon au porteur lui donnant le droit de se faire délivrer pour une égale valeur chez un marchand de bois ou d'étoffes membre de l'association. L'idée est ingénieuse, mais elle ne paraît guère susceptible d'aboutir à des résultats importants. C'est d'argent comptant que le commerçant a surtout besoin ; être payé en nature ne lui sourit guère. En tout cas l'association créée en 1897 n'a pas réussi.

Diverses organisations ayant pour but l'achat en commun fonctionnent dans les départements ; toutefois ces organisations sont l'exception. Dans la plupart des villes tout reste à faire à ce point de vue.

A Roubaix, on ne connaît aucune association de ce genre.

A Lille, le syndicat de la boulangerie a tenté l'achat en commun du charbon ; il a dû renoncer à poursuivre cet essai. Quelques boulangers achètent en commun la levure, mais leur exemple n'est pas suivi.

A Rouen, à Chartres, à Dijon, à Thouars (Deux-Sèvres), au Puy, à Nimes, à La Rochelle procès-verbal de carence. (Réponses des Unions de commerçants à notre questionnaire.)

A Lyon, il existe deux organisations d'achat en commun chez les épiciers et les charbonniers-détaillants.

A Saint-Étienne, quelques épiciers se sont réunis pour faire en commun leurs achats ; même initiative est signalée chez les droguistes et chez les marchands de chaussures.

1. Un nommé Bonnard aurait aussi établi cet échange mutuel à Lyon et à Marseille en 1810.

Marseille mérite au point de vue de l'achat et de la fabrication en commun une mention toute spéciale. Diverses organisations y fonctionnent chez les épiciers, les cafetiers, limonadiers et débitants (fabrication coopérative des boissons gazeuses), pharmaciens (groupement des commandes pour l'achat en gros), coiffeurs (achat en gros des articles de parfumerie), merciers (entente avec une grande fabrique de fil à coudre; rabais obtenu), charcutiers (installations frigorifiques établies à frais communs), confiseurs et pâtissiers (glacerie coopérative et achat en commun des matières premières).

Les magasiniers (commerçants de toutes professions exploitant des magasins) ont obtenu des Compagnies d'électricité un traité à échelle dégressive qui au delà d'un certain taux de consommation leur assure l'électricité au prix extrêmement bas de 2 centimes l'hectowatt. Cette société de magasiniers a ristourné 15.000 francs en un an à ses adhérents.

Une société d'achat en commun a été créée il y a quatre ou cinq ans par les épiciers-détaillants d'Amiens; cette société est prospère. Les cafetiers d'Amiens viennent de décider la création d'une brasserie coopérative ainsi que d'un office d'achats en commun pour les différents produits vendus par eux.

A Toulouse s'est formée une société d'approvisionnement dite *Syndicat de l'épicerie en détail* de la région du Sud-Ouest.

A Savenay fonctionne une société d'achat des denrées d'épicerie dite le *Pain quotidien*.

Signalons enfin la *Société rémoise de l'épicerie, vins et spiritueux* créée à Reims en 1885 sous la forme d'une société civile et dans le but d'acheter en gros et au comptant toutes denrées pouvant servir à l'approvisionnement des commerces ci-dessus désignés[1]. Le ca-

---

1. Nous empruntons cet exemple et les deux précédents à l'article de

pital social actuel est de 360.000 francs divisé en actions nominatives de 500 francs. Comme la société
d'achat de Weimar, cette société limite le nombre de
ses membres, mais la limitation ici est beaucoup moins
étroite : un membre au plus dans les communes de
moins de 750 habitants, deux dans les communes de
750 à 1.250 habitants, etc. A Reims, on exige seulement
des nouveaux membres que leur magasin ne soit pas
situé dans un rayon de moins de 70 mètres du magasin d'un sociétaire. Les adhérents sont tenus de
s'approvisionner à l'entrepôt, des marchandises dont
ils ont besoin.

M. Victor DE CLERCQ : Les coopératives d'achat en gros (*Réforme sociale*
du 1er décembre 1910).

CHAPITRE IX

L'organisation de la vente en commun. — Expositions collectives. — Le grand magasin du petit commerce. — Les prix de vente et la concurrence. — Les ententes et la fixation de prix minima.

S'approvisionner à bon compte grâce à l'achat en commun et en gros, c'est l'acte initial et préparatoire qui, bien conçu et habilement exécuté, contribue à égaliser les chances entre les petits commerçants et leurs puissants concurrents, c'est avant la bataille inévitable un heureux engagement d'avant-garde. Mais l'achat à bon marché serait insuffisant à sauver le petit commerce si ce dernier ne travaillait avec persévérance, énergie et ingéniosité à s'assurer à tous les points de vue, et notamment en ce qui concerne l'organisation de la vente au détail, des avantages compensant dans la mesure du possible l'infériorité dont souffre le commerçant isolé par rapport aux grands magasins.

Les grands magasins l'emportent dans la lutte commerciale non seulement par l'importance des capitaux dont ils disposent, mais par le choix considérable, par la variété des articles offerts, par la séduction d'un habile étalage, par l'attrait de la vente à prix fixe et de la facilité offerte de rendre l'objet acheté, mais non usagé. Le commerce spécialiste ne peut-il essayer de rivaliser sur ce terrain même avec son tout-puissant concurrent, grâce à l'association? ne peut-on créer le *Grand Magasin du petit commerce ?*

Les Allemands et les Belges l'ont cru. Les premiers ont créé l'Association de vente en magasin (*Magazin genossenschaft*) « dont le but, dit le Dr Crüger, est de vendre dans un magasin commun ouvert à cet effet et pour le compte de ses adhérents les marchandises livrées par ces derniers [1] ».

Le même auteur formule les préceptes suivants au sujet de la gestion de tels établissements. « Le commerçant adhérent qui remet une marchandise au magasin commun ne doit pas, en règle générale, s'attendre à être payé avant que cette marchandise ait été vendue. C'est une faute pour une association d'acheter ferme des marchandises à ses membres et de les emmagasiner à ses risques. C'est encore une faute d'avancer au membre tout ou partie de la marchandise livrée, même si celle-ci n'est entrée qu'en restant sa propriété. L'association ne doit s'occuper que de la vente. »

Le Congrès général des associations de commerçants (Leipzig, 1907) a formulé un certain nombre d'instructions relatives à la conduite de ces associations.

Ces instructions sont en résumé les suivantes :

1° Un capital d'une certaine importance est nécessaire.

2° Les articles dont la demande est sujette aux variations de la mode ne doivent être acceptés qu'en commission et sauf retour à l'adhérent s'il y a lieu.

3° L'association ne doit accepter que des marchandises bonnes et marchandes. Les gérants doivent connaître à fond les affaires et ne montrer aucune partialité dans l'appréciation des marchandises à accepter ou à refuser.

4° Autant que possible il faut vendre comptant.

5° Les statuts doivent déterminer les règles qui présideront à la réception des marchandises, au paiement

---

1. *Einführung in das deutsche Genossenschaftswesen*, Berlin, 1907, p. 289.

immédiat ou différé des marchandises, à la répartition des commandes ou achats de la clientèle entre les adhérents-fournisseurs [1].

Les adhérents ne doivent pas percevoir sur leurs parts ou actions un dividende supérieur à 4 %. Le surplus des bénéfices nets devra être versé au fonds de réserve affecté aux fins économiques ou autres précisées par les statuts ou enfin réparti entre les sociétaires au prorata de leurs ventes.

Un autre auteur très compétent lui aussi, M. Lambrechts, se montre moins absolu que M. Crüger et ne désapprouve pas *a priori* les associations qui « achètent ferme la production des associés à des prix voisins des prix de revient, fixent ensuite le prix de vente ; les frais généraux sont prélevés sur ce prix et le reste est ristourné. On se dit que l'assortiment doit être complet à chaque instant dans toute sa variété et pour peu que les membres ne le fournissent pas spontanément, on commande ferme et on paie, quitte à porter le bénéfice de vente au compte profits et pertes qui grossira le dividende ».

L'organisation de ces magasins syndicaux n'est évidemment pas une entreprise des plus faciles, surtout si l'association ne se borne pas à vendre des produits d'une seule sorte et si elle essaie, à l'exemple des grands magasins et bazars, de vendre des articles très variés, bien entendu tous fournis par des commerçants spécialistes. Il est nécessaire alors de confier la haute direction de l'établissement à un agent d'une compétence éprouvée qui aura étudié de près les procédés des grands magasins et qui pourra être un ancien chef de rayon de ces maisons.

Mais, dira-t-on peut-être, jamais des moyens et petits commerçants se ménageant un bénéfice, ne pourront vendre à aussi bon compte que le Louvre ou le

---

1. Crüger, *Einführung*, p. 290-291.

Bon Marché qui achètent directement en fabrique.

Pourquoi n'en serait-il pas ainsi? en tant qu'actionnaires de la société de vente syndicale, les moyens et petits commerçants sont placés exactement dans la situation des actionnaires du Louvre ou du Bon Marché. Ils devront évidemment se contenter du bénéfice plus réduit perçu sur chaque vente, mais au total et par suite du fréquent renouvellement du capital-marchandises, ils réaliseront encore de beaux bénéfices si l'affaire est bien conduite.

Mais, dira-t-on, s'ils vendent au prix des Grands Magasins, s'ils en adoptent les méthodes commerciales, les moyens et petits commerçants se diviseront eux-mêmes ; leurs derniers clients les quitteront et achèteront au magasin syndical, les obligeant à fermer ainsi leur magasin personnel.

Ce raisonnement nous paraît erroné. L'ouverture d'un magasin syndical créera une concurrence beaucoup plutôt aux grands magasins qu'aux commerçants spécialistes. Ces derniers ont leurs fidèles, leurs clients et voisins connus d'eux qui ne les abandonneront pas. C'est la clientèle féminine idolâtre des grands bazars, des expositions saisonnières, des ventes en soldes, etc. qui sera attirée par le nouveau Palais des Mille et une Nuits que bâtira le petit commerce. — Pourquoi ne pas porter la guerre dans le camp même de l'ennemi et par une manœuvre tournante, tenter de déborder ses positions?

En France tout est encore à faire dans cet ordre d'idées. La prochaine ouverture des grands magasins d'épicerie de la Sadla, boulevard Raspail, sera toutefois une intéressante expérience, un essai curieux de grand magasin. En Allemagne, les initiatives de ce genre ont été multiples. Plusieurs ont réussi, d'autres non.

Indépendamment des associations de bouchers et de charcutiers pour la vente des sous-produits (os, corne, suif, etc.), associations qui réalisent un chiffre d'affaires élevé (14.274.306 marks en 1909), on compte un certain nombre d'associations pour la vente syndicale en magasin, *Magazingenossenchaften*. Ces associations ont presque toutes pour objet la vente de meubles et d'étoffes d'ameublement. Citons le magasin des ébénistes réunis de Leipzig, qui a vendu pour 367.000 marks en 1909. Toutefois ces sociétés sont en général peu prospères. Sur dix rapports de sociétés de vente de meubles, adressés à la Fédération allemande des associations de métiers, quatre constatent que le dernier exercice se solde en perte. Deux sociétés seulement, celles d'Ingolstadt et de Hanovre, distribuent des dividendes : 4 et 5 %[1].

Un établissement modèle dans ce genre c'est la *Gewerbehalle* de Munich ou magasin syndical pour la vente d'articles d'ameublement.

« Au coin des Færbergraben, près de l'artère centrale de Munich, dit M. Lambrechts (*Réforme sociale*, 1er octobre 1910), le passant peut admirer un grand magasin d'aspect superbe avec dix vitrines percées dans des masses de granit. C'est la maison des petits bourgeois, le siège du « *Gewerbeverein* » et du syndicat de vente de tous les métiers de l'ameublement réunis. Je dois à la vérité de dire qu'il n'y a pas à Munich de bazar aussi bien fourni. Tout ce dont on peut avoir besoin pour meubler et orner une maison s'y trouve en abondance ; même les choses bon marché y ont un air de bon aloi, de solidité loyale qui caractérise les produits de la petite industrie.

« Les salles d'exposition du rez-de-chaussée comportent 284 mètres carrés ; celles du premier 200 mètres, celles du second 124 mètres. On y pratique des arrangements systématiques d'ameublements complets ou assortis qui simulent des chambres. Le plus minime objet est mis en relief. »

Ce magasin est exploité par le *Gewerbeverein*, association générale de commerçants et industriels. Il n'est ouvert qu'aux seuls articles fabriqués personnellement par des maîtres artisans (ce qui se conçoit pour l'ameublement, mais ce qui n'exclut pas la possibilité de

---

1. *Geschäftsstatistik für des Jahr 1909* (*Hauptverband deutscher gewerblichen Genossenschaften*, p. 125).

créer sur ce type d'autres magasins ouverts au commerce pour d'autres spécialités). Le maître artisan peut faire porter au magasin ses produits en affirmant par écrit leur bonne exécution à l'aide de matières premières de qualité loyale. L'article est vendu comptant. Huit jours après la vente, le commerçant fournisseur est remboursé sous déduction d'une légère commission de 5 à 10 % pour les frais. — Pendant le dernier exercice, un chiffre d'affaires de 427.286 marks (un peu plus de 500.000 francs) a été réalisé. C'est peu, évidemment, mais néanmoins l'entreprise a rendu des services réels à ses adhérents.

En somme, le véritable Grand Magasin du petit commerce est encore à créer[1]. Mais rien ne prouve que l'idée soit irréalisable; elle peut aboutir à un succès s'il se rencontre pour la traduire en acte un vrai commerçant capable d'inspirer confiance aux moyens et petits industriels et commerçants, un Hériot, un Boucicaut ou un Cognacq du petit commerce. Il va de soi que le concours d'un tel homme, s'il se trouve, ne saurait être trop apprécié ni trop rémunéré sous la forme d'une large participation aux bénéfices. Il ne s'agit plus ici de philanthropie, mais d'affaires. Récompenser sans marchander qui vous enrichit c'est juste et c'est avantageux. Commerçants spécialistes, nos amis, rappelez-vous la maxime des grands capitaines d'industrie américains, les Carnegie, les Havemeyer et les Morgan. « There is nothing so cheap as brains. They must be had at any price. » « C'est toujours une économie que d'avoir avec soi les hommes de valeur (mot

1. Sur cette question de la vente en commun, voir MAX TURMANN, *Problèmes économiques et sociaux*, Lecoffre-Gabalda, 1910, p. 40-42 et DOMERGUE, *Réforme économique* du 23 octobre 1908 : Le Grand Magasin au service des producteurs. Voir aussi DU MAROUSSEM, *La question ouvrière*, III, ch. VII. Cet auteur ne croit pas au succès de ces institutions, « car le Grand Magasin, dit-il, les ruinerait par la compensation des bénéfices : il vendrait à perte dans tel rayon et se récupérerait sur les autres ». Mais le magasin du petit commerce ne pourrait-il agir de même au besoin? C'est une question d'association, d'intégration et de méthode.

à mot les *cerveaux*). Il faut se les attacher à tout prix. »

Alors même qu'une organisation de vente en commun paraîtrait irréalisable, il est souvent possible de réagir par une action concertée contre l'avilissement des prix, résultat de la concurrence des grands établissements qui sacrifient la vente de certains articles pour attirer la clientèle. Cette action s'exerce par des démarches faites auprès des fabricants auxquels les syndicats demandent d'imposer à tous leurs acheteurs de ne pas vendre au-dessous d'un certain prix, sinon les commerçants syndiqués leur retireront leur clientèle. Cette intervention ne constitue pas le délit prévu et puni par l'art. 419 du Code pénal, car les syndiqués intervenants n'agissent pas en qualité de détenteurs d'une même marchandise ou denrée, mais en qualité d'acheteurs éventuels ; ils ne répandent pas dans le public des bruits faux ou calomnieux et ils n'usent pas davantage de *moyens frauduleux* pour opérer la hausse des denrées ou marchandises au-dessus des prix qu'aurait déterminés la concurrence naturelle. Achète qui veut et un acheteur est bien libre de n'acheter qu'à de certaines conditions.

L'initiative la plus remarquable prise à ce point de vue a été celle des pharmaciens de la Seine. Se voyant menacés par les grandes pharmacies à bon marché qui, pour attirer la clientèle, vendaient les spécialités pharmaceutiques à des prix très inférieurs au tarif ordinaire, ces pharmaciens ont formé, le 24 décembre 1907, de concert avec les fabricants, un syndicat général de la réglementation (14, rue Rougemont, Paris).

Ce syndicat a obtenu des principaux fabricants de spécialités l'engagement d'imposer à tous leurs clients l'obligation de ne pas vendre au-dessous d'un prix minimum. Le préambule des statuts du syndicat est ainsi rédigé : « La valeur des marques de fabrique dans l'industrie des produits pharmaceutiques tend à devenir de plus en plus considérable. Ce fait résulte notamment des prix très élevés atteints dans des adjudications publiques par certaines marques de spécialités pharmaceutiques, encore que ces marques fussent mises aux enchères séparément et en dehors de tout fonds de commerce. D'autre part un des plus graves dangers qui menacent les marques de fabrique est la vente au rabais des produits qu'elles servent à distinguer. Aussi beaucoup de fabricants de spécialités s'efforcent-ils, depuis des années, d'imposer aux détaillants des prix minima pour la revente de ces produits. Ces conventions sont absolument licites [1]. »

Chaque syndiqué fabricant s'engage en conséquence :

1° A réglementer le prix de vente de ceux de ses produits caractérisés par des marques dont il aura remis la liste au conseil d'administration et cela en imposant à tous les acheteurs directs ou indirects l'observation des prix minima de vente ou des prix immuables fixés par lui pour la revente au public ;

2° A se solidariser complètement avec les autres syndiqués en ce qui touche l'application des mesures coercitives telles que suppression de crédit, de toute remise ou escompte, des fournitures ; ces mesures devront être appliquées à tous les contrevenants par tous les membres du syndicat sur un simple avis du conseil d'administration.

En fait la réglementation du prix des spécialités est garantie par diverses sanctions. Deux systèmes sont en vigueur, celui de la *remise différée* et celui de la *remise immédiate*.

---

1. Il a été jugé ainsi le 26 septembre 1903 par jugement du tribunal de commerce de la Seine, confirmé par la Cour de Paris le 15 décembre 1904. La Cour a considéré que les spécialités ne formaient pas une catégorie unifiée de marchandises, qu'elles étaient de nature différente et produites par des fabricants ne poursuivant pas le même objet ; que des cours ne pourraient donc s'établir sur ces marchandises distinctes les unes des autres, le public ayant du reste la faculté d'acquérir des produits similaires à des prix inférieurs aux prix des spécialités. Dès lors le délit de coalition ne pouvait être relevé contre les adhérents à l'entente.

Remise différée. Le fabricant vend au prix fort. A l'expiration du délai convenu, si le détaillant n'a pas contrevenu à son engagement de ne pas vendre au-dessous d'un prix minimum [1], il a droit à une ristourne qu'il touche en échange du ticket prime à lui remis lors de l'achat.

Remise immédiate. Elle est concédée au détaillant de suite, mais sous condition résolutoire. Au cas où le détaillant vendrait au-dessous du prix minimum, il perdrait pour l'avenir tout droit à une ristourne et pourrait être boycotté.

Dans un referendum ouvert en juin 1908, 8.500 pharmaciens s'étaient prononcés en faveur de la réglementation. Malgré tout, nombre de fabricants de spécialités ont refusé d'adhérer à ces ententes. Il s'est formé à la suite de ce refus (1910) un syndicat national de la réglementation de la vente des spécialités. Les sociétaires s'obligent à vendre au prix marqué les spécialités réglementées sans réduire le prix au-dessous du minimum [2] par des cadeaux-primes ou remi-

1. Le syndicat exerce une étroite surveillance sur ses adhérents. Il a sa police dont les agents, souvent des femmes, insistent pour obtenir des remises au-dessous du prix réglementaire. Si le détaillant consent de telles remises, il est dénoncé.

2. Voici quelques exemples de cette réglementation.

SPÉCIALITÉS RÉGLEMENTÉES.	PRIX FORT	PRIX MINIMUM
Pastilles Géraudel, la boîte............	1ᶠ50	1ᶠ25
Buchet à Paris. — Crêpe Velpeau filet bleu 5 cent.........................	0.80	0.75
Buchet à Paris. — Crêpe Velpeau filet bleu 7 cent.........................	1.05	0.95
Buchet à Paris. — Crêpe Velpeau filet bleu 10 cent.........................	1.35	1.25
Dethan à Paris. — Poudre dentifrice.....	2 »	2 »
— — Sirop de Robiquet....	2.50	2.50
— — Vin de Robiquet.....	5 »	5 »
Fumouze à Paris. — Carnine Lefrancq.	10 »	10 »
Société Rubinat. — Eau minérale......	0.60	0.60

ses, à refuser d'acheter et de détenir les spécialités qui leur seront désignées par le conseil d'administration. Toutefois pourront être relevés de cette obligation les collègues qui se trouveraient en état d'infériorité vis-à-vis d'un concurrent non syndiqué.

La vente de quelques eaux minérales seulement est réglementée : Rubinat, Evian (Montmasson), Bussang, Vittel, etc. Un Comité intersyndical vient de se créer en vue de généraliser cette réglementation. Tous les pharmaciens de la Seine s'engageraient à ne pas vendre au-dessous d'un tarif laissant au détaillant, en moyenne, 10 % de bénéfice.

Les libraires-éditeurs, eux aussi, ont été amenés à prendre des résolutions en vue d'éviter une dépréciation des prix de vente. En 1892 un premier tarif syndical limita à 15 % en moyenne la remise qui, auparavant, atteignait 20 %. En 1898 un nouveau tarif réduisit officieusement la remise à 10 %, aucune remise n'étant accordée pour les livres d'un prix de 1 fr. 50 et au-dessous; ce tarif a été rendu obligatoire le 1er juin 1905[1]. — Si un libraire détaillant vend au-dessous du tarif de la Chambre syndicale, son compte est fermé et toutes relations sont interrompues avec lui. La légalité de cette entente a été reconnue par un arrêt de la Cour de Rennes; « attendu que les livres édités gardent une individualité évidente, la réglementation en vue d'empêcher la dépréciation des articles de librairie ne saurait constituer une manœuvre frauduleuse ».

La Chambre syndicale parisienne de la mercerie

---

1. Pour les ouvrages classiques primaires et secondaires la vente doit avoir lieu au prix du catalogue (sauf en ce qui touche les membres de l'enseignement, les établissements d'enseignement, les bibliothèques, les municipalités qui peuvent obtenir une remise). Pour les autres ouvrages (littérature, droit, sciences, médecine) le taux maximum de la remise sur le prix fort est d'environ 10 %. Le volume à 3 fr. 50 ne se vend toutefois que 3 fr., soit avec environ 14 % de remise.

a agi auprès des fabricants de fil de coton : maison Cartier-Bresson (fils à coudre), Poiret de Paris, Dollfus Mieg de Mulhouse (fils de coton), Frings de Paris), et a obtenu d'eux la promesse d'exiger de leurs acheteurs de ne pas revendre au-dessous d'un certain prix.

Il en a été de même pour la parfumerie. Autrefois on avait pu voir des grands magasins vendre même à perte, certains articles comme l'eau de Lubin. Il s'est formé un consortium de treize fabricants de spécialités qui imposent aux détaillants (coiffeurs, grands magasins etc.) un prix de vente minimum. Ils évitent ainsi la dépréciation de leurs marques.

Une grande usine de construction de bicyclettes — les Fils de Peugeot frères — interdit formellement à ses représentants de vendre au-dessous d'un tarif fixé, les bicyclettes qu'elle fabrique ; elle maintient ainsi l'égalité de la concurrence. MM. Peugeot ont obtenu la condamnation à des dommages-intérêts d'un revendeur qui ayant acquis des bicyclettes d'un représentant de leur maison dont il refusait de révéler le nom, mettait en vente ces machines au-dessous du tarif[1]. (Arrêt de la Cour de Toulouse, 15 novembre 1909.)

Des ententes d'un caractère différent ont parfois été conclues. Ainsi la Chambre syndicale des horlogers, bijoutiers, joailliers et orfèvres détaillants de Paris a demandé aux fabricants l'engagement de ne pas vendre à des particuliers[2]. Les fabricants qui accep-

---

1. Le représentant, pour éviter d'être découvert, avait effacé par un grattage les numéros d'ordre des bicyclettes Peugeot qu'il vendait au rabais.

2. Les quincailliers détaillants ont fait établir en 1910 une liste des détaillants en vue de demander aux fabricants de ne vendre qu'à ces derniers. La section du commerce de détail de la Chambre syndicale de la quincaillerie (9, place des Vosges) a résolu de tenter une démarche auprès des maisons Cassan (crémones) et Masson (boutons de portes) pour leur demander d'imposer à leurs clients de ne pas revendre au-dessous d'un prix minimum (*La quincaillerie moderne*, juin 1910).

tent de souscrire cet engagement ont droit à des insertions gratuites dans le bulletin du syndicat.

Le syndicat des bourreliers des Deux-Sèvres, ayant constaté que certains bourreliers savaient mal calculer leur prix de revient, a établi des tarifs facultatifs, mais qui constituent des indications précieuses; car ils correspondent au prix minimum à exiger pour chaque article (harnais de voiture, de carriole, de camion, harnais de limon, etc.) sous peine d'être en perte.

CHAPITRE X

La question des banques. — Le Crédit mutuel et le concours de l'État.
La loi du 18 mars 1910.

« Si le crédit agricole implanté en France il y a une vingtaine d'années a pris depuis lors dans notre pays un développement des plus appréciables se traduisant par l'existence actuelle de plus de 3.000 sociétés coopératives de crédit agricole, on n'en peut malheureusement pas en dire autant du crédit coopératif urbain. Malgré l'incertitude des statistiques, nous croyons qu'on ne peut guère compter en France que deux ou trois douzaines d'institutions de ce genre. C'est bien peu de chose et encore convient-il de noter que nous englobons dans ce total, à côté de banques populaires proprement dites, dont nous rencontrons de brillants exemples à Menton, à Lorient, à Antibes, à Marseille, des sociétés ayant un caractère plus spécial, telles que la Banque coopérative des Associations ouvrières de production (Paris) ou la caisse de prêts en faveur des chefs d'ateliers de la fabrique d'étoffes de soie de Lyon. »

Ainsi s'exprimait au Congrès des classes moyennes (Paris, 1909), M. Dufourmantelle, secrétaire général du Centre fédératif de Crédit populaire et l'un des plus dévoués zélateurs de la cause de la coopération de crédit en France. Abstraction faite de quelques honorables exceptions, c'est donc un procès-verbal de carence qu'il y aurait lieu de dresser en ce qui concerne le crédit populaire urbain dans notre pays et s'il s'agissait seulement ici de décrire les institutions existantes, ce chapitre serait presque aussitôt fini que commencé.

Mais la coopération de crédit est une institution d'avenir; elle a fait ses preuves dans des pays voisins; peut-être avant peu se développera-t-elle aussi en France où elle est appelée à rendre de grands services. Il importe donc de l'étudier, de dire comment et pourquoi son intervention est souhaitable, comment il est possible de lui infuser cette vitalité qui lui fait encore défaut, de rappeler enfin l'exemple des nations étrangères qui nous ont devancés à ce point de vue.

La haute banque a pu trouver des apologistes; elle n'en est pas moins à un haut degré responsable de la lenteur du développement des entreprises industrielles et commerciales en France. « Les grandes banques (a écrit fort justement M. Domergue[1]), en drainant l'épargne française, l'ont détournée de ses applications les plus normales et les plus fructueuses. Elles ont exercé sur les petites banques locales la même action destructive que les grands magasins ont exercée sur le petit commerce. Ce sont elles qui emploient nos capitaux à commanditer, aider, alimenter le commerce et l'industrie étrangers... Les véritables sources de la richesse se tarissent. »

La haute banque en effet s'est donné pour règle de ne pas encourager par des ouvertures de crédit la création d'entreprises nouvelles, de ne pas commanditer les fondateurs d'établissements d'industrie ou de commerce à leurs débuts. Invité par un actionnaire à favoriser davantage le placement des titres des sociétés

---

1. *Comment et pourquoi les affaires vont mal en France*, 1905, p. 88.

industrielles et des maisons de commerce françaises, M. Germain, président du Conseil du Crédit lyonnais, répondait par cette déclaration catégorique : « Nous n'entrons pas dans cette voie pour plusieurs raisons : d'abord parce que pour qu'une affaire marche bien, il faut qu'elle soit dirigée par des hommes capables et nous n'avons pas la prétention d'avoir autour de nous des milliers de gens capables de diriger une affaire...

« Il faut, pour qu'une affaire soit bonne, que la direction soit parfaite et les directeurs capables sont rares : *un dixième c'est déjà énorme.* »

Peut-être ! mais ne serait-ce pas précisément le rôle des grandes banques de chercher, soit directement, soit indirectement en s'intéressant à la création de banques locales de commandite, à découvrir ce dixième d'hommes intelligents, de seconder leurs efforts, d'employer non sans doute la totalité, ni même la moitié, mais au moins une part des immenses capitaux dont ils disposent à favoriser la constitution en France d'entreprises qui pourraient devenir prospères? Politique financière périlleuse! dira-t-on. Serait-elle plus périlleuse que la politique consistant à recommander au public français quantité de fonds d'Etats étrangers, de chemins de fer sud-américains ou asiatiques qui ne sont pas tous, il s'en faut, des placements de pères de famille[1] ? Le fonctionnement de ces participations permettrait du reste de diviser les risques, de même qu'une prudente sélection aurait permis de choisir les affaires présentant les meilleures chances de succès. En tout

---

1. Nos placements à l'étranger représentent une valeur de 36 milliards (*dont* 16 *milliards en Russie,* pays où une tentative formidable de révolution sociale a été sur le point de réussir il y a quelques années!) « Théoriquement, dit M. du Maroussem (Établissements de crédit et Banques locales, — *Réforme sociale,* 1er août 1910), on pourrait concevoir que les établissements de crédit supprimant tous les rouages de production sur le sol national pour les remplacer par des firmes étrangères, le sol de la France ne fût plus couvert que de rentiers vivant de leurs revenus extérieurs. » Un bel idéal économique et social en vérité !

cas, il ne paraît pas que pour être entrée résolument dans cette voie, pour avoir largement accordé des crédits en comptes courants, pour avoir pris des participations importantes dans des entreprises industrielles et commerciales, la haute banque allemande ait périclité. L'expansion économique de l'Allemagne tout entière a été puissamment secondée par l'intervention énergique et souvent audacieuse de ses établissements de crédit [1].

Il n'est guère possible, par contre, de faire grief à la haute banque de ne pas consentir d'avances sous forme d'escompte de papier, à de petits commerçants qui peuvent être très honnêtes et très dignes de confiance, mais que ces grands établissements ne connaissent pas assez pour leur consentir un crédit personnel. Il n'en est pas moins vrai que ces modestes artisans, ces tout petits boutiquiers n'obtiennent des avances que de banquiers de troisième ordre et à des taux très élevés, usuraires même le plus souvent, à 8, 10, 15 et même 20 % [2].

---

1. Voir la très intéressante étude de M. Diouritch : *l'Expansion des banques allemandes,* 1910, p. 114 et suiv. — M. du Maroussem (*loc. cit.*) fait observer judicieusement que si les méthodes allemandes d'ouvertures de crédit et d'acceptation semblent trop téméraires, on peut admettre que la haute banque se divise en deux branches : 1° banques de dépôts et de placements extérieurs ; 2° banques régionales de commandite (il en existe déjà à Nancy, à Lyon, à Grenoble). Encore faudrait-il que la haute banque se fît l'alliée et non l'adversaire de ces dernières banques.

2. Au 5e Congrès du Crédit populaire (Toulouse, 1893), M. Dumarc citait l'exemple d'un industriel très honnête, donnant du travail à 25 ouvriers et qui ne trouvait pas à escompter son papier à moins de 8 à 10 % *par trimestre.* Un petit épicier ayant à faire face à une échéance brûlante n'obtenait d'un marchand d'argent, contre la remise d'un billet à ordre de 150 francs payable à 60 jours, que 125 francs ; il justifiait cependant être un homme rangé et travailleur et produisait le reçu de sa patente, des quittances acquittées des derniers termes de son loyer, des traites payées, etc. — Certains banquiers en ouvrant des comptes courants débiteurs perçoivent, eux aussi, des commissions usuraires : 6 % d'intérêt, plus 1 % par trimestre de commission de caisse, plus 2 % par trimestre de commission pour avances, plus 1/2 % par trimestre pour immobilisation de capitaux au-dessus de 1.000 francs : au total 20 % (2e Congrès du Crédit populaire, Menton, 1890, p. 61).

Comment procurer aux petits commerçants le crédit à bon marché, crédit déjà accordé par les grandes banques à des taux très avantageux, 2 1/2 % plus 1/8ᵉ de commission, 3 %, 4 1/2 % au plus aux maisons de commerce importantes. L'exemple de l'étranger prouve que le problème n'est pas insoluble. En Allemagne, sans parler des caisses de crédit Raffeisen, fondées sur le principe de la responsabilité illimitée, le crédit populaire urbain si nécessaire au petit commerce et à la petite industrie a été établi par les associations de crédit Schulze-Delitsch, dont les membres s'engagent à souscrire une seule part de valeur égale (300 à 500 marks) payable au besoin par petits versements espacés. Le partage des bénéfices a lieu proportionnellement aux sommes déjà versées sur les parts ; le dividende n'est versé en espèces à l'ayant-droit que si sa part est totalement libérée. Sinon ce dividende est porté au crédit de son compte. Un fonds de réserve est constitué tant par les droits d'entrée des sociétaires que par un prélèvement de 10 à 15 % sur les bénéfices. Le fonds de réserve doit, d'après les statuts, atteindre au moins 15 % du capital social ; en fait, il est d'ordinaire beaucoup plus important. La plupart des caisses sont créées d'après le principe de la responsabilité illimitée.

On ne compte pas à l'heure actuelle moins de 1.269 banques populaires, groupant 638.000 membres et ayant prêté pendant leur dernier exercice pour près de 5 milliards de francs aux moyens et petits commerçants et industriels ; dans ce total ne sont pas comprises les 13.000 caisses de crédit agricole.

En Italie, les caisses populaires ont été fondées par MM. Luigi Luzzatti et Wollenborg. Leur capital se compose d'actions d'une faible valeur, de 50 à 100 lires ; chaque sociétaire peut posséder un nombre inégal d'actions, sans toutefois que la valeur de ces actions puisse excéder 5.000 lires.

Au 30 juin 1909 le capital des 100 banques popu-

laires et coopératives s'élevait à 107.769.271 lires 74.
Le montant des dépôts était de 1.042.811.681 lires 10.
Les dépôts sont reçus soit comme des dépôts ordinaires, soit comme dépôts d'épargne, soit en comptes
courants.

Les intérêts servis sont de 3 % pour les dépôts d'é-
pargne, 3 1/4 et 3 1/2 % pour les dépôts d'intérêts à
long terme, 2 à 2 1/2 % pour les dépôts à vue et les
comptes courants. « Les banques populaires, dit M.
Sitta, distribuent le crédit de préférence aux classes
moyennes représentées par des commerçants, des industriels, des employés, des petits propriétaires [1]. »

En Autriche, c'est le système Schulze-Delitsch qui a
prévalu. Les bénéfices sont répartis entre les sociétaires en proportion de la part libérée sur leur action ;
un prélèvement de 10 % est opéré pour la caisse de
réserve. Il existait au 1er janvier 1910 environ 3.000
sociétés coopératives de crédit Schulze-Delitsch,
sans compter plus de 7.000 caisses rurales. Une
statistique dans laquelle ne sont enregistrées que les
opérations de 398 sociétés de crédit (les plus importantes), donne les chiffres suivants : 177.000 membres
et 527 millions de couronnes de crédit [2].

En France, on l'a déjà vu, la situation est tout autre.
Depuis plus de vingt ans un groupe d'hommes dévoués
et compétents, dont les chefs ont été MM. Rostand,
Rayneri, Dufourmantelle et feu le R. P. Ludovic de Besse,
ont entrepris par la création du *Centre fédératif de
Crédit populaire* cette œuvre d'organisation du crédit.

Quelques Caisses ont réussi brillamment, en première
ligne celle de Menton qui, fondée en 1883 avec 15 socié-

---

1. Voir *Les classes moyennes urbaines et la coopération de crédit en Italie,* par le professeur Sitta (*Réforme sociale* du 1er septembre 1910), et *Le
Petit crédit bergamasque,* par le professeur Rezzara (*Réf. sociale,* 1er novembre 1910).

2. *L'organisation des classes moyennes en Autriche,* par M. Dufourmantelle (*Réforme sociale,* octobre 1910).

taires et un capital de 20.000 francs, comptait en juin 1910, 982 sociétaires et disposait d'un capital de 605.900 francs, plus 215.581 francs de réserves. Cette Banque avait reçu dans son dernier exercice 10 millions de dépôts et réescomptes et réalisé pour 85 millions d'affaires.

La Banque populaire de Cagnes, fondée en 1907, escomptait déjà pour 1.248.000 francs d'effets en 1908 et la Banque coopérative de Marseille atteint dans son premier exercice le chiffre de 4 millions pour son escompte. Mais, jusqu'à présent tout au moins, ces exemples sont demeurés isolés. Le crédit mutuel populaire est encore à créer.

Et cependant quels services immenses ce crédit pourrait rendre au petit commerce! Dans une série de conférences attractives et instructives, M. Rayneri s'est attaché depuis vingt ans à mettre en évidence cette vérité[1]. La banque populaire disposant de son capital versé et de ses dépôts pourrait, observe M. Rayneri :

Compléter le fonds de roulement des nouveaux établissements. C'est faute d'un fonds de roulement suffisant que le petit commerçant doit souvent, surtout dans l'alimentation, dépendre du fournisseur qui lui fait payer cher ses crédits. Quelle indépendance serait celle du petit commerçant qui pourrait payer comptant, choisir son fournisseur, exiger la qualité des produits!

Compléter le fonds d'installation. Les banques populaires facilitent à un commerçant les moyens de s'établir ; elles tiennent compte des garanties morales et en tout cas feront sur nantissement ou moyennant caution des conditions moins onéreuses que les usuriers spécialistes de ces opérations.

Consentir des avances sur factures. Les clients même les plus solvables exigent souvent des crédits.

---

1. Les utilités du crédit populaire pour les classes moyennes (*Réforme sociale*, 5 août 1910). M. Rayneri est l'auteur d'un excellent *Vade mecum pour l'organisation en France du Crédit populaire*, Menton, imprimerie coopérative, 1909.

Les factures peuvent dès lors devenir une sorte de papier de commerce stipulé payable à la banque populaire ou à son ordre. La banque peut prêter sur ce papier.

Renseigner ses adhérents sur la solvabilité des clients et recouvrer les factures douteuses.

Populariser l'usage du compte courant et du chèque et faire ainsi fructifier les disponibilités des commerçants.

Accepter des dépôts qui pour une durée de quatre ans sont rémunérés à la Banque de Menton au taux de 4 % ; accepter des dépôts d'épargne.

Escompter, cela va de soi, le papier de commerce. En ménageant pour couvrir ses frais un certain écart entre le taux d'intérêt servi aux déposants et le taux de l'escompte, la banque peut prospérer ; le réescompte de ce papier revêtu de deux signatures, celle du signataire des billets à ordre ou du tiré de la lettre de change et celle de la banque, sera facile auprès de bonnes banques régionales.

Une démonstration saisissante des succès que peut rendre la coopération de crédit a été apportée au 11e Congrès du Crédit populaire (en 1900), par M. Victor Prével, directeur du Crédit Coopératif de Lorraine. Cette association fut créée en 1892 à Metz sous la forme d'une société à responsabilité limitée ; son capital était divisé en parts de 200 marks, chaque actionnaire étant en outre responsable des engagements de l'association jusqu'à concurrence de 200 autres marks.

Le Crédit Coopératif de Lorraine reçoit : 1° des dépôts à longue échéance auxquels on bonifie un intérêt de 4 %. On accepte tout dépôt à partir de 100 marks. Les sommes déposées ne peuvent en principe être retirées qu'après un préavis d'un an. En fait on consent à rembourser à vue, mais alors l'intérêt est réduit à 2 %.

2° Des dépôts sur livrets d'épargne produisant 3 1/2 % d'intérêt. On peut déposer de 1 à 300 marks. Les fonds peuvent être en fait retirés à vue sur présentation du livret. En droit la banque pourrait exiger un préavis, 8 jours à 2 mois, selon la somme. Pour faciliter l'épargne des enfants, la banque remet des timbres de 10 pfennigs que l'enfant colle sur une carte; dix timbres à 10 pfennigs sont échangeables contre un livret de dépôt de 1 mark (1 fr. 25).

3° Le dépôt commercial en compte courant à vue. Il bénéficie d'un intérêt de 3 %.

La banque consent trois sortes d'avances :

1° Le prêt simple à trois mois représenté par une traite non renouvelable. Ce billet est escompté à 5 % sans aucune commission; revêtu de la signature de l'emprunteur et du prêteur, il serait réescomptable; en fait la banque le garde en portefeuille;

2° Le crédit en compte courant commercial et l'escompte des effets de commerce. La demande de crédit est appréciée par une commission. Conditions 5 % d'intérêt et 1/5 % de commission trimestrielle sur le débit.

3° Le crédit à long terme et remboursable par à comptes profite surtout aux cultivateurs; il est accordé pour deux ans et représenté par une traite.

Quelle que soit la forme sous laquelle l'avance a été faite, l'emprunteur doit fournir des garanties : hypothèque, dépôts de valeurs, caution d'une personne solvable.

Toutefois, chaque sociétaire a droit à un crédit double de la somme dont il a libéré son action. En outre un crédit personnel peut être accordé aux sociétaires d'une solvabilité incontestable. La commission des crédits apprécie.

Les résultats ont été absolument merveilleux. L'usure rurale a été victorieusement combattue; le petit commerce a été puissamment aidé. En 1908, année cependant défavorable, le chiffre d'affaires s'est élevé à 154 millions de marks (contre 172 millions en 1907). Les bénéfices nets ont été de 271.423 marks et ont permis une répartition de 5 % aux actionnaires. Le fonds de réserve atteint 800.000 marks ; le capital social souscrit, 3.943.900 marks ; le nombre des sociétaires est de 5.821. Pendant l'année il est entré en portefeuille 41.648 effets formant un total de 19.240.000 marks. Le mouvement des comptes courants a été de 43 millions de marks ; les dépôts sur livrets, 10 millions de marks ; les dépôts à échéance atteignirent 7.820.000 marks, et les dépôts en comptes courants 1.765.000 marks [1]. Le dévoué directeur de la banque, M. Prevel, pouvait dire avec une juste fierté à l'assemblée générale des actionnaires : « C'est surtout en des années de crise que notre organisation a sa haute utilité. Grâce aux facilités que nous accordons aux emprunteurs, *nous pouvons dire que c'est par dizaines que se comptent les membres que nous avons sauvés de la faillite !* » C'est là le plus bel éloge qu'il soit possible de faire d'une banque populaire !

Pourquoi une œuvre, qui a si brillamment réussi dans cette Lorraine annexée, de langue et de mœurs françaises, comme aussi dans un département français (Alpes-Maritimes) où elle a été servie par un propagandiste de haute valeur, M. Rayneri, ne réussirait-elle pas dans toute la France ?

Peut-être parce que l'État n'a rien fait jusqu'ici pour aider à l'organisation du crédit mutuel commercial. Le commerçant français est défiant et particulariste ; il est malaisé de l'amener à s'associer pour des fins économiques et surtout pour la création de banques de crédit mutuel. La fraction la plus riche et la plus influente du commerce français n'a pas besoin de ce crédit ; elle trouve auprès des grandes banques toutes les avances de fonds dont elle a besoin. Quant aux commerçants moins aisés et plus modestes, ils se réservent ; il faudrait qu'une intervention puissante vînt leur inspirer la confiance qui leur manque ;

1. Voir *Bulletin du Crédit populaire* (octobre 1910).

il faudrait que les premiers fonds fussent faits par l'Etat.

S'inspirant de ces vues, M. Jean Codet avait déposé le 16 janvier 1908 une proposition de loi d'après laquelle des sociétés de crédit mutuel pourraient être formées par des commerçants, fabricants ou sociétés patentées. Les sociétés de crédit pourraient recevoir des dépôts de fonds en comptes courants avec ou sans intérêt, se charger des recouvrements et des paiements à faire pour leurs membres. Elles seraient régies par la loi du 5 novembre 1894. La proposition prévoyait l'institution de Caisses régionales de crédit mutuel qui escompteraient les effets souscrits par les membres des sociétés locales et endossés par ces sociétés. Elles pourraient faire à ces sociétés soit des avances pour la constitution de leur fonds de roulement, soit des avances remboursables dans un délai maximum de 25 ans. Enfin il était créé une Banque centrale de crédit mutuel dotée d'une somme de 5 millions de francs à titre de capital de fondation. Cette Banque centrale pourrait faire aux Caisses régionales des avances sans intérêt jusqu'à concurrence du quadruple de leur capital versé et pour cinq ans au plus. Elle escompterait les effets souscrits par les membres des sociétés locales et endossés : 1º par ces sociétés; 2º par les Caisses régionales; elle recevrait des dépôts de fonds en comptes courants des Caisses régionales ou de particuliers; elle consentirait aux Caisses régionales des prêts à intérêt, etc.

Des circonstances extraordinaires, le fléau public des inondations de janvier et février 1910 ont déjà déterminé l'État à intervenir temporairement par la loi du 18 mars 1910. Sur une avance sans intérêts de 100 millions de francs consentie pour 5 ans par la Banque de France, 75 millions ont été affectés à des prêts aux commerçants, industriels et fabricants sinistrés. Les prêts ne pourront excéder ni le montant des pertes constatées, ni un maximum de 5.000 francs. Ils seront faits sans intérêt, mais les emprunteurs paieront une cotisation de 2 % à un fonds commun d'assurance contre le risque de pertes éventuelles. Les emprunteurs se libéreront par versements échelonnés depuis la fin de la 3e année jusqu'à la fin de la 5e. Le remboursement total sera exigible en cas de vente du fonds de commerce ou de cessation du commerce.

Naturellement des pertes importantes sont à prévoir. Aussi l'État a-t-il doté de 10 millions le fonds d'assurance qui sera en outre grossi d'environ 8 millions provenant de la cotisation de 2 % des intéressés, de 5 millions versés par la Ville de Paris et le département de la Seine, de 10 millions fournis par le Syndicat des agents de change et les grandes banques, etc.

Ce n'est là qu'une mesure d'assistance sociale. Mais on songe très sérieusement à faire davantage à l'occasion du prochain renouvellement du privilège de la Banque de France. Une combinaison est à l'étude. En 1897, la Banque a mis à la disposition de l'État pour prêts sans intérêt aux caisses de crédit agricole : 1° 40 millions de francs ; 2° une redevance annuelle. Cette ouverture de crédit a eu de merveilleux résultats. Actuellement 96 Caisses de crédit régional groupent 3.127 Caisses locales et 147.140 sociétaires ; les prêts annuels s'élèvent à 115 millions. C'est une manne bienfaisante dont se nourrit notre agriculture et qui lui donne la force nécessaire pour amender le sol, pour combattre les maladies de la vigne, pour vendre son blé sans trop de hâte à des prix rémunérateurs.

Or l'agriculture n'a utilisé que 61 millions sur le crédit total de 78 millions dont elle dispose par suite de l'accumulation des redevances annuelles et du crédit de 40 millions. En attribuant, comme le propose M. Albert Dulac [1], de 1920 à 1925, la redevance

1. Voir le *Siècle* du 13 août 1910.

annuelle au Crédit urbain on obtient une somme de 30 millions environ dont le bénéfice pourrait être escompté dès 1912 par le crédit urbain lequel emprunterait immédiatement 25 à 30 millions à l'agriculture sur le reliquat de crédits non réalisé et rembourserait de 1920 à 1925.

L'avant-dernier ministère présidé par M. Briand avait pris nettement position en ce qui concerne l'organisation du crédit commercial. Lors de la discussion du budget du Commerce (séance du 6 décembre 1910), M. Jean Dupuy, ministre du commerce, répondait en ces termes à une question : « Je n'hésite pas à dire que je considérerais comme un devoir d'essayer d'obtenir que sous une forme quelconque, par exemple sous la forme d'avance sans intérêts, le crédit commercial et industriel soit doté comme a été doté le crédit agricole. » La déclaration du ministère Monis (séance de la Chambre des députés du 6 mars 1911) est encore plus catégorique.

« La République s'est grandement honorée en créant le crédit agricole, le prêt à long terme. Pour compléter l'œuvre ainsi accomplie, *nous nous efforcerons d'organiser, en suscitant et en secondant les initiatives individuelles, le crédit pour le petit commerce et la petite industrie ainsi que le crédit ouvrier.* » C'est là un de ces engagements qui lient non seulement un ministère, mais l'Etat français tout entier.

Enfin tout récemment MM. Chaulet, Dulau, Coreil, Damour et Néron ont déposé à la Chambre des députés (séance du 6 mars, Chambre, Documents, annexe n° 801) une proposition tendant à autoriser la création de sociétés de crédit mutuel formées soit par la totalité ou partie des membres d'un ou de plusieurs syndicats professionnels, soit par des sociétés en nom collectif, soit par des commerçants industriels et ouvriers non syndiqués. Le capital social serait constitué par des souscriptions établies sous forme de parts de

25 francs; ces parts rapporteraient un intérêt de 4 % au plus. Il serait créé une caisse de crédit commercial industriel et ouvrier par département. Ces caisses départementales escompteraient les effets souscrits par les membres des sociétés locales et endossés par ces sociétés, recevraient des fonds en dépôt, feraient des avances aux caisses locales ou à leurs membres. Une banque centrale serait fondée à Paris et dotée par la Banque de France d'un capital de 100 millions de francs prêté sans intérêts ou avec un intérêt maximum de 2 %. Cette banque centrale consentirait à son tour aux caisses départementales des prêts pour une durée de cinq ans au plus à un taux égal à celui de la Banque de France majoré d'une demi-unité. Le taux d'intérêt des dépôts serait fixé entre 2 % et 3,50 % par an.

Cette intervention de l'État fournissant les premiers fonds nous paraît indispensable. Nous ne pensons pas, malgré l'avis contraire de M. Dufourmantelle dont l'autorité en pareille matière est indéniable, qu'il soit possible de se passer de ce concours en permettant seulement aux caisses d'épargne de consentir sur leurs fonds libres des avances aux futures caisses de crédit [1]. Comme le disait au dernier Congrès de l'Association des classes moyennes un député belge, M. Theodor, l'aide des pouvoirs publics est nécessaire, au moins au début, pour inspirer confiance, pour donner l'exemple, pour triompher de ces défiances qui ont en Belgique comme en France fait échouer plus d'une initiative digne d'intérêt. Toutefois — et ici nous

---

1. Le système indiqué par M. Dufourmantelle est appliqué dans le grand-duché de Luxembourg où il a été organisé par la loi du 27 mars 1900. Le maximum des prêts consentis est de 1.000 francs (par exception 2.000). En 1908 le montant des ouvertures de crédit s'est élevé à 101.377 francs. Ces résultats sont modestes, même en tenant compte du chiffre de la population du grand-duché (250.000 habitants). Voir Max TURMANN, *Problèmes économiques et sociaux*, Lecoffre, Gabalda, 1910, p. 43-50.

serons d'accord avec le secrétaire général du *Centre fédératif*, — il serait déplorable que l'État si enclin à usurper, entreprît d'accaparer la direction des futures organisations de crédit, de les transformer en rouages administratifs, etqu'ilprît ainsi prétexte d'une réforme pour créer nombre d'emplois ou de sinécures à l'usage des neveux, cousins ou protégés de députés. Subventionner le crédit commercial ce serait de la part de l'Etat rendre un service signalé à la classe moyenne indépendante; mais ce service serait payé trop cher si les politiciens et les arrivistes devaient faire leur chose de l'institution nouvelle [1].

Dès à présent certains symptômes accusent le réveil de l'esprit d'entreprise en ce qui touche l'organisation du crédit. Sous les auspices de la *Fédération des débitants de boisson, restaurateurs et hôteliers*, se constitue en ce moment une Banque fédérale de l'Alimentation (capital 2.500.000 francs qui sera porté à 5 millions de francs). Le but de la Banque est de faciliter le développement des petits commerces de l'alimentation. Elle doit escompter tous effets de commerce, warrants, bulletins de gage: faire des avances sur effets publics obligations ou warrants; se charger de tous recouvrements ou paiements; fournir ou recevoir de l'argent en comptes courants; aider la formation de groupements régionaux de détaillants en vue de faciliter leurs opérations commerciales.

La Banque coopérative marseillaise dont il a déjà été parlé, est essentiellement une œuvre de crédit

---

1. Nous en dirons autant de la création d'un *Office des classes moyennes* (institution qui existe en Belgique). En soi cette création serait fort utile; l'Office serait un centre de renseignements précieux et sa seule existence serait pour le Parlement et l'opinion un rappel de toutes les questions si importantes et si longtemps négligées qui intéressent petits commerçants, petits industriels, petits cultivateurs. Mais il est bien à craindre ici encore que les intrigants et les incompétents n'envahissent le nouvel Office dont la fondation ouvrirait un nouvel horizon aux amateurs de demi-sinécures et de décorations.

commercial. Tous ses fondateurs sont des fabricants, des négociants ou des détaillants. Elle a été créée en 1909 sous la forme anonyme à capital et personnel variables au capital provisoire de 102.900 francs divisé en actions de 100 francs. Elle consent des prêts aux sociétaires jusqu'à concurrence du montant de leurs actions et au delà si leur situation le permet, en exigeant au besoin l'aval de personnes solvables. Elle escompte les effets de commerce, prête sur titres cotés, etc.

En novembre 1910 a été également créé à Dijon une caisse de crédit mutuel sous la forme d'une société *en nom collectif à capital variable* fixé au début à 10.000 francs. Cette forme juridique implique la responsabilité illimitée des sociétaires (type Raiffeisen). La société doit prêter sur garanties : caution, nantissement, hypothèque; les prêts de 100 francs au plus peuvent être accordés sur la seule signature de l'emprunteur. Les prêts sont représentés par des billets à ordre à trois mois (à un an si le prêt n'excède pas 200 francs). Le Conseil d'administration ne pourra accorder des prêts que s'il a la conviction que la somme avancée permettra à l'emprunteur de rembourser la somme et de réaliser un bénéfice. Après prélèvement d'un intérêt de 4 % aux porteurs de parts, les bénéfices seront répartis ainsi : 80 % à la réserve, 20 % aux sociétaires. Lorsque le fonds de réserve atteindra un certain chiffre le taux des prêts et de l'escompte pourra être abaissé.

Le capital de la société peut paraître faible ; mais il sera grossi par les dépôts à vue et à échéance; le réescompte rendra ce capital disponible et maniable. « Comme nous ne sommes pas des hommes de *bluff*, mais des hommes d'action, écrivait le fondateur, M. Patriarche, nous ne dirons pas que nous prêtons à *banque ouverte;* mais tout commerçant probe, travailleur, sérieux et honnête est sûr de trouver auprès de nous protection et appui. »

Sous les auspices des *Unions fédérales*, 368, rue St-Honoré, s'est créée en février 1909, l'*Union Corporative*, société coopérative de crédit mutuel : capital 12.500 francs divisé en 125 actions de 100 francs. La société fait des opérations d'escompte et des prêts sur garantie.

Puissent ces exemples être suivis[1] !

1. Signalons l'intéressante brochure de MM. GAVELLE et VERBECKMOES, *Organisation du Crédit mutuel commercial et industriel*, Niort, 1910. Les auteurs recommandent la création de syndicats de garantie, sortes de mutuelles dont les membres seraient, jusqu'à concurrence d'une certaine somme, cautions les uns des autres. Le projet prévoit aussi l'institution de caisses locales de crédit fondées avec le concours des syndicats de garantie. Une banque centrale, dite *Crédit de France*, serait formée et jouerait vis-à-vis des sociétés locales le même rôle que le Crédit foncier vis-à-vis de la propriété foncière et des communes.

CHAPITRE XI

LE CRÉDIT A LA CLIENTÈLE.

Les mauvais payeurs et les voleurs. — Le Livre Noir. — Les sociétés de timbres-rabais et de coupons-primes. — Les établissements de vente à crédit et les Unions économiques.

Dans son sermon du dimanche des Rameaux de l'année 1666, Bossuet dénonçait déjà la mauvaise foi des gens de cour qui, tels certains mondains d'aujourd'hui, laissaient des dettes en souffrance chez les marchands : « Je ne puis m'empêcher de reprendre cet abus commun d'acquitter fidèlement certaines sortes de dettes et d'oublier tout à fait les autres. Par exemple les dettes de jeu sont privilégiées ; et comme si ses lois étaient des plus saintes, on se pique d'honneur d'y être fidèle ;... pendant qu'on ne craint pas de faire misérablement languir des marchands et des ouvriers qui seuls soutiennent depuis longtemps cet éclat que je puis appeler doublement trompeur et emprunté, puisque vous ne le tirez ni de votre vertu, ni même de votre bourse — et dont la famille éplorée que votre vanité réduit à la faim, crie vengeance devant Dieu contre votre luxe[1]. »

---

[1]. Dans un ouvrage très intéressant composé d'après la correspondance commerciale inédite d'une famille de négociants de Honfleur, XVIIe siècle, les Lion (nullement israélites malgré leur nom), M. DECHARME

Après deux siècles et demi ce tableau semble peint d'hier. — Il représente des personnages que l'on rencontre chaque jour non seulement dans la rue, mais dans les salons. Les Belges qui, à cet égard, ont procédé à des enquêtes approfondies, ont mis en évidence le dommage considérable causé au commerce par le paiement différé. Au Congrès de la Petite Bourgeoisie (Anvers, 1899), M. Van der Cruyssen se faisait l'avocat des tapissiers de Gand et édifiait les congressistes par le récit des péripéties de cette comédie parfois tragique qui se joue entre le commerçant et son client récalcitrant : « Quand il s'agit de payer, c'est bien autre chose !« On paie à la nouvelle année, » dit Madame. Et le commerçant qui, lui, doit acheter ses marchandises à trente jours ou à trois mois, doit avancer des sommes importantes. — Au nouvel an, il envoie son compte, mais il n'est pas payé; il ne lui rentre en caisse que quelques bagatelles. Il y a plus : on vous promet enfin de payer tel jour et vous, confiant, signez à vos fournisseurs une traite. Au jour venu, on vous envoie dire par la servante, sans même vous recevoir, ou bien : « Madame est à Ostende pour quinze jours » — ou : « Monsieur est sorti. » Exiger le paiement par les voies légales, ce serait s'aliéner la clientèle du débiteur poursuivi et de tous ses parents et amis. Il n'y faut pas songer. Et vous, créancier, vous retournez chez vous la mort dans l'âme; le riche n'a pas de cœur ! Cependant, vos créanciers à vous, vous guettent... »

L'enquête belge de la Commission nationale de la petite bourgeoisie a établi que ces détestables habitudes étaient invétérées chez un certain nombre d'a-

---

nous fait passer en revue plusieurs types de mauvais payeurs. « Voici l'absent, l'éternel absent, dont la tactique est de ne jamais se laisser trouver. « Le sieur Droulin est toujours à la campagne, écrit Lion, 7 décembre 1687. Je suis honteux des voyages que j'y fais continuellement. Le sieur Bouillye adopte le même système ; mais ce fripon ne pourra toujours être caché. » Le Comptoir d'un marchand, Paris, Hachette, 1910, p. 22.

cheteurs de marchandises et de produits très divers[1].

A quels remèdes peut-on avoir recours pour guérir un tel mal?

Sans médire aucunement des remèdes d'ordre moral (éducation de la clientèle, action des Ligues sociales d'acheteurs[2], etc.), il est permis de ne pas trop compter sur leur efficacité absolue. Cette propagande ne sera pas .toujours inutile, car elle rappelle aux acheteurs consciencieux leur devoir de ne pas trop attendre pour acquitter leurs dettes. Mais sur un trop grand nombre de clients et de clientes, ces appels à *l'impératif catégorique* demeureront toujours des fanfares dans le désert.

Les associations de commerçants paraissent plus qualifiées pour agir contre les mauvais payeurs. Ces associations peuvent se constituer sous diverses formes. Il existe à Gand une Ligue du Commerce et de l'Industrie créée en 1878 et qui s'occupe d'une part de recueillir des renseignements sur les clients, d'autre part de poursuivre la rentrée des créances douteuses. Cette Ligue se tient au courant des événements tels que faillites, séparations de biens, dations de conseils judiciaires, etc., qui peuvent influer sur la solvabilité des clients.

Dans certaines corporations on ouvre un *Livre noir* où sont inscrits les noms des mauvais payeurs, qu'il s'agisse de simples escrocs ou de ces clients chez lesquels les domestiques sont stylés à répondre invariablement que Madame est sortie et que Monsieur

1. **Enquête orale,** t. IV, p. 201, région de Verviers; — t. V, p. 74 (Tournai), p. 431 (Lessines), etc.

2. *La Ligue sociale d'acheteurs*, créée par M. et Mme Jean Brunhes, a toujours usé de son influence pour engager ses membres au paiement comptant. Voir aussi sur l'Association de consommateurs de Tournai dite *du paiement comptant*, le tome III des rapports de la Commission Nationale de la Petite Bourgeoisie, p. 101 (rapport de M. Cooremans). Cette association obtient à ses membres des réductions de prix moyennant le paiement comptant.

voyage. A Paris, plusieurs corporations, notamment les bijoutiers et les chapeliers, se communiquent de telles listes. Les grands magasins et les grands hôtels syndiqués ont aussi les leurs [1].

S'agit-il de véritables voleurs, les commerçants de diverses professions s'avertissent par la publicité de leurs journaux. Ainsi le *Bulletin de la Chambre syndicale des horlogers, bijoutiers, joailliers de Paris* (163, rue St-Honoré), contenait dans son numéro d'avril 1910 des avis comme ceux-ci :

Gare aux Voleurs !

Une femme écoule en ce moment chez nos confrères des broches en or fourrées d'argent. Plusieurs ont été trompés en achetant au poids.

Ou encore celui-ci :

Un jeune homme d'une vingtaine d'années correctement vêtu et ayant les allures d'un artiste, se présente pour acheter une gourmette en or, discute pour des brillants à placer dessus et finalement la rejette parmi les autres, mais la retient adroitement par l'étiquette.

Dans sa communication au Congrès d'Économie sociale (*Réforme sociale*, 1er août 1910), M. Rayneri a proposé d'opérer le recouvrement des créances sur la clientèle, soit par l'émission de traites tirées sur le client, soit par la remise de factures à une banque po-

1. Nous avons eu sous les yeux une *Liste Noire*. Faut-il dire que nous y avons lu, non sans regret, à côté de noms de rastaquouères et de viveurs bien connus, des noms célèbres dans notre histoire? — Parfois du reste l'inscription à ces Listes Noires ne signifie pas autre chose que le désordre de certaines maisons bourgeoises. Sur la *Liste Noire* d'un grand magasin, l'un de nos amis a pu lire avec surprise le nom d'un magistrat des plus honorables. Madame, paraît-il, faisait souvent des commandes importantes à l'insu de Monsieur qui, plus d'une fois, refusa de payer; d'où difficultés, correspondances inutiles et finalement paiement ou restitution des articles. Pour éviter une perte de temps, on avait décidé de ne plus livrer à cette adresse que contre espèces sonnantes.

pulaire qui dans les deux cas, serait chargée du recouvrement. Ce procédé est ingénieux, mais ne paraît
guère pratique : le client et surtout la cliente ne consentiront guère à accepter ce papier de commerce d'un
nouveau genre et si la banque ne se heurte pas lors de
ses mises en recouvrement aux mêmes moyens dilatoi-
res que le commerçant lui-même, ce dernier pourra
renoncer à tout jamais à l'espoir de revoir ce client ou
cette cliente de mauvaise paye sans doute, mais après
tout solvable. '

Il paraît du reste nécessaire de distinguer entre ces
deux catégories de mauvais payeurs : d'une part le débiteur vraiment insolvable qui ne veut ou ne peut pas
payer; d'autre part le client négligent, retardataire,
mais qui finit par s'exécuter.

En ce qui touche les débiteurs insolvables, les associations de commerçants ont souvent demandé l'intro-
duction dans nos lois d'un régime de faillite civile entraînant par analogie avec la faillite commerciale,
certaines déchéances et comportant une certaine publicité. Cette revendication paraît équitable en principe
mais d'une réalisation difficile. S'il est juste d'infliger
une pénalité civile au débiteur de mauvaise foi, ne
doit-on pas avoir pitié du malheureux qui a trop pré-
sumé de ses ressources? Cette distinction ne sera pas
toujours facile. La loi précitée du 26 février 1911 qui a
porté à deux ans au lieu d'un le délai de prescription
des créances pour fournitures faites par des marchands,
peut être en tout cas considérée comme un succès par
le commerce.

Mais il est nécessaire d'insister un peu plus longue-
ment sur une organisation très spéciale créée dans le
but d'engager les clients à payer comptant. Cette organisation n'est autre que la combinaison dite des
timbres-rabais ou des *coupons-primes*.

Cette combinaison est essentiellement la suivante. Une société financière se crée et propose

aux commerçants d'une localité le contrat suivant:

Ils lui achèteront un certain nombre de timbres ou coupons destinés à être remis en primes à ceux de leurs clients qui paieront comptant. Tout achat de 20 à 39 centimes donnera droit par exemple à un timbre d'un centime; l'acheteur d'un article du prix de 40 à 59 centimes recevra un timbre de 2 centimes; pour un achat de 1 franc, un timbre de 5 centimes et ainsi de suite en calculant toujours la remise au taux de 5 %. En échange de ses timbres, l'acheteur pourra se faire délivrer dans le bazar de la société des coupons-primes et jusqu'à concurrence de la valeur de ses bons, telles marchandises qu'il choisira : albums, chaises, fauteuils, couteaux, horloges, pendules, services de table ou à thé ou à café, etc.

La société, ainsi que l'observait M. Raiberti dans sa proposition déposée à la Chambre des députés le 18 juin 1908, bénéficie : 1° de la redevance payée lors de la vente des timbres; 2° de l'intérêt sur le montant des timbres depuis leur émission jusqu'à la présentation par le porteur; 3° de la perte des timbres par le porteur négligent, perte qui, d'après M. Lambrechts [1], atteint parfois 60 % de la valeur; 4° de la tarification des objets exposés, laquelle est très supérieure à la valeur réelle.

Dès 1903 MM. Gervais, Messimy et Steeg avaient proposé la suppression des timbres-primes. Une enquête fut ouverte, et sur 110 Chambres de commerce consultées, 79 opinaient pour la suppression. La Chambre de commerce de Rouen estimait à 10 millions par an la diminution d'affaires éprouvée par le seul commerce des denrées coloniales de la ville par le fait des sociétés de timbres.

De nouvelles propositions tendant à la suppression des sociétés de timbres-primes ont été déposées en

1. *Problème social de la bourgeoisie*, p. 102.

1908 par M. Raiberti et en 1910 par MM. Chanot, Thierry et Bouge. Le Congrès de la Fédération des Groupes commerciaux avait voté en 1909 une résolution invitant les pouvoirs publics à interdire l'exploitation scandaleuse à laquelle se livrent les sociétés vendant des timbres de commerce.

Mais n'est-il pas possible, sans renoncer à une combinaison après tout ingénieuse, de l'utiliser non plus dans l'intérêt de spéculateurs, mais dans celui des commerçants eux-mêmes? En Belgique il existe des mutualités commerciales créées dans ce but. Ainsi à Anvers la société vend 6 francs moins 24 centimes accordés à titre de prime au détaillant, un carnet de 600 timbres d'un centime. Ces timbres sont échangeables non plus dans le magasin d'une société anonyme de bons, mais *chez le commerçant lui-même*, contre d'autres marchandises d'égale valeur. L'association rachète pour 5 francs au détaillant chaque livret vendu 5 fr. 76. Sur ce bénéfice brut de 76 centimes, on prélève les frais d'impression des livrets, le loyer, le traitement du comptable. Le surplus est ristourné : moitié en proportion des parts sociales, moitié en proportion du nombre des timbres achetés par chaque membre [1].

Quelques associations françaises de commerçants ont créé des sociétés mutuelles pour l'émission de coupons-primes à Lille, Dunkerque, Rouen, Amiens. A Amiens le timbre picard a été créé en 1905 ; il n'est que de 3 1/2 % au lieu de 5 % ; mais ce timbre est recherché par la clientèle, les objets remis au porteur des timbres étant d'excellente qualité ; une ristourne sur les bénéfices est versée en outre à l'acheteur. Cette entente des commerçants amiénois a amené la disparition des timbres de spéculation.

1. Rapport sur le paiement comptant par M. Dallemagne (p. 230 du t. III, *Mémoire et Documents de la Commission nationale de la Petite Bourgeoisie*, Bruxelles, 1907).

A Rouen la mutuelle distribue aux commerçants acheteurs de timbres ses bénéfices en proportion des dits achats. Par suite de ces répartitions, le coût des timbres n'est plus pour les commerçants que de 3 1/2 % au lieu de 5 %, d'où une économie annuelle de près de 100.000 francs pour le commerce de détail rouennais. A Douai une société de timbres-primes ristourne *en espèces* à ses clients détaillants 45 % de ses bénéfices et autant, *mais en timbres,* aux acheteurs; les 10 % restants servent à payer les frais de gestion.

Les avis sont partagés en ce qui touche ces mutuelles. Nous pensons comme M. Vaquin, président de l'Union des commerçants du Havre, que le timbre-prime est souvent « nécessaire pour permettre aux petits commerçants de lutter contre les ventes au comptant des grands magasins [1] ». Le timbre-prime n'est donc pas condamnable en soi ; mais les commerçants doivent s'entendre, apprendre à se passer des sociétés parasites et organiser des mutuelles pour la vente au comptant avec bons ou timbres-primes. Intéresser la clientèle à cette combinaison au moyen de ristournes sur les bénéfices de ces sociétés serait d'un excellent exemple, surtout si, au moyen de ces ristournes, on procurait à l'acheteur un avantage social certain, si par exemple, dans les agglomérations ouvrières, on acquittait pour son compte la cotisation exigée par une société de secours mutuels qui lui assurerait en cas de maladie la gratuité des soins médicaux et des médicaments et même, si possible, l'indemnité journalière en deniers. *Ce serait là une excellente réponse à ceux qui accusent les commerçants d'égoïsme.*

---

1. Un certain nombre de commerçants sont nettement hostiles à tout système de primes, qu'elles soient accordées par l'intermédiaire de sociétés financières ou d'associations mutuelles. Cette idée est celle qui prévaut à Marseille. A Avignon les détaillants se sont entendus pour refuser de donner les timbres-primes dits timbre bleu et timbre vert.

Les Établissements de vente à crédit et les Unions économiques.

Les établissements de vente à crédit (Dufayel, Paris-France, les Classes laborieuses, la Ville St-Denis, etc.) sont pour le petit commerce des concurrents d'autant plus dangereux qu'ils lui disputent précisément la clientèle qui lui restait fidèle : toute cette masse d'acheteurs, ouvriers, petits employés, retraités, etc., qui ne peuvent payer comptant.

Le système, après tout, n'a rien d'illicite au point de vue juridique. Il est bien simple et permet par exemple au client de la maison Dufayel d'entrer en possession d'un objet avec un premier versement variant entre le cinquième, le quart, le tiers ou la moitié de l'achat, selon son genre et son importance.

Le premier versement est du cinquième de la somme pour tout achat n'excédant pas 50 francs; du quart pour ceux de 50 à 150 francs; du tiers pour ceux de 150 à 200 francs; de moitié pour ceux de plus de 200 francs.

« Les paiements du solde, dit le catalogue de Dufayel, sont combinés par versements égaux et réguliers, à effectuer chaque semaine, chaque quinzaine ou chaque mois au gré du client, soit aux receveurs en uniforme ou en civil, soit aux caisses de l'Administration, soit par l'envoi de mandats. Chaque versement doit atteindre un certain minimum, par exemple 3 francs, pour les fournitures du prix de 75 à 100 francs[1]. »

Les clients sont sollicités par la publicité la plus active et par les moyens de réclame les plus attractifs : phare tournant dominant les vastes magasins de

---

[1]. Pour les machines à coudre, il n'est demandé comme premier à compte que la somme de 3 francs; le reste est payable 3 francs par semaine. Pour les bicyclettes, on ne paie d'abord que 10 % du prix total. Le surplus est réglé en 12 mensualités.

la rue de Clignancourt, cinématographe, concerts quotidiens dans le Palmarium, buffet-glacier, etc. Les succursales de la maison sont établies dans vingt et une villes des départements voisins de Paris : Beauvais, Chartres, Compiègne, Vernon, etc. etc. et de Normandie : Rouen, Le Havre, Elbeuf. Les marchandises les plus diverses sont vendues à tempérament : tapisseries, rideaux, portières, meubles de toutes sortes, literie, appareils de chauffage, articles de jardin et de sport, bijouterie, sellerie, carrosserie, toiles, et même pianos et orgues! — Une entente avec la Samaritaine permet aux acheteurs de bons Dufayel d'acheter à crédit dans ce grand magasin.

Une autre importante société anonyme de vente à crédit, *Paris-France* (137, boulevard Voltaire), a été créée en 1898 [1]. Son capital social est de 30 millions de francs (60.000 actions de 500 francs libérées). — Depuis 1899-1900 jusqu'en 1909 le dividende de chaque exercice annuel s'est élevé à 52 fr. 50 par action; en 1910 il a atteint 55 francs : l'action est cotée environ 1.448 francs [2]. La société a pour objet le commerce en gros ou en détail, au comptant ou à crédit, des tissus, nouveautés pour dames, hommes et enfants, des objets de luxe et de fantaisie, des articles de Paris et de voyage, d'ameublement et même d'alimentation, etc.

La Société Paris-France a son siège à Paris et elle approvisionne de marchandises ses succursales de province, se ménageant une commission sur ces fournitures. Il existe des succursales dans une cinquantaine de villes : Angers, Angoulême, Avignon, Bayonne, Besançon, Béziers, Bordeaux, Bourges, Brest, Greno-

----

1. Avant d'être organisé en société anonyme, Paris-France avait été fondé (1880), puis dirigé par un particulier, M. Gompel.

2. Les bénéfices nets se sont élevés de 1.752 000 francs en 1889-1900, à 4.382.000 francs en 1910. Les bénéfices de vente atteignent 16 à 20 %; les commissions sur les succursales 12 % des opérations traitées. (*Financial News* (de Paris), 3 février 1911.)

ble, Le Mans, Limoges, Lyon, Marseille, Montpellier,
Nantes, Nice, Nîmes, Rennes, Toulouse, etc. [1]. — Paris-
France est en somme un trust de magasins de nou-
veautés. Ce trust est à la veille de s'élargir et de se
fortifier par la fusion résolue en principe des sociétés
Paris-France et des Nouvelles-Galeries.

M. Carnaud a dénoncé à la Chambre des députés
(séance du 28 février 1910) les manœuvres de certains
usuriers marseillais qui émettent des bons de caisse
échangeables contre des marchandises chez les commerçants adhérents. Pour se procurer 20 francs de
bons, il faut verser un à compte de 2 fr. 60 ; pour
500 francs le versement sera de 150 fr. 25. L'émet-
teur de ces bons retient au commerçant une commission de 15 à 30 %. Cette commission représente, dit
M. Carnaud, un intérêt usuraire qui varie de 110 à
263 % en supposant que l'acheteur se libère en quatre
mois ; la commission en effet correspond à l'intérêt
d'une avance qui, vu le paiement de l'à compte et la
déduction de la commission, est beaucoup moindre
qu'elle ne paraît. Ainsi, pour un bon de 500 francs,
l'acheteur ayant versé à compte 150 fr. 25 et la commission à 30 % étant de 150 francs, l'avance n'aura
été que de 199 fr. 75. M. Carnaud proposait d'interdire le prélèvement d'une commission supérieure à
6 % et l'établissement d'une taxe de 5 % de la valeur
fiduciaire de ces bons.

Sans prétendre aucunement défendre les usuriers
en question, il convient d'observer que la commission
prélevée comprend non pas seulement l'intérêt, mais
le coût des frais de perception et une *prime d'assurance contre le risque d'insolvabilité des acheteurs
à crédit,* risque compté pour zéro par M. Carnaud et

---

1. « Notre pays, nous écrivait le président de l'Union syndicale des
commerçants de Thouars (Deux-Sèvres), M. Thierry, est sillonné par
les employés des maisons de vente à crédit : Paris-Tours, la Samaritaine etc. Le nombre de leurs receveurs a augmenté. »

qui cependant est très réel dans ces sortes d'opérations. Il paraît impossible que la vente à crédit puisse être organisée avec 6 % seulement de prélèvement! Qu'elle soit payée par le commerçant acheteur de bons ou par le client auquel ces bons sont remis, la commission qui ne dépasse pas 15 % n'est pas considérée comme usuraire en matière de vente à crédit.

Menacés dans leurs intérêts, les commerçants-détaillants ont songé à se servir contre leurs rivaux de l'arme même de ces derniers : ils ont créé les Unions économiques, sociétés de vente à crédit dont les plus anciennes, celles de Lille, Saint-Quentin, et de Boulogne-sur-Mer, datent de 1900. De nouvelles Unions se formèrent : en 1901 à Amiens ; en 1902 à Valenciennes, à Cambrai, à Tergnier ; en 1903 à Bordeaux (Épargne Française), à Boulogne-sur-Mer (Union laborieuse), à Nantes, à Laon, à Tourcoing, à Troyes ; en 1904 à Abbeville, à Angoulême, à Saint-Denis, à Tours (Office commercial de Touraine), à Vierzon ; en 1905 à Asnières, à Bordeaux (Mutuelle bordelaise), à Bourges, à Chalon-sur-Saône, à Châteauroux, à Clermont-Ferrand, au Havre, à Montluçon, à Saint-Dizier, à Saint-Étienne, à Toulouse, à Angers, etc. Il existe actuellement des Unions dans 75 villes de France.

Les Unions économiques ne sont pas toutes organisées sur les mêmes bases, mais elles ont un même but : faciliter aux commerçants associés la vente à crédit en leur garantissant le paiement des marchandises vendues et en se substituant à eux pour le recouvrement du prix de vente.

Voici, par exemple, le *Crédit clermontois,* société anonyme au capital de 80.000 francs, pour la vente par abonnement, société dirigée avec intelligence et dévouement par M. Pignol. Cette association des principaux commerçants de Clermont émet des bons qui, achetés par un client, peuvent être échangés par lui chez tous les négociants adhérents contre des marchandises *et cela au prix du comptant.* L'abonné n'est pas tenu de dépenser dans un magasin plus qu'il ne le désire. Si par exemple il achète chez un fournisseur pour 20 fr. 75 et s'il paie avec un bon de 25 francs, il lui sera remis des bons d'appoint pour la différence, soit 4 fr. 75, bons qu'il pourra remettre en paiement chez d'autres fournisseurs.

Pour obtenir un bon, il n'est évidemment pas nécessaire d'en acquitter de suite le montant intégral : autrement, ce ne serait plus la vente à crédit ! Ainsi le *Crédit clermontois* remet un bon de 20 francs immédiatement échangeable contre pareille somme en marchandises, à qui verse 3 francs comptant. Ce surplus étant payable un franc par semaine, c'est un crédit de quatre mois. Un bon de 40 francs comporte un versement comptant de 6 francs, puis d'un franc par semaine : c'est un crédit de huit mois environ. Pour un bon de 60 francs, on paie de suite 9 francs, puis 2 francs par semaine ; pour un bon de 80 francs, on paie de suite 12 francs, puis 2 francs par semaine ; pour un bon de 100 francs, on paie de suite 15 francs, puis 2 francs par semaine ; pour un bon de 200 francs, on paie de suite 34 francs, puis 4 francs par semaine.

Il est perçu, en outre, 3 % sur le montant du bon pour couvrir les frais d'administration.

L'*Union Économique du Havre* applique un système un peu différent. Pour obtenir un de ses bons, il suffit de verser le dixième de la somme créditée, plus 5 % pour frais de recouvrement ; le reste payable par semaine, par quinzaine ou par mois, au gré de l'abonné.

Voilà pour la clientèle. Quant aux commerçants qui livreront leurs marchandises contre des bons, ils consentiront en échange de la garantie que leur donnera l'*Union Économique,* un escompte de 10 à 15 %

par exemple[1] et seront payés dans un délai variant de trois à six mois. Cet escompte se trouve réduit par la participation aux bénéfices accordée à tous les fournisseurs actionnaires ou non, au taux d'escompte moyen de 12 1/2 %.

Toutes les Unions n'ont pas également prospéré. Au 1er Congrès des Unions économiques (Tarbes, août 1906), M. Trémoulet a mis en évidence la cause principale des quelques échecs constatés : l'insuffisance du capital social originaire. M. Trémoulet a prouvé qu'une société réglant ses fournisseurs à 90 jours et opérant en dix mois la rentrée des sommes portées sur les bons, se trouvera, à supposer qu'elle fasse pour 40.000 francs d'affaires par mois, en déficit de 65.300 francs au bout d'un an, ses rentrées n'étant encore faites que dans une faible proportion, alors qu'elle doit faire face à de lourdes échéances. Faute d'un capital suffisant, l'Union sombrera ; mais si son capital originaire lui permet de continuer ses opérations pendant une seconde année, elle aura franchi l'ère des difficultés et réalisera déjà un bénéfice de 15.000 francs[2].

Les Unions économiques doivent lutter incessamment; les maisons de vente à crédit les battent en brèche ; certains sociétaires égoïstes cherchent à accaparer à leur profit exclusif la clientèle qui leur est envoyée par la société ; ils consentent à cet effet aux acheteurs des rabais secrets. Malgré tout, ces associations ont pour la plupart obtenu un réel succès. Ainsi l'Union écono-

---

1. Au 4e Congrès des Unions (Tours, 1909), M. Maurel (de Libourne) a critiqué l'uniformité du taux de cette remise et soutenu que la remise devrait être égale au tiers du bénéfice net moyen, lequel serait évalué à part pour chaque branche de commerce.

2. Pour plus de renseignements voir les comptes rendus des Congrès des Unions économiques : 1er Tarbes (1906); 2e Clermont-Ferrand (1907), 3e Le Havre, 1908; 4e Tours, août 1909; 5e Reims, août 1910. L'étude de ces comptes rendus est indispensable à quiconque songe à créer une Union. Voir notamment dans le 4e Congrès, Tours, 1909 (p. 19), l'intéressant rapport de M. Coulomb : *Ce que doivent être les Unions.* Ces six pages renferment des conseils et des indications pratiques très précieuses

mique de Niort après une année seulement d'existence
a déjà réalisé pour 150.000 francs d'affaires. Celle de
Dijon fondée par M. Patriarche a fait en 1910 pour
300.000 francs d'affaires. Les maisons de vente à crédit sont atteintes par le développement de cette société
et l'une d'elles Paris-Dijon (succursale de Paris-France)
a même abandonné la partie. Les Unions Économiques
sont groupées autour d'une Fédération dont le siège social est à Reims, 39, rue Talleyrand. Le président est
M. Guyot, président de l'Union des Détaillants de Reims.

Que faut-il penser des Unions économiques? Ici encore, *grammatici certant et adhuc sub judice lis est.*
Les purs théoriciens, les économistes transcendants,
les moralistes austères prononcent des arrêts rigou-
reux. La vente à crédit est condamnable; quiconque la
favorise est coupable, etc. — Tout cela est bel et bon.
Qu'il vaille mieux, *lorsqu'on le peut,* payer comptant
que d'acheter à crédit, c'est une vérité que M. de la
Palisse a publiée le premier. Mais n'y a-t-il pas dans
la vie de l'ouvrier, de l'employé, du petit bourgeois
mainte circonstance où l'achat à crédit est une nécessité? Un travailleur se marie; il n'est pas en état de
payer comptant le prix total du mobilier qu'il s'achète
pour « monter son ménage ». Mais il gagne 8 francs
par jour; mais sa femme en gagne 2; soit un gain
global de 10 francs par jour et de 260 francs pour
26 jours ouvrables. Moyennant une légère retenue sur
ce salaire notre homme pourra immédiatement acheter
un modeste mobilier et par suite se marier. N'est-ce
pas un avantage? Un retranchement de 0 fr. 50 ou
de 1 franc par jour sur un salaire de 10 francs se sup-
portera sans trop de peine. En cas de maladie, de chômage, de grève, l'achat à crédit s'impose également.
C'est fâcheux sans doute. mais c'est inévitable. Il vaut
encore mieux manger à crédit que de mourir de faim[1].

1. Au cours de la discussion du budget de 1911 (octobre 1910) MM. Chanot, Thierry et Bouge avaient déposé un amendement aux termes duquel

Au surplus et quel que soit le jugement porté sur la vente à crédit, le petit commerce n'a pas imaginé ce mode de transaction. En l'adoptant, en le faisant sien, il s'est borné à suivre l'exemple de ses ennemis les grands brasseurs d'affaires. La concurrence commerciale est un duel. Or il n'est pas juste d'obliger un duelliste à combattre avec un pistolet de paille ou un sabre de bois un adversaire qui tient en main un pistolet de précision ou une lame du meilleur acier.

seraient interdits l'émission et la délivrance de bons d'achat de caisse, timbres de commerce, timbres-primes ou rabais. Cette interdiction toutefois ne s'appliquerait pas aux bons de caisses ou d'achat remboursables en marchandises émis par un commerçant pour sa clientèle ou par un groupe de commerçants. Les unions économiques se sont émues. Constituées pour la plupart sous la forme anonyme, elles craignaient de ne pas bénéficier de l'exception admise par les auteurs de l'amendement en faveur des groupes de commerçants. Une société anonyme a en effet une personnalité civile distincte de celle de ses membres. MM. Chanot, Thierry et Bouge ont consenti à ne viser dans leur proposition que les timbres-primes ou rabais et non les bons d'achat de caisse émis par les Unions économiques. (Voir le *Bulletin de la Fédération des Unions économiques*, 39, rue de Talleyrand, Reims, n° de novembre-décembre 1910.)

CHAPITRE XII

Le socialisme. — Intervention du petit commerce dans les élections. — Un programme de réformes économiques et de défense sociale.

« Les syndicats et les associations de commerçants ne doivent pas se mêler de politique... » On entend souvent répéter cette maxime d'ailleurs vraie en un certain sens, mais dont il ne faudrait pas exagérer la portée et qu'il importe avant tout de bien comprendre.

Il est parfaitement vrai de dire que les commerçants seraient très mal inspirés en s'enrégimentant sous la bannière d'un parti. La première et inévitable conséquence de cette immixtion collective des commerçants dans le domaine de la politique active serait de les diviser profondément. A un groupement monarchiste ou républicain progressiste s'opposerait aussitôt un groupement radical. Au lieu d'être utilisée tout entière dans l'intérêt commun et professionnel, la force de ces associations s'userait en de vaines querelles ; elles se neutraliseraient l'une l'autre et leurs efforts seraient condamnés à demeurer éternellement inefficaces.

Mais de ce que les commerçants ne doivent sous aucun prétexte se mettre aux ordres d'un parti politique il ne suit nullement qu'ils doivent renoncer à se servir de

15.

cette arme si puissante dans une démocratie qui s'appelle l'organisation électorale. Bien au contraire c'est en se réunissant, en se concertant, en formant des alliances entre citoyens de partis différents, mais soucieux de défendre l'ordre et la paix sociale, que les moyens et petits commerçants peuvent arriver d'une part à assurer le succès de leurs revendications, d'autre part à se défendre contre les entreprises des ennemis avoués de la société actuelle, de toutes ses institutions civiles ou économiques et notamment du commerce indépendant, nous voulons dire contre les socialistes révolutionnaires.

Qu'il y ait pour les moyens et petits commerçants un avantage évident à se grouper et à intervenir lors des diverses consultations du corps électoral pour demander aux candidats de s'engager à soutenir leur cause, à voter telle proposition qui augmente la patente des grands magasins ou celle des établissements à succursales multiples, à se prononcer en faveur de l'organisation avec l'aide de l'État, du crédit mutuel entre commerçants, c'est incontestable. Il est clair aussi que les commerçants ont le droit de faire entendre aux candidats leur avis sur les questions douanières, sur le projet d'impôt sur le revenu, sur le projet de réorganisation de l'enseignement professionnel, bref sur toutes les propositions de loi qui peuvent modifier leur situation économique, soit pour l'améliorer, soit pour l'aggraver en leur imposant de nouvelles charges. Il n'est pas possible non plus de contester aux associations de commerçants le droit d'émettre des vœux d'un ordre plus général en réclamant par exemple des économies, la limitation de l'initiative parlementaire en ce qui touche l'augmentation des dépenses publiques, l'établissement de nouveaux moyens de transport, canaux ou chemins de fer. La maxime : « les commerçants ne doivent pas *faire de politique* », est ici manifestement inapplicable. Refuser le droit de conseiller leurs concitoyens en matière de finances et de politique économique, à ceux-là même des Français qui sont, en raison de leur expérience, les plus qualifiés pour juger sainement ces délicates questions, c'est là une conception proprement insensée dont nul n'oserait assumer la responsabilité.

Mais il y a plus. Si les commerçants peuvent se recommander individuellement des partis politiques les plus opposés sauf un, s'ils peuvent se dire : monarchistes, plébiscitaires, républicains progressistes, républicains de gauche ou radicaux, il est cependant un parti auquel il est interdit à un commerçant de donner son adhésion, sous peine de signer sa propre déchéance, sa propre ruine : c'est le parti socialiste [1]. Entendons-nous bien. En fait, un commerçant est libre, s'il en a la fantaisie, de se proclamer socialiste et de subventionner la propagande révolutionnaire; il existe bien, dit-on, en Amérique des sociétés dont les membres s'engagent à se suicider à tour de rôle dans un temps déterminé. La liberté du suicide est une liberté comme une autre. Mais qui veut vivre doit défendre sa vie; c'est pourquoi le socialisme et le petit commerce s'excluent mutuellement. Il n'est pas difficile de le démontrer; mais cette démonstration n'est peut-être pas cependant inutile.

Sans doute les socialistes ont attaqué de préférence les grandes sociétés industrielles et financières : la haute banque, les compagnies de chemin de fer, les sociétés d'assurances, les raffineurs, etc. Mais les petits commerçants tout comme les petits agriculteurs s'abuseraient étrangement s'ils se croyaient à l'abri des coups du socialisme. Le procès fait par Karl Marx à l'ordre

---

1. Nous interprétons ici le mot *socialiste* dans son sens vrai, c'est-à-dire comme désignant les collectivistes. Certains candidats prétendus socialistes ne sont souvent que des radicaux ou même des nationalistes honteux. Ce sont là des facéties électorales dont nous n'avons pas à tenir compte.

économique et social actuel, c'est le procès de toute l'industrie et de tout le commerce, grand, moyen ou petit. Quiconque produit ou achète pour revendre avec un bénéfice commet une exaction et un vol, car il n'a pas droit à un prix supérieur à la valeur produite. « L'usure, dit Marx, est dans les pores de la production comme les dieux dans les intermondes d'Épicure[1]. » Et il précise ainsi sa pensée en l'appliquant au commerce.

« La circulation des marchandises est le point de départ du capital. C'est sous la forme argent que la valeur devenue capital commence, termine et recommence son procès de génération spontanée. Elle était 100 livres sterling; elle est maintenant 110 livres. C'est le changement de place par deux fois de la même marchandise : premièrement dans l'achat où elle remplace l'argent avancé, secondement dans la vente où l'argent est repris de nouveau, c'est ce double déplacement qui occasionne le reflux de l'argent à son point de départ et de plus d'argent qu'il n'en avait été jeté dans la consommation. »

Ce procédé si naturel en soi lorsqu'il n'y a pas abus, la majoration légitime du prix d'achat en vue d'assurer au commerçant une rémunération de son travail et de sa mise en risque, c'est, d'après Marx, une usure. Il est du reste encore plus net ailleurs (*Capital,* tome IV, livre 3, Le procès d'ensemble de la production capitaliste, ch. XXXVI).« *La classe ouvrière,* écrit-il, *est frustrée par les petits commerçants qui lui vendent ses objets de consommation.* Mais il ne s'agit là que d'une exploitation secondaire prenant place à côté de l'exploitation essentielle qui a lieu dans le processus de la production. »

Traduction libre mais fidèle : Les petits commerçants ne sont que de petits voleurs opérant à côté des industriels qui sont les grands voleurs. Les uns et les autres doivent disparaître.

Les disciples et émules de Karl Marx ont suivi l'exem-

[1]. *Le Capital,* tome IV, p. 170.

ple du maître et prodigué les aménités aux petits commerçants. Quelques citations permettront au lecteur impartial de se pénétrer de cette vérité.

« Le petit commerce, écrit VANDERVELDE (*Le collectivisme et l'évolution industrielle*, p. 55), est par excellence le refuge des éclopés du capitalisme, de tous ceux qui préfèrent au dur labeur de la production le maigre grapillage de l'intermédiaire ou qui, ne trouvant plus un revenu suffisant dans l'industrie ou dans l'agriculture, éprouvent le besoin d'ajouter une corde à leur arc. »

« Actuellement, dit le même VANDERVELDE (ibid., p. 159), les épiciers ont une réputation de falsificateurs que *d'honorables exceptions* ne parviennent pas à faire oublier. Les laitiers, malgré la surveillance de la police [1], ne renoncent pas à baptiser leur lait, etc. »

Un autre écrivain belge, l'un des chefs du mouvement socialiste dans ce pays, M. Louis Bertrand, n'est pas moins formel :

« L'avenir est au grand commerce comme le présent est à la grande industrie. L'avenir aussi est à la coopération, c'est-à-dire à la suppression de plus en plus certaine des intermédiaires inutiles. *Le petit commerce comme la petite industrie, et peut-être la petite culture est appelé à disparaître par la force des choses* » (*La Coopération*, p. 19).

L'un des docteurs les plus qualifiés de la *Social Democratie,* Kautsky, a raillé au cours de sa célèbre polémique avec Bernstein, la naïveté de son adversaire qui croit voir dans la classe des petits industriels et des petits marchands un élément de défense de l'ordre social actuel. « Les entreprises des fruitières, des coiffeurs et des marchands de marrons, dit-il dédaigneusement, ne feront pas plus obstacle au socialisme, que les champs de choux et de pommes de terre des ouvriers agricoles »

<hr>

1. On saisit le procédé. Il y a, c'est bien certain, parmi les épiciers et les laitiers des fraudeurs. M. Vandervelde ne se borne pas à le constater; il affirme : la majorité des épiciers et des laitiers se compose de fraudeurs.

(*Le Marxisme et son critique Bernstein*, ch. ii, Le Programme, trad. Leroy, p. 144).

Le langage des socialistes les plus modérés, nous n'osons dire les plus « opportunistes », ne diffère à cet égard, que par des nuances de celui des socialistes révolutionnaires. M. Georges Renard notifie lui aussi, sous une forme, il est vrai, plus adoucie et non sans d'habiles précautions oratoires [1], leur congé aux petits commerçants :

« Il semble difficile, tout en ayant beaucoup de sympathie pour les petits commerçants dont la situation est si douloureuse, que l'on désire le maintien à perpétuité du petit commerce.. Le développement des grands magasins et des coopératives dont les petits commerçants se plaignent tant fournit d'ordinaire au consommateur des marchandises de meilleure qualité et leur procure toutes sortes de commodités... Il constitue dans l'ensemble un progrès. »

On n'exécute pas plus galamment les gens. « Vous m'êtes infiniment sympathique... Aussi, de grâce, permettez-moi de vous débarrasser du fardeau de la vie. »

Quelle que soit leur manière acide ou sucrée, les socialistes de toutes nuances ne se sont du reste pas bornés à manifester leur mauvais vouloir envers le petit commerce par des écrits ou des discours ; les actes ont accompagné et souligné les déclarations.

Cette hostilité des socialistes contre le petit commerce s'est surtout affirmée dans l'ordre pratique par la création de coopératives de consommation, groupées autour

---

1. C'est du reste une tactique chez certains orateurs ou écrivains du parti de ménager *dans la forme* les petits commerçants. M. Jaurès s'apitoie sur le sort des petits marchands privés par la concentration commerciale de l'espoir de fonder une maison, « cet espoir qui était le ressort de leur activité et la joie de leur vie » (*Action socialiste*, 5ᵉ éd., p. 43). — Voir encore du même : *Études socialistes*, 1902, p. 244. Déjà en 1876 Johann Most s'apitoyait dans sa brochure : *Der Kleinbürger und die Sozialdemokratie*, p. 29, sur le sort du maître artisan ou du petit marchand qui tirait les marrons du feu pour les réactionnaires et les libéraux et qui redoutait comme la peste le parti socialiste où sa place cependant était marquée aux côtés de l'ouvrier.

de la *Bourse des Coopératives socialistes* fondée le 1er décembre 1895. C'est le droit de tout citoyen de fonder une société de consommation ; ces sociétés dont on a beaucoup exagéré les avantages peuvent, dans certains cas, rendre de réels services à la classe laborieuse. Il n'en est pas moins vrai que créer systématiquement et en tous lieux des sociétés de consommation, c'est poursuivre l'élimination du petit commerce, c'est, en vue d'une économie problématique, priver de leur gagne-pain quantité de travailleurs : les commerçants et leurs employés. Que l'action coopérative socialiste ait été sciemment orientée vers ce but, on n'en saurait douter. Les socialistes coopérateurs n'ont cessé en parodiant un mot célèbre, de crier : « Le commerce libre, voilà l'ennemi ! »

Au 5e Congrès de la Coopération socialiste (Nantes, 1905, p. 41) le citoyen Lucas déclarait nettement :

« La coopération a pour but de mettre un terme à l'exploitation capitaliste. *Les coopératives de consommation répondent plus particulièrement à l'exploitation commerciale...* Il s'établit entre la coopérative et les commerçants une concurrence parfois très vive au cours de laquelle les moins bien armés sont appelés à disparaître... *Parmi ceux-ci se trouvent des petits commerçants, ouvriers d'hier, n'ayant que peu ou pas de capital.* Ils ne tirent leurs revenus que de leur commerce ; ils disparaissent les premiers. »

Ainsi, de l'aveu du citoyen Lucas, le premier et le plus sûr résultat de ces coopératives de consommation fondées *pour supprimer l'exploitation capitaliste*, est *d'éliminer des petits commerçants anciens ouvriers qui ne sont même pas des capitalistes* [1]. Est-il possible de mieux réhabiliter le petit commerce et de

---

1. Les socialistes n'en persistent pas moins à répéter comme un refrain qu'ils font la guerre aux sociétés capitalistes. « *C'est en face du commerce capitaliste* que doit se présenter la coopération avec le ferme désir de le supplanter et de l'anéantir » (4e *Congrès de la Coopération socialiste,* Sotteville, 1903, discours du citoyen Ponard, p. 71).

mieux montrer, sans le vouloir, la malfaisance de certaines conceptions absolues en apparence généreuses, mais dont la réalisation opère en sens inverse du but annoncé? Car si le petit commerçant, salarié d'hier, disparaît tué par la coopérative, la grande entreprise capitaliste, le grand magasin ou la maison à succursales subsiste et prospère.

De fait les socialistes ont créé de nombreuses coopératives de consommation : 260 sociétés groupant 85.000 familles d'après le rapport présenté au 7e Congrès de la Coopération socialiste (mai 1909, p. 123). Parmi ces sociétés citons l'Union d'Amiens 3.800 membres, la Bellevilloise, (Paris XXe) 7.100 membres, l'Égalitaire de Paris (Xe) 3.800 membres, la Laborieuse de Troyes 2.900 membres, etc., l'Union de Lille 5.964 membres. — Il est facile d'imaginer le tort considérable causé au petit commerce des quartiers ouvriers de Paris ou des autres grandes villes par ces sociétés qui vendent non seulement du pain, mais du vin, de l'épicerie, de la mercerie, de la quincaillerie, des chaussures, de la confection ou qui exploitent des restaurants ou des pharmacies.

Le commerçant français a bon caractère et son endurance est exceptionnelle. Aussi parut-il pendant longtemps insensible aux attaques dirigées contre lui par les socialistes. Du reste, la piperie des mots est telle dans notre beau pays de France que nombre de commerçants d'opinion avancée se refusèrent pendant longtemps à voir un ennemi dans ce parti avec lequel ils avaient combattu côte à côte dans mainte campagne électorale. N'y avait-il pas derrière cet apparent antagonisme quelque malentendu, quelque piège de la réaction?... Cependant les coopératives socialistes se fondaient un peu partout; les collectivistes s'emparaient de diverses municipalités à Lille, à Calais, à Roubaix, à Marseille, à Narbonne, à Toulon, à Montluçon, à Limoges, à Commentry, à Issoudun, etc.

Presque partout — sauf de rares et honorables exceptions — la gestion des nouvelles municipalités a justifié les sévères critiques qui ont été dirigées contre elles. Sous couleur de services d'intérêt social, des dépenses importantes ont été engagées; l'ordre public a été plus d'une fois gravement troublé comme à Limoges en 1905; les taxes de remplacement des octrois supprimés ont été établies d'une manière vexatoire; enfin les édiles socialistes ont manifesté leur intention de créer partout des boucheries, des boulangeries, des pharmacies municipales, rendant ainsi la vie impossible à un grand nombre de détaillants[1].

Dénoncé, provoqué, lésé dans ses intérêts les plus évidents, le petit commerce s'il n'avait pas perdu toute énergie, toute virilité, devait réagir et se défendre : c'est aussi le parti qu'il finit par prendre et depuis dix ans environ tout observateur un peu attentif des faits sociaux a pu constater ce retour offensif de la moyenne et de la petite bourgeoisie commerçante et industrielle des villes. Comme toujours ce fut Paris qui donna le signal et qui ouvrit la marche.

Ce fut aux élections municipales de mai 1900 que les commerçants détaillants parisiens affirmèrent pour la première fois par un acte public leur volonté de ne pas se laisser plus longtemps attaquer sans riposter et aussi leurs sentiments patriotiques dont le précédent Conseil n'avait tenu aucun compte lorsqu'il avait voté l'achat pour les bibliothèques municipales d'un certain nombre d'exemplaires du livre de Gustave Hervé. — Le mécontentement desdits commerçants parisiens

1. Le 2ᵉ *Congrès des Conseillers municipaux socialistes de France*, St-Denis, juillet 1893, votait sur la proposition du citoyen Vaillant : 1° l'établissement d'une taxe officielle du pain et de la viande ; 2° l'organisation de services municipaux d'approvisionnement et d'alimentation (avec vente au prix de revient); 3° l'organisation de services municipaux d'assistance médicale et pharmaceutique ; 4° la mise des vendeurs, producteurs et consommateurs en rapports directs sous le contrôle de la commune, lorsque le service n'aura pas été municipalisé (p. 17).

était encore avivé par un récent décret (mars 1899) qui limitait au tiers de la largeur des trottoirs la surface de la zone susceptible d'être concédée pour les étalages.

On sait quel fut, à Paris, le résultat des élections de mars 1900. La nouvelle majorité formée par des représentants des arrondissements du Centre où dominent les commerçants et les gens d'affaires : 1er (Louvre), 2^c (Bourse), 4e (Hôtel de Ville), 5e (Panthéon), 6e (Luxembourg), 9e (Opéra), 10^c (Entrepôt), comme aussi des arrondissements les plus riches de Paris ; 7e (Palais Bourbon), 8e (Élysée), 16e (La Muette), 17e (Batignolles-Monceau), se composait de nationalistes, de républicains municipaux (progressistes) et de conservateurs. Dans les autres arrondissements, habités par une population ouvrière, le parti socialiste l'emportait.

Ce contraste était si manifeste que la presse socialiste n'hésita pas à le signaler et à attaquer le petit commerce rendu par elle responsable de la victoire nationaliste[1]. Deux ans plus tard le Paris du Centre ayant encore donné dans les élections à la Chambre des députés, la majorité aux candidats nationalistes et progressistes, voici en quels termes amènes M. Goullé, dans *L'Aurore* du 29 avril 1902, qualifiait les commerçants parisiens :

« Tous les vendeurs à faux poids et à fausses mesures, tous les falsificateurs de denrées, tous les filous trichant sur la mon-

---

1. « Il existe au Centre et à l'Ouest, c'est-à-dire dans les quartiers bourgeois et riches, une tache nationaliste. Ce que l'on peut affirmer — et c'est là un fait d'une haute importance sociale et une indication précieuse de tactique, — c'est que *partout où l'émancipation économique de l'ouvrier par des coopératives à base socialiste a été commencée, partout où le joug du petit commerçant est brisé ou tout au moins allégé,* le scandale d'une invasion du nationalisme nous a été épargné » (*L'Aurore* du 16 mai 1900, article de M. de Pressensé). Dans ce même numéro M. Léon Millot prétend que la nouvelle majorité va renouveler le privilège du gaz et il ajoute. « Tu l'avais voulu, Georges Dandin ! Petits boutiquiers qui avez cassé vos édiles pour avoir de meilleures finances, vous l'avez voulu aussi ».

naie à rendre, tous les logeurs proxénètes se disputant la clientèle des filles publiques, tous les laitiers empoisonneurs de nouveau-nés, *toute la bande des épiciers, boulangers, bouchers, mastroquets, charcutiers, merciers, traiteurs, tripiers, fruitiers, charbonniers, marchands de chaussures à semelles de carton, toute la boutiquaille voleuse embusquée pour détrousser le passant...* »

Les syndicats et associations de commerçants ne s'étaient cependant inféodés à aucun parti politique et si l'opposition de droite avait le plus souvent eu leur appui, c'était avant tout parce que les candidats de ce parti avaient plus spécialement soutenu les revendications du petit commerce. Mais aux élections de 1904 les candidats radicaux ayant dans certains quartiers du Centre, souscrit des engagements envers leurs électeurs commerçants, reprirent plusieurs sièges aux nationalistes et la majorité fut de nouveau composée de radicaux et de radicaux-socialistes. Strictement impartial, le Comité de l'Alimentation parisienne recommandait en 1904 et en 1908 tous les candidats de droite on de gauche qui acceptaient de soutenir la cause du commerce spécialiste de détail [1]. Le programme signé par MM. Marguery président, Fontaine, Grizard, Charabot et autres notables commerçants, énonçait ainsi les engagements souscrits par ces candidats :

Profession de foi républicaine ;

Répudiation de l'antipatriotisme, du *collectivisme*, de l'action directe, du sabotage ;

Aucune augmentation des charges pesant sur la population parisienne ;

Rejet de toute proposition tendant à la création d'établissements municipaux, commerciaux ou industriels;

---

1. Il recommandait par exemple en 1908 des radicaux comme MM. Bellan, Pannelier, Patenne, Achille, Tautet, Rébeillard, Sauton; des républicains municipaux comme MM. Escudier, Ernest Caron, Gay, Oudin, Quentin; des nationalistes comme MM. Galli, Le Menuet, Poirier de Narçay, Barillier.

Application de la patente aux coopératives ;

Suppression des économats ; rejet de tous les monopoles, etc.

Dans une réunion au Trocadéro à laquelle assistaient 5.000 détaillants, on adoptait une résolution invitant les électeurs à ne voter que pour des candidats nettement anticollectivistes, prêts à défendre la propriété individuelle et les libertés nécessaires au développement du commerce et de l'industrie (*Éclair,* 11 avril 1908).

Ces décisions plaçaient les élus radicaux dans une situation assez équivoque. Au point de vue politique, ils étaient les alliés des socialistes, dont au point de vue économique et municipal, ils étaient séparés par toutes leurs idées et par des engagements d'honneur. Les événements devaient bientôt les mettre en demeure d'opter. L'occasion leur en fut donnée par les manifestations tumultueuses contre l'exécution de Ferrer et par les tentatives des socialistes pour provoquer une agitation nuisible aux intérêts du commerce parisien. Les conseillers radicaux de nuance modérée, MM. Bellan, Beer, Gent, Sauton, etc. eurent alors le courage de se séparer nettement des socialistes et depuis cette époque, ils sont au Conseil les alliés de leurs collègues républicains progressistes ou libéraux, auxquels ce concours a de nouveau assuré la majorité. Un groupe spécial, présidé par M. Bellan et dont M. Quentin est le secrétaire, est du reste au Conseil municipal le défenseur attitré du moyen et du petit commerce.

L'exemple donné par Paris n'est pas resté isolé. Dans plusieurs grandes villes de France, des municipalités socialistes ont été, grâce à l'alliance des commerçants d'opinions diverses unis pour la défense de l'ordre social, remplacées par des municipalités anticollectivistes. Tantôt c'est à titre individuel comme à Lille et à Roubaix que les commerçants ont donné leur appui aux candidats modérés, tantôt les associations de commerçants sont intervenues officiellement.

Cette intervention a été particulièrement active à Limoges. Le commerce de cette ville avait beaucoup souffert de la grève des ouvriers en porcelaine (1905) et l'opinion publique était fort irritée contre le maire socialiste, M. Labussière. La nouvelle démission des conseillers collectivistes qui se refusaient à voter le budget de la police fut accueillie avec satisfaction et les commerçants limousins décidèrent de tenter une démarche chez les chefs des partis radical et progressiste pour leur demander « de sacrifier les personnalités de leurs listes compromises dans les luttes antérieures et de choisir des hommes nouveaux ». L'union ne put être réalisée entre les états-majors ; mais au second tour et malgré les conseils de leurs chefs, nombre d'électeurs radicaux donnèrent leur suffrage aux républicains modérés dont la liste fut élue le 11 février 1906 par 7.840 voix accordées au Dr Chenieux, premier candidat, contre 7.555. Cette élection, de notoriété publique, est l'œuvre du commerce de Limoges.

A Rochefort, le petit commerce a tout récemment remporté une victoire significative. La question de la suppression du port de guerre de Rochefort, on le sait, est posée. L'ancienne municipalité radicale-socialiste n'avait pas su, de l'avis général, défendre assez énergiquement en cette occasion les intérêts gravement menacés de la ville. Aux élections qui ont eu lieu en septembre 1910, la liste soutenue par le *Syndicat du commerce et de l'industrie* a passé tout entière ; cette liste avait été établie en vue d'assurer la *représentation proportionnelle* des divers partis.

Le nouveau conseil est résolu à s'occuper non de politique, mais d'affaires et surtout à lutter pour le maintien du port de guerre. M. Davy, président du Syndicat du commerce, a été élu maire.

A Dijon les élections municipales de mai 1908 eurent pour résultat de remplacer à l'hôtel de ville les socialistes unifiés et quelques radicaux-socialistes par une majorité de conseillers qui sollicitaient les suffrages non point tant au nom d'un parti qu'en invoquant la défense des intérêts du commerce et de l'industrie [1].

La *liste du commerce et des intérêts locaux,* dressée sur l'initiative d'un négociant qui personnellement ne briguait pas le mandat de conseiller municipal, comprenait surtout des candidats dont les opinions correspondaient au programme politique de l'Alliance républicaine démocratique. Le maire et trois adjoints sur quatre furent choisis parmi les élus de ce groupe. Le quatrième adjoint et quelques conseillers sont des républicains libéraux.

L'échec du parti socialiste unifié et radical socialiste était dû à une mauvaise gestion financière. On reprochait surtout à la municipalité sortante les taxes de remplacement établies lors de la suppression des octrois. Cette réforme, pour des raisons multiples, ne donna pas les résultats heureux annoncés par la municipalité socialiste. Le prix des denrées ne baissa pas après la réforme et les charges nouvelles furent cause du mécontentement de presque toutes les catégories de la population.

Il serait possible de citer d'autres exemples. — Il est évident que le moyen et le petit commerce ont compris le danger qui les menaçait et qu'ils sont prêts maintenant à se défendre contre ce parti révolutionnaire qui a inscrit en tête de son programme *la socialisation des moyens de production et d'échange,* c'est-à-dire la destruction de l'industrie et du commerce libres.

Il semble même que cette action des moyens et petits commerçants et industriels soit près de s'exercer non plus seulement sur le terrain municipal, mais

---

1. Les renseignements qui suivent nous été fournis par notre ami, M. Germain Martin, professeur à la Faculté de droit de Dijon, l'historien et économiste bien connu.

encore sur le terrain politique, non pas, nous ne saurions nous lasser de le répéter pour contredire à l'avance les interprétations malveillantes, pour servir tel ou tel parti, mais pour demander à tous les partis de souscrire certains engagements jugés nécessaires dans l'intérêt du pays en général et de la classe industrieuse en particulier. C'est en s'inspirant de ces idées que le 8ᵉ Congrès de la Confédération des Groupes commerciaux et industriels (octobre 1909) avait résolu de soumettre aux candidats aux élections à la Chambre des députés (mai 1910), un programme en neuf articles précisant les vœux du commerce :

1ᵒ Suppression des monopoles et privilèges et opposition formelle à toute tentative de socialisation d'une forme quelconque de l'activité nationale ;

2ᵒ Obligation pour le Parlement de veiller à ce que le Gouvernement n'intervienne dans les conflits du travail que dans les limites que lui fixe le respect de la liberté et de la propriété individuelle concilié avec celui de la justice ;

3ᵒ Réforme fiscale par l'amélioration ou la refonte des contributions existantes et après consultation des organisations professionnelles, mais rejet du projet Caillaux en raison de son caractère inquisitorial ;

4ᵒ Recherche des économies à réaliser ;

5ᵒ Établissement de pensions de retraite pour toute personne âgée et incapable de subvenir à ses besoins. Elles seront une charge nationale ; il faut pour les créer s'appuyer sur la mutualité ;

6ᵒ Organisation de l'apprentissage par les Chambres de commerce et les associations corporatives ;

7ᵒ Mesure de défense contre les effets des trusts, cartels ou dumpings ;

8ᵒ Obligation pour tout législateur de voter personnellement dans les scrutins concernant le budget de l'État et les lois fiscales : obligation pour l'auteur de tout projet de loi entraînant des charges nouvelles, d'indiquer comment il assure l'équilibre financier;

9° Obligation pour les pouvoirs publics de consulter les syndicats professionnels, patronaux et ouvriers et les groupements autorisés au sujet des lois concernant le commerce, l'industrie et les conditions du travail avant qu'elles soient soumises au Parlement.

CONCLUSION

Nous sommes parvenus au terme de cette étude
dont il nous faut maintenant dégager les conclusions.

Que le petit commerce spécialiste ait cruellement
souffert des transformations déterminées pendant la
seconde moitié du xixᵉ siècle par la révolution économique consécutive à l'apparition et à la croissance de
la grande industrie et des grands magasins, c'est
l'évidence. Aujourd'hui encore cette concurrence des
grands établissements subsiste, accrue et intensifiée
par l'application de nouvelles méthodes commerciales,
par l'accélération des moyens de transport, par l'élargissement continu de la zone d'influence des grandes
villes. Le petit commerce urbain est même attaqué
dans ses derniers retranchements par les maisons à
succursales, par les maisons de vente à crédit, par les
roulottiers, par les coopératives de consommation qui
lui disputent la clientèle ouvrière et rurale.

En dépit de tous ces assauts, en dépit de tous les
coups qui l'ont meurtri, en dépit des docteurs de
l'Économie politique qui, au nom du Progrès, son-
naient le glas de son agonie, le petit commerce n'est
encore ni mort, ni moribond. Sa forte constitution lui
a permis de réagir contre un mal trop certain ; il n'est
pas guéri sans doute, mais il espère bien guérir et en
attendant il agit, il travaille. Le dernier bulletin qui
nous donne des nouvelles de sa santé est même

16

plutôt rassurant : le Recensement professionnel de 1906 nous montre en effet en augmentation pour la première fois depuis dix ans la proportion du nombre des employés de commerce occupés dans les petits établissements de 1 à 5 salariés [1]?

Comment expliquer cette contradiction, cette antinomie? D'une part, jamais le petit commerce n'a eu à se défendre contre des concurrents plus redoutables et plus nombreux. — D'autre part, loin de disparaître, il semble se maintenir énergiquement dans ses positions et même regagner un peu du terrain perdu.

Cette énigme s'explique, à notre avis :

1° *Par l'accroissement phénoménal des transactions, et par suite, des profits au cours des trente dernières années.* La richesse générale de la France a augmenté dans de fortes proportions et avec cet enrichissement la puissance d'achat de la population dont le chiffre numérique est malheureusement demeuré presque stationnaire. Les grands établissements se sont adjugé sans doute la meilleure part; mais les moyens et les petits ont profité, bien que

---

1. M. Souchon le disait excellemment au Congrès de la Société d'Economie sociale (*Réforme sociale* du 1er septembre 1911). « Rien ne peut prouver que la concentration va continuer et s'augmenter. Il est très possible que l'on ait fait une loi de ce qui n'était que la série des faits d'un temps. Quelles sont après tout les causes de la concentration? Elles reviennent à une seule : le développement du machinisme. Le grand magasin doit son succès pour une bonne part non pas à son propre machinisme, mais à ce qu'on pourrait appeler le machinisme social qui existe autour de lui. Les envois du Louvre et du Bon Marché ne se feraient pas en province comme ils se font sans les facilités des transports en chemin de fer. » Or il n'est pas certain que le machinisme réalise dans l'avenir des progrès comparables à ceux dont le xixe siècle a été le témoin, ni surtout que les inventions nouvelles favorisent la concentration. L'invention des petits moteurs à pétrole, la découverte du transport de la force électrique peuvent aider à la renaissance d'une petite industrie locale qui servirait puissamment les intérêts du commerce régional. L'automobile a, il est vrai, servi aux grands magasins pour leurs livraisons en banlieue, mais il a aussi développé le tourisme et réveillé dans un certain nombre de localités une activité depuis longtemps assoupie.

dans une moindre mesure, de cette prodigieuse accélération du mouvement des échanges.

2° *Par la persistance des causes secondaires qui, même dans les conditions les plus défavorables, ont préservé les moyennes et les plus petites entreprises du risque d'une disparition totale.* Contre les grands magasins de Paris et des villes où la vente a lieu au comptant, le petit magasin a eu pour alliés non seulement le besoin de crédit si fréquent dans la classe populaire, mais l'éloignement de ces vastes établissements, la sollicitation immédiate du client par le petit marchand son voisin, les frais et la perte de temps qu'entraîne un déplacement, tout le monde n'étant pas habitué à choisir sur catalogue, l'aversion éprouvée par beaucoup d'hommes pour ces immenses caravansérails où l'acheteur est comme roulé par la vague des visiteurs. La plupart de ces avantages encore conservés par le petit commerce sur les grands magasins lui sont enlevés lorsque la concentration capitaliste a recours à des procédés de déconcentration commerciale, tels que l'organisation de succursales multiples et la mise en circulation de roulottes; la vente à crédit, la distribution de primes ont également été très utiles aux accapareurs qui espèrent ainsi forcer le petit commerce dans ses derniers retranchements. Mais à son tour le petit commerce a repris l'offensive et s'est défendu :

3° *Par l'organisation économique et même politique.* — Il n'est pas besoin ici d'insister, tout notre livre ayant été consacré à l'étude analytique de cette campagne encore à ses débuts entreprise pour le salut du commerce indépendant.

Les deux partis sont en présence et déjà l'action est engagée. D'un côté les grands établissements, forts de leurs puissants capitaux, de leurs installations somptueuses, de leurs séduisants étalages, confiants dans l'attraction magique exercée sur la femme par leurs expositions, sur les naïfs par leurs primes, disposant en un mot de cette force énorme de la concentration, du choix et de l'abondance des articles qui agit presque fatalement sur les foules. De l'autre côté les moyens et petits établissements n'ayant pour ressource et pour moyen d'action que les qualités personnelles des commerçants qui les ont fondés et qui les dirigent, c'est-à-dire l'intelligence, la capacité de travail, l'énergie, l'ingéniosité, l'esprit d'ordre, bref les qualités traditionnelles du marchand français.

Qui l'emportera? Est-il permis de prévoir l'écrasement définitif de l'un des partis belligérants, de dire : Ceci tuera cela?

Nous ne le pensons pas.

Le petit commerce ne tuera certainement pas le grand magasin. Il serait fou de rêver la fermeture par autorité de justice de ces immenses établissements qui font désormais partie intégrante de la vie économique de tout pays civilisé, qui correspondent, du reste, il faut l'avouer, à des besoins nouveaux et qui ont contribué dans une large mesure à la multiplication des échanges. Le public, l'immense public acheteur et consommateur, n'admettrait même pas une politique fiscale outrancière, aboutissant indirectement par une surélévation extraordinaire de la patente, à la liquidation forcée du Louvre et du Bon Marché. Il se jugerait sacrifié par la disparition de ces grands magasins dont l'action immédiate, la seule qu'il discerne nettement, s'est employée dans le sens d'une diminution du bénéfice du vendeur, par suite, pense-t-il, dans son intérêt à lui acheteur.

Mais le moyen et le petit établissement ne disparaîtront pas davantage. Dans la nature il y a place pour tous les êtres et pour tous les organismes, pour la graminée comme pour le cèdre et le chêne, pour la fourmi et pour l'abeille comme pour l'aigle et l'élé-

phant. Les plus modestes sont souvent les plus utiles ;
la valeur ne se mesure pas à la taille.

Il en est de même en matière commerciale. Chaque
client a ses préférences. Il vous plaît, Madame, de
vous engouffrer sous les galeries de cet immense bazar, d'y passer des après-midi entières (on trouve tout
réuni dans les grands magasins; quelle économie de
temps !), d'y trouver non la liberté, mais plutôt l'illu-
sion du choix, car on offre à votre vue les produits de
telles ou telles marques, à l'exclusion de toutes les autres ; il vous plaît de passer en revue ces rayons où
s'affiche un luxe de pacotille. C'est à merveille ! Mais
il plaira à d'autres Parisiennes d'exercer leur choix
non pas seulement entre les articles exposés dans un
rayon, mais entre toutes les spécialités mises en vente
par tous les fabricants et commerçants, d'adopter, non
pas certes au hasard, mais après mûre délibération,
après épreuve et contre-épreuve, tels fournisseurs qui,
dans chaque branche d'industrie ou de commerce, lui
auront paru présenter des garanties sérieuses de probité, d'expérience, de savoir-faire et de goût, telle
modiste dont les chapeaux de feutre ou de paille
sont fabriqués avec des matières premières de bon
aloi et façonnés avec une sûre élégance, telle couturière qui saura leur faire un vêtement à leur guise,
tel chausseur qui leur fera une bottine fine, souple
et bien à leur pied. Désirent-elles acquérir un objet présentant un caractère vraiment artistique : bijou,
meuble, broderie ou dentelle, elles ne le chercheront
pas au banal étalage d'un *Paradis des Dames* quelconque; elles le demanderont au spécialiste : au bijou-
tier-joaillier de la rue de la Paix ou des boulevards,
à l'ébéniste ou au tapissier du faubourg Saint-Antoine, au dentellier ou au brodeur en renom. Quel
homme, quelle femme de culture un peu raffinée achè-
terait dans un grand magasin la statue de bronze ou
de marbre qui doit orner son salon, l'horloge ou le can-

16.

délabre qui décorera sa cheminée? Les commerçants spécialistes ont conservé tout à la fois la clientèle des humbles, de ceux dont le temps consacré au travail professionnel ne peut être gaspillé en voyages circulaires à travers les galeries des bazars, pour lesquels le crédit est une nécessité et celle de l'aristocratie féminine qui, s'insurgeant contre la tyrannie du modèle, entend faire de son ameublement, de sa parure, de sa toilette une œuvre personnelle et une harmonie.

Pour toutes ces raisons plus puissantes en France qu'en aucun autre pays, le petit commerce spécialiste survivra. Mais survivre ne suffit pas; il lui faut ne pas déchoir, revivre d'une vie pleine et intense, il lui faut manifester sa virilité, son activité, reprendre du champ et s'élancer de nouveau pour disputer le prix de l'éternelle course; il lui faut surtout s'adapter avec précision aux mœurs, aux habitudes, aux exigences de la société nouvelle.

Ce rajeunissement du commerce spécialiste comment le réaliser? Doit-on l'attendre :

du public acheteur?

de l'État?

du commerçant lui-même?

Le public demeure provisoirement neutre. Il est le juge, il est l'arbitre; il ne saurait prendre parti dans un procès sur lequel il statuera en dernier ressort. L'acheteur s'adressera au vendeur quel qu'il soit, chez lequel il trouvera au prix le plus avantageux, les produits les meilleurs, ceux du moins qui lui conviendront le mieux. Toutes les sollicitations, tous les appels ne peuvent rien contre la fatalité de cette loi économique.

L'État peut davantage pour le relèvement du moyen et du petit commerce. Il peut leur accorder une meilleure répartition des charges fiscales, la réparation des injustices dont bénéficient encore, à ce point de vue, les grands magasins et surtout les établissements à succursales multiples; la cessation de la concurrence déloyale faite au commerce patenté par les fonctionnaires commerçants ; il peut réaliser, en un mot, maintes réformes parfaitement justifiées que nous avons précédemment exposées.

Mais avant tout le commerçant spécialiste doit se convaincre que le meilleur et le plus sûr artisan de son salut, c'est lui-même. Le plus savant médecin ne peut conserver la vie à un mourant. La revision de la législation des patentes, si légitime qu'elle soit, ne serait qu'un remède empirique radicalement inefficace si les détaillants ne se décidaient à entrer résolument dans la voie de l'organisation économique; s'ils n'étudiaient avec le sincère désir d'en tirer tout le parti possible, ces institutions d'achat en commun, de publicité, de crédit mutuel, de recouvrement, d'enseignement professionnel qui peuvent diminuer leurs frais, leur permettre d'abaisser leurs prix de revient et de vente, de lutter à armes égales avec leurs redoutables concurrents. L'enseignement, professionnel surtout sera pour eux un bienfait véritable s'ils savent orienter leurs syndicats vers l'étude des méthodes techniques des grands magasins, s'ils apprennent de maîtres autorisés à tenir leur comptabilité avec une précision inflexible, à vendre, autant que possible, à prix fixe et affiché, à admettre les « rendus », à disposer leurs étalages avec art, à guetter les variations de la mode au lieu d'être surpris par elles, à essayer de la vente d'articles nouveaux au lieu de se laisser devancer. Que d'idées jugées aujourd'hui utopiques pourraient devenir des réalités! Pourquoi, après tout, ne verrait-on pas s'ouvrir un jour ce grand magasin du petit commerce, ce magasin syndical qui capterait au profit de toute une corporation ou même de plusieurs corporations alliées cette force de la concentration exclusivement utilisée jusqu'ici par la grande société anonyme?

Un tel programme ne peut être mis à exécution

que si l'organisation professionnelle du petit commerce se complète et que si son éducation économique se parachève. C'est ici qu'apparaît comme particulièrement nécessaire la formation d'une élite, d'un état-major de chefs et de conseillers. Il en est des syndicats comme de tous les groupements humains : leur influence, leur puissance d'action et de propagande sont en raison directe de la valeur et de l'autorité des hommes qui, peu importe avec quel titre, sont les véritables directeurs de l'association. — Cette prédominance de quelques volontés énergiques sur la masse flottante et mal instruite se vérifie par l'exemple des syndicats ouvriers ; nulle part le rôle des chefs n'est plus important que dans ces syndicats. L'art de la parole et la connaissance de la psychologie des foules donnent aux meneurs le pouvoir de déterminer au moment voulu et presque infailliblement parmi ces masses de travailleurs des courants d'opinion, des afflux de sentiments et d'idées, de provoquer des événements qui semblent spontanés et qui sont en réalité prévus et escomptés.

Pourquoi ce rôle de créateurs et de gérants d'institutions entre toutes utiles et bienfaisantes ne tenterait-il pas quelques-uns des plus estimés et des plus expérimentés parmi les représentants de ce moyen et de ce petit commerce français, de cette classe dont l'accès demeure ouvert à la fraction la plus intelligente, la plus laborieuse, la plus économe de notre prolétariat? Pourquoi de cette armée qui défend contre les grands établissements accapareurs la cause du commerce libre, du commerce intimement uni au travail personnel, ne verrait-on pas se détacher une avant-garde qui reconnaîtrait la route, qui signalerait les obstacles, qui assurerait et préparerait la marche en avant? Pourquoi l'admirable exemple donné par les fondateurs et les administrateurs des syndicats agricoles ne serait-il pas suivi ? Pourquoi le syndicat, qui a sauvé la petite culture, ne sauverait-il pas le petit commerce?

Un tel effort mérite en vérité d'être tenté et si les symptômes que nous avons observés ne sont pas trompeurs, il sera tenté. Nulle entreprise n'est plus digne de sympathie, car revendiquer pour le petit commerce le droit à la vie et à l'indépendance, c'est lutter pour conserver à la France une de ses plus puissantes réserves d'épargne, de force et d'énergie.

TABLE DES MATIÈRES

CHAPITRE IV

CHAPITRE V

La question des patentes des grands magasins, p. 118 — des maisons à succursales multiples, p. 130 — et des coopératives, p. 131, etc. — L'impôt sur le revenu, p. 132.

CHAPITRE VI

I. La protection contre la concurrence déloyale ou illégale. Les déballages et les liquidations fictives, p. 136. — Les ventes dites sur warrants, p. 144. — Les colporteurs, p. 144. — Les fonctionnaires commerçants, p. 145. — Les opérations commerciales des syndicats agricoles, p. 146. — Les fraudes, p. 151.

II. Réformes législatives récentes. Loi sur le nantissement des fonds de commerce, p. 155. — La question de la faillite, p. 160. — La suppression des économats, p. 163. — L'élection aux chambres de commerce, p. 163. — La prescription des créances des marchands, p. 166.

III. La protection légale du travail et du petit commerce. Loi sur le repos *hebdomadaire*, p. 168. — La journée de travail, p. 173. — Les accidents du travail et l'assurance mutuelle patronale, p. 181.

CHAPITRE VII

Comment la diriger? L'Enseignement commercial, p. 183.

CHAPITRE VIII

L'approvisionnement en commun. Les syndicats d'achat des matières premières ou de marchandises, p. 194.

CHAPITRE IX

L'organisation de la vente en commun. Expositions collectives. Le grand magasin du petit commerce, p. 216. — Les prix de vente et la concurrence : les ententes et la fixation de prix minima, p. 222.

CHAPITRE X

La question des banques, p. 228. — Le crédit mutuel et le concours de l'État, p. 237. — La loi du 18 mars 1910, p. 238.

CHAPITRE XI

Les mauvais payeurs et les voleurs, p. 245. — Le *Livre Noir*, p. 247. — Les sociétés de timbres-rabais et de coupons-primes, p. 249. — Les établissements de vente à crédit et les Unions économiques, p. 253.

CHAPITRE XII

Les petits commerçants et le socialisme, p. 261. — Intervention du petit commerce dans les élections, p. 269. — Un programme de réformes économiques et de défense sociale, p. 275.